KB201398

지그문트 바우만의
사회이론

지그문트 바우만의 사회이론

손 베스트 Shaun Best 지음
박형신 옮김

SOCIAL
THEORY
004

The Emerald Guide To
Zygmunt Bauman

한울
아카데미

제1장

바우만: 생애, 경력, 정치

일반 사회학자이자 사회이론가인 지그문트 바우만은 사회계급, 사회주의, 신자유주의, 해석학, 비판이론, 홀로코스트, 근대성, 탈근대성, 소비주의, 지구화, 감시, 윤리, 섹슈얼리티에 대한 논의를 포함하여 다양한 주제에 걸쳐 폭넓게 저술해 왔다. 그는 현대의 삶에 대해 많은 다양한 논평을 했지만, 일부 독자들이 보기에 그의 생각과 주장이 항상 체계적인 것은 아니었다. 바우만은 교양 있는 사람으로, 자주 카프카(Kafka), 무질(Musil), 쿤데라(Kundera), 보르헤스(Borges), 세르반테스(Cervantes) 및 여타 많은 사람의 문학에 명시적으로 의존한다. 게다가 바우만은 특정 상황에 해당하지 않는 것을 그저 개괄하고 설명하는 식으로 그 상황을 정의하는 경향이 있으며, 자신의 저작에서 자주 은유를 사용한다. 이러한 경향은 그의 저작의 명료성과 그의 설명 구축의 질을 떨어뜨릴 수 있다. 또한 바우만의 글쓰기 스타일은 자기 참조를 많이 하는 경향이 있다. 논평자들은 바우만이 자주 자신의 저작에서 이전의 텍스트의 일부를 잘라내어 붙여 넣는 자기 표절을 한다고 지적해 왔다. 이는 바우만의 저작에서 기본 테마와 일부 중심 주장이 각 텍스트에 추가된 새로운 자료와 함께 그의 저작을 가로지르며 반복된다는 것을 의미한다. 바우만의 이러한 반복 습관은 이 책의 각 장에서도 나타난다.

지그문트 바우만은 어린 시절에 어머니 조피아(Zofia), 아버지 마우리치(Maurycy), 누나 타우바(Tauba)와 함께 살았다. 1921년에 다른 많은 폴란드 유대인들과 마찬가지로 바우만 가족은 스우프차(Słupca)에서 포즈난(Poznań)으로 이주했고, 지그문트는 1925년에 그곳 포즈난에서 태어났다. 지그문트는 조피아를 훌륭한 요리사라고 묘사했고, 그것이 자신이 어렸을 때 과체중이었던 이유라고 말했다. 마우리치 바우만은 지참금의 일부로 직물 공장을 받았지만, 사업 전문 지식과 능력이 부족하여 곧 파산했다. 1931년에 마우리치는 가족에게 남아 있던 돈을 가지고 일자리를 찾아 파리로 떠났다. 조피아, 타우바, 지그문트는 여전히 포즈난에 남아 프루사(Prusa)의 예지체(Jeżyce) 17번지에 있는 가족의 집에 머물렀다. 그들은 비교적 부유한 지역에 사는 몇 안 되는 유대인 가족 중 하나였다. 독일군이 포즈난에 입성하기 일주일 전인 1939년 9월 3일, 바우만 가족은 간신히 이노브로츠와프(Inowrocław)로 가는 기차를 타고 폴란드를 떠나 소련에서의 삶을 시작했다. 비유대인 폴란드인들은 나치와 소련 둘 간에 별다른 차이를 느끼지 못했다. 그들에게는 둘 다 침략군이었다. 하지만 유대인들의 경우에, 소련군은 나치의 손에 죽지 않기 위해 이용할 수 있는 유일한 보호막을 제공했다. 그 결과 폴란드 유대인들은 폴란드의 대의에 충성하지 않는 것으로 여겨지게 되었다. 1943년에 지그문트는 붉은 군대의 폴란드 사단에 입대했다. 그는 콜베르크(Kohlberg) 전투에서 부상을 입었지만, 베를린 전투에 참가할 수 있었다.

1948년에 지그문트는 야니나 레빈손(Janina Lewinson)과 결혼했다. 1939년에 야니나는 10대 소녀였다. 그녀는 바르샤바의 부유한 유대인 가정에서 태어났다. 야니나 레빈손의 가족은 자동차를 소유했고, 바르샤바의 시에나(Sienna)에 있는 방 일곱 개짜리 아파트에 살았으며, 그녀의 할아버지는 콘스

탄친(Konstancin)에 아름다운 별장을 지어 봄과 여름에 온 가족과 함께 사용했다. 그들은 공산주의자나 종교적인 유대인이나 시온주의자들과는 아무런 관련이 없었다. 레빈손 가족은 부모와 조부모, 심지어 증조부모도 히브리어를 구사하지 않는, 폴란드에 완전히 동화된 유대인이었다. 그들은 팔레스타인으로 이민 가는 것을 고려하지 않았고 폴란드를 고국으로 여겼다. 야니나의 부모는 야니나 역시 아버지 시몬(Szymon)과 할아버지 알렉산더 프리즈만(Aleksander Fryszman)처럼 의사가 되었으면 하는 야망을 가지고 있었다. 1946년 4월에 야니나는 큰 병에 걸렸다. 전쟁 마지막 몇 달 동안 그녀는 결핵을 앓았다. 그녀는 요양하는 동안 슈뢰드로보로프(Śródborów)로 이사했고, 그곳에서 교사가 되었다. 1년 후 가정으로 돌아와서 폴란드 유대인 중앙위원회에서 일했다. 1947년에 그녀는 저널리즘을 공부하기 위해 바르샤바 정치사회과학원(Warsaw Academy of Political and Social Science)에 지원했고, 그곳 영화관에서 우연히 미래의 남편 지그문트를 만났다. 야니나와 지그문트는 62년간 결혼생활을 이어갔으며, 야니나 바우만은 2009년에 사망했다.

1948년에 야니나는 폴란드영화공사(Film Polski)에서 공안부 장관이자 비에루트(Bierut) 정부의 고위 인사였던 스타니스와프 라드키에비츠(Stanisław Radkiewicz) 장군의 아내인 루타 라드키에비초바(Ruta Radkiewiczowa) 밑에서 일을 시작했다. 1949년 첫 아이 안나(Anna)가 태어났다. 1950년에 지그문트는 폴란드 인민군에서 최연소 소령 중 한 사람이 되었다. 1950년대 초에 바우만 가(家)는 모범적인 사회주의 가정이었다. 그들은 공산주의를, 그리고 폴란드 국가가 추구하는 방향을 의심 없이 믿었고, 국가는 그들에게 성공과 인정으로 보답했다.

야니나의 저서 『아침 속의 겨울(Winter in the Morning)』은 나치 점령하에서 자신과 가족, 친구들이 겪은 전쟁 경험에 대한 끔찍한 자전적 이야기이다. 야니나는 자신이 26개월 동안 살았던 바르샤바 게토에서의 삶, 보다 구체적으로는 어머니와 여동생과 함께 탈출하기 전 게토에서의 그녀의 생존과 숨어 지낸 그들의 삶에 대해 직접 이야기한다. 야니나는 두 번째 책에서는 지그문트와의 첫 만남과 관계, 바르샤바에서의 가정생활, 전후 폴란드의 재건과 공산주의, 스탈린(Stalin) 사망 후에 느낀 공산주의에 대한 환멸, 폴란드에서의 경찰국가의 등장, 그리고 이스라엘로의 강요된 이주와 리즈에서 생활에 적응해 간 과정에 대해 개관한다.

야니나의 아버지 시몬 레빈손은 비뇨기과 의사이자 폴란드 육군 장교로, 1940년에 카틴 숲 대학살(Katyń Forest Massacre)에서 살해당했다. 카틴 숲 대학살은 1940년 4월과 5월에 소련군과 NKVD[소련 비밀경찰인 인민내무위원회(People's Commissariat for Internal Affairs)]가 약 2만 2,000명의 폴란드 군 장교와 지식인을 대량으로 처형한 사건이다. 야니나는 숨어 지내던 중에 자신에게 은신처를 제공하던 한 가정의 부엌에 들어간 적이 있었다. 그 부엌은 깨끗하게 청소되어 있었고 새로 닦은 바닥은 오래된 신문들로 덮여 있었다. 야니나는 그 신문들을 보다가 다른 이름들이 길게 나열된 가운데서 아버지의 이름이 인쇄되어 있는 것을 발견했다. 야니나는 바닥에서 신문을 집어 들고 필사적으로 그 명단이 뜻하는 것을 파악하기 위해 노력했다. 거기에는 생년월일과 군 계급과 함께 이름이 몇 페이지에 걸쳐 적혀 있었다. 간략한 소개 글에는 그 이름들은 소련군에 의해 살해되어 카틴 숲 근처의 공동묘지에 묻힌 폴란드 장교들의 명단이라고 쓰여 있었다. 그 명단에는 그녀의 아버지와 삼촌 요제프(Jozef) 둘 다 들어 있었다. 그 사람들은 어떤 범죄나 경범죄를 저질러서 살해된 것이 아니라 소련 점령군이 살게 놔두어서는 안 된다고 판단한 범주에 속했기 때문에 살해되었다. 논평자들의 주장에 따르면, 전쟁이 끝나고 수년이 지나서 카틴 숲 대학살의 가해자가 누구인지가 널리 알려졌을 때조차 야니나는 독일군이 자신의 아버지를 살해했다는 믿음을 고수했다.

1993년에 발표된 한 인터뷰에서 야니나는 자신은 폴란드인으로 생각하도록 키워졌지 유대인으로 키워지지 않았다고 설명했다. 그녀의 가족은 유대교를 실천하지도 않았고 특별히 종교적이지도 않았다. 그녀를 게토의 유대인으로 만든 것은 나치였다.

'범주적 살인(categorical murder)'이라는 관념은 야니나가 전시 경험을 이해하는 데서 핵심적인 개념이었으며, 또한 지그문트 바우만이 『근대성과 홀로코스트(Modernity and the Holocaust)』에서 주장한 내용의 핵심 개념이었다(바우만은 그 책의 서문에서 이를 공개적으로 인정하고 있다). 고체 근대세계와 액체 근대세계 모두에서 행해지는 배제에 대한 바우만의 이해는 배제가 차이를 단순한 이분법적 범주 ― '아웃사이더들'을 제거하거나 절멸해야 하는 것으로 보는 ― 로 축소하려는 충동에 기반한다는 것이었다. 『근대성과 홀로코스트』에서 바우만은 관료제가 주민의 일부 분파를 완전한 인간이 아닌 타자(Other)로 규정하는 무자비하고 비타협적인 형태의 범주화를 통해 사회를 통제하는 방식에 대해 매우 비판적이었다.

바우만은 인생의 후반부에 정화(lustration) 과정에 휘말렸다. 정화는 폴란드에서 공산주의 통치(1944~1990년)가 종식된 후 이루어진 진실과 화해를 위한 과정의 일부였다. 전직 공산주의자들과 비밀경찰 성원들의 공식 기록이 공개적으로 확인되었고, 그들의 기록이 공중에게 공개되었다. 1945년부터 1953년까지 바우만의 군 복무 경력에 관한 공식 국가 문서가 공개되면서 정화 과정은 바우만에게 직업적으로도 그리고 개인적으로도 영향을 미쳤다.

1951년에 바우만은 폴란드 통합노동자당(Polish United Workers' Party)(공산당)에 가입했다. 석사학위 과정을 이수하던 중인 1954년에 바우만은 인간주의적 마르크스주의자인 율리안 호흐펠트(Julian Hochfeld)와 아담 샤프(Adam Schaff)를 만났는데, 두 사람 모두 사회주의의 본질에 대한 바우만의 생각에 영향을 미쳤다. 1956년에 바우만은 박사학위 과정을 마쳤고, 그 학위 논문은 폴란드에서 『영국 사회주의: 근원, 철학, 정치적 교의(British Socialism: Sources,

Philosophy, Political Doctrine)』라는 제목으로 출간되었다. 1957년에 바르샤바 대학교 철학부에서 사회학 강의가 다시 개설되었고, 바우만은 사회학과가 발전하는 데서 중심적인 역할을 했다. 그는 1962년에는 바르샤바 대학교의 일반 사회학과 학과장이 되었다. 하지만 바우만은 1953년 이전에 폴란드에서 했던 활동에 대해 항상 솔직히 털어놓지 않았다. 1968년 1월에 그는 폴란드 통합 노동자당을 공식적으로 탈당했다.

2006년 폴란드 잡지 ≪비울레틴(Biuletyn)≫은 제2차 세계대전이 끝난 후부터 1953년 바우만이 군에서 제대할 때까지의 그의 활동을 다룬 기사를 게재했다. 그 기사는 폴란드 국가기억원(Polish Institute of National Remembrance)이 이전에 공개했던 비밀 파일에 기초하여 바우만이 폴란드 비밀 정보기관인 국가보위부(Korpusu Bezpieczeństwa Wewnętrznego: KBW)에서 성공적인 경력을 쌓았다고 설명했다. 바우만은 1945년에 폴란드 공안부 비밀경찰 사령관이 된 아나톨 페이긴(Anatol Fejgin)에 의해 국가 보안기관에 발탁되었다. 바우만과 마찬가지로 페이긴도 나치의 폴란드 침공을 피해 소련으로 피신했고, 1943년 5월에 소련이 후원하는 폴란드 제1 타데우스 코시치우슈코 보병 사단(Polish 1st Tadeusz Kosciuszko Infantry Division)에 입대했다. 스탈린주의 시대 말기에 페이긴은 인권 유린 혐의로 재판받고 징역 12년 형을 선고받았다.

KBW는 소련 비밀경찰을 모델로 창설된 기관으로, 국내외 정보를 관리하고, 방첩 활동을 하고, 정부와 민간의 통신을 모니터링하고, 모든 반국가 활동을 감시하는 등의 임무를 부여받았다. KBW는 또한 국경을 통제하고 교도소와 정치범 및 국가 반대자들을 위한 강제수용소를 관리하는 업무도 담당했다. KBW는 공안부의 일부였고, 전쟁 중 나치 점령군에 저항하는 주요 무장 세력이었던 폴란드 국내군(Armia Krajowa)의 잔존 성원들을 포함하여 폴란드의 반공 저항 세력을 진압하는 역할을 했다. 폴란드 국내군은 1944년 바르샤바 봉기 및 여타 독일군에 대항한 공격 — 독일의 도로 및 철도 수송 시설을 파괴하는 등 ─ 을 조직했고, 유명한 나치 협력자 및 게슈타포 관리들을 암살했으며, 연합군에 정보를 제공했다. 전쟁이 끝난 후에도 국내군은 폴란드 망명 정부에 충성을 다했으며, 새로 구성된 공산주의 정권에 자신들의 무기를 넘기기를 거부했다. 스탈린은 폴란드 국내군을 소련이 폴란드를 성공적으로 장악하는 데서 하나의 장애물이라고 보았다. 1946년부터 1948년 사이에 3만 2,477명이 '반국가범죄'로 체포되었고, 1945년부터 1946년 사이에 8,000명이 사형 선고를 받은 것으로 추정된다.

≪비울레틴≫의 기사에는 바우만이 군에 복무하는 동안 맡았던 다음과 같은 직책이 나열되어 있다.

- 국토방호대 정치 및 교육 수석 교관
- 정치 교육 선임 강사
- 예비대 준위
- 정치관리훈련부 정치 및 교육 훈련 선임 교관
- 정치선전관리훈련부 부장
- 정치관리교육부 제2분과 부(副)분과장
- 선전선동정치위원회 부장

KBW 장교가 결혼을 하는 것은 간단한 문제가 아니었다. 약혼자는 성병 검사를 위해 정밀 건강 검진을 받아야 했고, 군대가 신뢰할 수 있다고 여기는 사람들로부터 두 장의 '도덕성' 증명서를 받아야 했다. 1948년 5월에 이스라엘이라는 국가가 만들어졌다. 야니나가 볼 때, 이스라엘이라는 국가의 탄생은 유대인 특유의 사회주의를 건설할 수 있는 가능성을 제공하는 것이었다. 하지만 여전히 KBW 장교로 복무 중이던 지그문트는 그 추론을 거부하고 폴란드를 떠나기를 원치 않았다.

바우만은 1952년의 의사 음모 사건(Doctors' Plot) 이후 군에서 해임될 때까지 여러 차례 승진했다. 1952년 1월 13일에 ≪프라우다(Pravda)≫는 스탈린과 크렘린의 다른 고위 지도자들을 살해하려는 의사들의 음모가 밝혀졌다고 전했다. 의사 음모 사건은 본질적으로 의료계에 대한 숙청이자 반유대주의적인 여론을 조작하기 위한 재판이었다. 처음에 스탈린은 9명의 의사를 기소했는데, 그중 6명이 유대인이었다. 하지만 1952년까지 체포된 의사 수는 37명으로 늘어났다. 그중 28명은 의사였고 나머지는 그들의 가족 성원이었다.

위에 열거된 직책에서 바우만이 매일 수행한 활동에 대한 기록은 없지만, 그 기간에 국가보위 기관이 수행한 역할에 대해서는 분명한 역사적 기록이 남아 있다. 바우만은 ≪가디언(The Guardian)≫의 아이다 에데마리암(Aida Edemariam)과 나눈 인터뷰에서 1945년부터 1953년까지의 자신의 활동과 관련한 역사학자 보그단 무시알(Bogdan Musial)의 지적에 대해 그 같은 사실을 부인하지 않고 답변했다. 바우만은 제4사단이 그 나라 내부에서 이루어지는 '테러 진압' ― 오늘날에는 '테러와의 전쟁'이라고 부를 수 있는 것과 같은 것 ― 에 협력하고 있었기 때문에 자신이 보위대의 일원이 되었다고 주장했다. 바우만은 자신이 했던 역할에 대해 모든 '선량한 시민'이 참여해야 하는 '방범 활동'의 한 형태였다고 설명했다. 특히 바우만은 자신의 역할이 군인들을 위한 정치 팸플릿을 작성하는 일이었다고 말했고, 자신이 수행한 역할을 '매우 단조롭고 지루한' 일로 묘사했다.

바우만이 공산당에 매료된 이유는 20세기 초에 폴란드가 낙후되고 빈곤한 나라였던 데다가 나치의 점령으로 인해 상황이 더욱 악화되었기 때문이다. 폴란드에서 기획된 스탈린주의 프로젝트는 가난과 증오로부터 해방된 하나의 폴란드라는 비전을 제시했다. 전후 폴란드는 여러 경제적·사회적 문제를 해결해야 했고, 바우만이 보기에 공산당이 최선의 해결책을 제시했다. 공산당의 정치 프로그램이 폴란드가 직면한 문제를 해결하는 데 가장 적합해 보였다. 바우만이 설명했듯이, 제2차 세계대전이 발발하던 당시 폴란드는 여러 종교, 언어, 관습이 혼합된 다민족 사회였다. 전쟁이 끝나자 폴란드 정부는 비폴란드인을 폴란드의 언어, 관습, 전통에 강제로 동화시키고 개종하는 '폴란드화' 과정을 통해 국가 통일을 시도했다. 동화와 개종에 부적합하다고 판단된 사람들은 폴란드에서 강제 추방되었다. 그러한 동화 및 강제 이주 과정은 폴란드 주민들에 의해 보편적으로 받아들여지지 않았다.

2012년 새해 전야에 지그문트는 알렉산드라 야신스카-카니아(Aleksandra Jasinska-Kania)와 약혼했고, 그녀는 리즈로 이주하여 리즈 시청에서 지그문트와 결혼했다. 이 부부는 그 후 5년 동안 함께 살았다. 알렉산드라는 2018년에 쓴 글에서 지그문트가 자신의 강의 중 하나를 마치고 난 후 청혼했다고 설명했다. 하지만 2019년에 알렉산드라는 폴란드 저널리스트인 다리우스 로시악(Dariusz Rosiak)과 나눈 인터뷰에서 지그문트의 프로포즈에 대해 훨씬 더 자세한 그리고 낭만적인 이야기를 들려주었다. 그녀는 지그문트가 2012년 새해 직전에 자신을 리즈로 초대했다고 설명한다. 그는 공항에서 그녀를 만났고, 그 커플은 밀라노로 날아갔고, 그곳에서 코모(Como) 호수로 갔다. 새해 전야에 그 커플은 배를 타고 벨라지오(Bellagio)로 향했다. 지그문트는 레스토랑에 자리를 예약해 놓았었다. 시계가 자정을 가리키자 지그문트는 알렉산드라에게 약혼반지를 건넸다. 그 커플은 왈츠를 추었고, 다른 손님들은 그 커플 주위를 동그랗게 둘러싸고 박수를 치기 시작했다. 그때 지그문트는 85세, 알렉산드라는 80세였다. 알렉산드라는 바우만이 사망한 후인 2018년에 쓴 글에서 1954년에 바르샤바 대학교의 아담 샤프 교수의 연구실밖에서 지그문트 바우만을 처음 만났다고 설명했다. 당시 그녀는 22살, 지그문트는 29살이었다. 그 둘은 지그문트가 그곳을 떠나는 참이고 그녀가 교수와 이야기를 나누기 위해 기다리고 있을 때 복도에서 만났다. 그녀는 그의 밝고 검은 눈에 진정으로 관심을 느꼈지만 그의 군복에 실망했다고 한다. 바우만은 나중에 그녀에게 자신이 양복을 살 여유가 없었다고 해명했다. 바우만 가족과 마찬가지로 알렉산드라의 가족도 나치의 침공 이후 소련으로 탈출했고, 알렉산드라는 그녀의 형성기를 소련에서 보냈다. 두 사람 모두 폴란드 통합노동자당 당원이었으며, 스스로를 마르크스주의자이지만 '수정주의자'라고 생각했다. 알렉산드라가 전후 폴란드 서기장 볼레스와프 비에루트(Bolesław Bierut)의 딸이라는 점에서 바우만의 파트너 선택은 흥미롭고도 놀라운 일이었다. 볼레스와프 비에루트는 소련 내무인민부(NKVD)의 전직 요원이자 강경 스탈린주의자로, 1947년 2월에 폴란드 서기장이 되어 1952년 11월 21일 사망할 때까지 재임한 인물이다. 비에루트는 스탈린이 선택한 서기장이었고, 생전에 스탈린에게 복종적이었으며, 전후 폴란드의 스탈린화/소련화를 감독했다.

지그문트 바우만은 2017년 1월 9일에 사망하여 리즈의 론즈우드 묘지(Lawnswood Cemetery)에 안장되었다. 비공개 가족 장례식에는 알렉산드라와 그녀의 딸, 지그문트의 세 딸인 리디아 바우만(Lydia Bauman), 안나 스파드(Anna Sfard), 이레나 바우만(Irena Bauman)과 그들의 가족들이 참석했다.

제2차 세계대전이 끝나고 나서 바우만이 보안부에 연루된 것을 놓고 폴란드인들 간에는 의견이 분분했다. 다리우스 로시악은 지그문트 바우만은 과거를 청산하지 않은 사람이며, 더 중요한 사실은 그가 KBW의 정보원이었다가 그 후 도덕주의자가 되었다는 것이라는 논평으로 그의 전기를 끝맺는다.

제2장

맥락 속의 바우만

바우만은 초기 연구(1956~1968년)에서 스탈린주의 당 모델에 대해, 그리고 전통적인 마르크스주의적 접근방식의 근간을 이루는 역사적 경제결정론에 대해 비판적이었다. 하지만 우리가 앞으로 이어지는 장들에서 살펴보듯이, 근대성 비판자의 한 사람으로서 바우만은 사람들의 행동이 관료제적 합리화 과정 ─ 사람들로 하여금 자신의 행동에 대한 도덕적 책임을 회피하게 만드는 '대리자 상태(agentic state)'를 만들어내는 ─ 에 의해 자주 결정된다고 주장하는가 하면, 액체 근대에 대한 저술에서는 소비주의가 사람들의 행동을 결정하는 데서 하나의 결정적인 힘으로 작용한다고 주장했다. 그럼에도 불구하고 지그문트 바우만은 그의 저서 전반에서 항상 다음과 같은 질문으로 돌아왔다. 근대성 또는 근대세계의 실체는 무엇인가?

아래에서 설명하듯이, 바우만은 1956년 이후에 폴란드어로 집필한 저술들에서 권력구조(power-structure)에 대한 관념을 발전시켰으며, 세월이 흐르고 상황이 변화함에 따라 그는 이 사회성 ─ 즉, 개인들이 하나의 집단으로 결합되는 방식 ─ 의 기초를 이루는 개념에 새로운 연구와 보다 완전하게 발전된 개념 및 관념을 추가했다. 바우만의 접근방식은 인간주의적인 마르크스적 분석 — 이 분석에서는 사람들이 내리는 선택은 그들이 처한 사회적 상황에서 그들이 직면할 수밖에 없는 문제와 이슈에 대응하여 만들어낸 전략이라고 가정된다 — 에 뿌리를 둔 '사회학적 해석학'의 한 형태라고 할 수 있다. 바우만의 저작을 관통하는 테마 중 하나가 결정론의 문제이다. 결정론은 인간 행위를 뒷받침하는 원동력은 종국적으로는 개인의 바람과 욕구에 외재하는 원인이나 요인에 의해 통제되고 틀 지어진다는 주장을 말한다. 다시 말해 사람들은 자신이 통제할 수 없는 요인에 의해 떠밀리고 있다는 것이다. 바우만은 2000년 이후의, 이른바 '액체 전환' 이후의 저술들에서도 '액체 근대세계'에 사는 사람들의 삶은 미리 결정되지 않는다고 주장함으로써 이 테마를 계속 유지했다. 바우만은 사람들은 자신의 삶의 방향과 미래의 인생 프로젝트를 선택할 수 있다고 주장한다. 하지만 그는 사람들에게 부과되는 선택에는 한계가 있음을 인정한다. 즉, 목표의 실현 가능성은 선택할 수 있는 것이 아니다. 바우만이 볼 때, 행위의 맥락, 사회적 환경, 집단정신, 공통의 감정은 '운명'에 의해 결정된다. 운명은 결코 우리 스스로가 만들어가는 것이 아니다. 액체 근대세계 내에서 결정을 내리는 힘들은 확실성을 창출하기보다는 개연성에 한계를 설정한다.

지그문트 바우만의 위치 짓기

1953년에 스탈린이 사망한 후 소련의 새 서기장 니키타 흐루쇼프(Nikita Khrushchev)는 엄격한 억압적 국가 통제를 해제하겠다고 약속하고 소련 사회를 변화시키겠다고 맹세했다. 탈스탈린화 과정은 동유럽 전역에서 경제와 사회를 어떻게 조직해야 하는지, 그리고 만약 소비에트 모델을 대체할 수 있다면 그것은 무엇인지에 대한 논쟁을 촉발시켰다. 하지만 폴란드에서 어떤 중요한 경제적·사회적 변화가 일어나지 않자 1956년 10월에 바우만의 고향 도시 포즈난에서 공산주의 정부에 반대하는 저항과 파업이 여러 차례 일어났다. 이 시위는 체계에 대한 공개적인 정치적 폭동으로 번졌고, 스탈린주의 체계를 더욱 더 많이 자유화할 것을 요구했다. 공산당 정부의 대응은 폭력적이고 억압적이었고, 저항 지도자들은 투옥되었다. 그리고 그 저항에서 57명이 사망하고 100명 이상이 부상당한 것으로 추산되었다. 문화부 — 폴란드에서 지적 삶의 통제를 담당하는 기관 — 는 민족주의, 반유대주의, 반지성주의를 조장하는 선전을 통해 자유화의 요구를 억제하려고 시도했다.

사회학에 대한 바우만의 초기 접근방식은 제2차 세계대전 이후의 폴란드의 상황, 폴란드의 사회적·정치적 격변, 그리고 그러한 격변이 당시 폴란드의 사회과학 발전에 영향을 미친 방식으로부터 영향을 받았다. 1945년에 제2차 세계대전이 끝난 후 폴란드는 사실상 소련과 독재자 이오시프 스탈린(Joseph Stalin)의 통제하에 있었다.

바우만은 예르지 J. 비아트르(Jerzy J. Wiatr)와 공동 집필한 첫 텍스트를 포함하여 1956년 이전의 초기 텍스트들에서 마르크스주의-레닌주의 철학의 기본 가정을 지지했다. 바우만은 폴란드 공산당이 가져온 긍정적인 변화와 강력한 리더십의 필요성 모두를 강조했다. 1956년경에 바우만은 당의 획기적인 민주화가 불가능하다고 확신했고, 이는 바우만으로 하여금 마르크스주의에 대한 '기계론적' 접근방식들을 거부하게 했다. 1956년 이후 당 기구에 대한 의미 있는 탈스탈린화나 개혁이 이루어지지 않자 바우만의 접근방식은 훨씬 더 수정주의적이 되었다. 바우만의 연구는 개혁의 필요성에 초점을 맞추게 되었고, 당 지도부가 주민을 억압하고 소외시키고 있다고 비난했다.

1960년대 중반 즈음 바우만은 마르크스적 접근방식을 두 가지로, 즉 '기계론적(mechanistic)' 접근방식과 '행동주의적(activist)' 접근방식으로 구분했다. **기계론적** 접근방식은 사회변화의 경과를 결정하는 객관적인 역사 법칙이 존재한다는 가정에 기초했다. 이 접근방식은 카를 카우츠키(Karl Kautsky), 게오르기 플레하노프(Georgi Plekhanov), 니콜라이 부하린(Nikolai Bukharin)과 같은 사람들의 저작에서 발견되었다. 바우만이 선호했던 **행동주의적** 접근방식은 사회변화를 틀 짓는 데서 개별 행위자의 역할에 훨씬 더 중점을 두었다. 이 행동주의적 접근방식은 로자 룩셈부르크(Rosa Luxemburg), 죄르지 루카치(György Lukács), 그리고 누구보다 안토니오 그람시(Antonio Gramsci)와 같은 사람들의 저작에서 발견되었다. 바우만이 마르크스 철학에서 가치 있는 것을 확인한 것은 그람시의 옥중수고를 통해서였다. 그는 옥중수고를 읽고 역사가 프롤레타리아트의 자기 조직화에 의해서가 아니라 미리 정해진 법칙에 의해 형성된다는 운명론적인 기계론적 형태의 마르크스주의를 거부하게 되었고, 객관적이고 불변하는 하나의 사고 및 행동 패턴이 존재한다는 가정 또한 거부하게 되었다. 바우만은 그람시가 마르크스주의적 분석의 윤리적 핵심으로 규명한 것을 받아들였다.

많은 논평가가 바우만의 저작을 몇 가지 뚜렷한 단계로 구분한다. 1956년 이전에 바우만은 전통적인 마르크스적 관점에서 폴란드의 문제들을 논의하는 데 주로 초점을 맞추었다.

1956년부터 1980년대 초까지 바우만은 하나의 '생동하는 유토피아(active utopia)'로서의 사회주의에 초점을 맞추고 있었다. 그 당시 바우만은 처음에는 레셰크 코와코프스키(Leszek Kolakowski)가 제시한 노선을 따라 마르크스주의를 '수정'하여 인간주의적 마르크스주의를 구축하고자 했다. 바우만은 마르크스의 소외 개념에서 영감을 받은, 자신이 인간주의적 비전이라고 부른 것 – '실증주의적 접근방식'과 대비되는 – 을 제시한다. 바우만이 이들 저술에서 발전시킨 마르크스주의적 접근방식은 사고하는-행위(thinking-action) – 또는 인간의 실천 – 가 곧 "인간이 세계 속에 존재하는 양식"이라는 전제에 기초한다. 삶은 행위와 변혁의 측면에서 수행된다.

이들 출판물에 제시되어 있는 바우만의 철학적 비전은 서구 자본주의에 대해 여전히 비판적이었으며, 그는 자신이 후일 '비자유(unfreedom)'라고 묘사한 것을 제거하기 위해서는 마르크스의 철학에 따라 서구 자본주의가 크게 개혁되어야 한다고 믿었다. 사유재산의 폐지 그 자체가 평등 ― 즉, 계급, 착취, 또는 '비자유'의 종식 ― 을 낳지는 않을 것이다. 평등을 실현하기 위해서는 또한 '실천적 의식(practical consciousness)'이 발현할 수 있고 사람들이 자신의 견해와 기여가 가치 있다고 느낄 수 있도록 사회질서가 계속해서 개선되어야 한다. 실천적 의식이라는 말은 마르크스에서 파생된 용어로, 어떤 사람이 일상생활 속에서 정상적으로 기능할 수 있게 해주는 일단의 일상적 활동을 인도하는 인식을 기술하기 위해 사용된다. 이러한 인식은 개인의 사고에 아주 잘 통합되어 있기 때문에 사람들은 그러한 인식에 좀처럼 명시적으로 주의를 기울이지 않는다. 사회변혁의 토대는 미리 부여되어 있거나 미리 확립된 행동 패턴 속에 자리하고 있는 것이 아니라 인간의 실천 속에서 발견되는 것이다. 바우만은 이 논거에 의거하여 '완벽한' 국가 계획이라는 관념을 비판했다. 바우만은 그러한 국가 계획 활동이 초래하는 위험한 결과 중 하나가 바로 개인으로 하여금 관료제적 목표를 달성하려는 욕망에 의해 동기 지어지게 하고 자신의 도덕적 선택에 대한 책임을 회피하게 만든다는 것이라고 주장했다. 바우만을 떠받치는 기본 가정은 개인들이 관료제적 제도의 제약으로부터 해방되면 그들이 협력하여 새로운 사회질서를 창출할 수 있을 것이라는 것이었다. 그는 소비에트 국가는 실천과 창의성에 관한 마르크스의 주장을 무시하고 예측 가능한 관료제적 구조와 제도의 틀 내에서 개인을 통제함으로써 소비에트 이데올로기가 정의한 목표를 달성하는 효율적이고 관리되는 사회를 건설하고자 했다고 주장했다.

하지만 바우만은 1989년의 주요 저작 『근대성과 홀로코스트』를 출간하면서 사회주의와 자본주의 모두를 포함하여 모든 형태의 근대세계에 대해 비판적이게 되었다. 1990년부터 2000년까지 바우만은 포스트모더니즘 사상을 지지하며 '탈근대성의 사회학(sociology of postmodernity)'에 참여했다. 2000년에 그는 그 접근방식을 포기하고 '액체 근대성'의 문제를 다루는 것으로 자신의 연구를 재편했다. 이 책에서 나는 바우만의 지적 발달과정에서 나타나는 이들 단계 각각의 독특성을 파악하고 그의 작업이 한 단계에서 다른 단계로 전환하는 과정을 기술하고 설명할 것이다.

그럼에도 불구하고 이러한 이론적 변화가 1950년대 중반 이후의 바우만의 연구에서 '인식론적 전환'을 수반하지는 않았다고 주장할 수 있다. 인식론은 어떤 특정한 사회이론 내지 정치이론에 포함된 지식이론을 기술하는 데 사용하는 단어로, 이론화되는 사람이 "아는 것을 아는" 방법에 관한 일단의 가정이라고 볼 수 있다. 바우만의 '인간주의적' 사회주의 개념은 항상 그의 작업 저변에서 윤리적 핵심을 형성하고 있으며, 그의 연구에 얼마간 인식론적 연속성을 제공한다. 바우만의 비전은 사람을 '사물'이나 대상으로 간주하지 않고 존엄성과 자율성을 가진 존재로 대우해야 한다는 칸트적 관점에 기반하고 있다. 바우만이 보기에, 자본주의는 자주 사람을 자본주의적 부의 축적 과정에서 이용되는 대상의 지위로 전락시킬 수 있다. 이러한 윤리적 핵심은 1956년 10월 사건 이후 형성되었으며, 바우만이 사망할 때까지 계속 유지되었다.

하지만 인식론적 단절이 없었다는 이 주장은 1956년 10월에 폴란드에서 정점에 달한 사회적·정치적 위기의 상황에서 바우만이 그람시를 독해한 방식을 살펴봄으로써 증명할 수도 있다. 사회학에 대한 바우만의 접근방식은 바우만으로 하여금 폴란드에 실제로 존재하던 사회주의에 대해 비판적이게 했지만, 사회주의 프로젝트에 대해서는 비판적이지 않게 했다. 바우만은 마르크스주의는 자유 사회 — 이 사회에서는 모든 사람이 도덕적이다 — 를 창출하여 사람들을 소외로부터 해방시키는 데 초점을 맞추어야 한다고 주장했다.

1956년부터 2017년까지의 바우만 저작에서 문체와 내용은 크게 변했을지

모르지만, 그의 시선이 향하는 방향이 바뀌었음에도 불구하고, 인식론적 단절이나 인식론적 전환은 전혀 없었다. 1990년대 초에 이루어진 한 인터뷰에서 바우만은 이 견해를 지지하는 것으로 보인다. 바우만은 거기서 자신이 불평등과 사회정의의 문제에 대한 생각을 공식화하는 방식은 평생에 걸쳐 변화했지만 그러한 문제에 대해 끊임없이 관심을 가져왔다고 설명한다. 바우만은 자신의 학문 경력 내내 두 가지 핵심 문제에 관심을 가졌다고 설명하는데, 그 첫째가 그가 자주 노동계급으로 묘사한 짓밟히고 억압받은 사람들의 고통이고, 둘째는 문화 문제이다. 문화는 인간이 창조한 것, 달리 말하면 자연이 제공하지 않은 모든 것으로 이해된다. 바우만은 또한 국가의 중앙 계획에 의해 근대세계에 창출된 사회질서가 사람들이 살기에 가장 좋은 세상으로 설계되었다는 생각을 혐오했다. 바우만은 자신이 그람시 독해를 통해 사회의 권력구조가 산출하는 불평등이라는 한편과 그 권력구조 내에서의 삶을 구성하는 것에 대한 이데올로기적으로 구성된 믿음이라는 다른 한편 간의 관계를 발견할 수 있었다고 설명한다. 권력구조의 현실과 그 권력구조의 정당성에 대한 믿음을 유지하는 문화 간의 관계가 균질화하고 정당화하는 그리고 표준화된 하나의 이데올로기로서의 문화에 대한 바우만의 관심을 뒷받침했다.

자주 간과되는 바우만의 1960년대와 1970년대 텍스트가 바우만의 후기 작업을 이해하는 데서 매우 중요하다. 바우만이 폴란드에서 또는 초기 영국에서 수행한 작업과 그가 후기에 수행한 작업 간에는 인식론적 단절이 전혀 존재하지 않는다고 주장할 수도 있다. 그러나 언뜻 보기에, 이 진술은 바우만이 2005년에 한 인터뷰에서 개관한 자신의 입장과 모순되는 것처럼 보인다. 왜냐하면 그 인터뷰에서 바우만은 자신이 1960년대 폴란드어 출판물에서 제시한 주장들은 폴란드의 국내적이고 특수한 시련과 고난에서 영감을 얻어 그 의미와 중요성을 도출한 것이었다고 말하기 때문이다.

1968년에 망명하기 전에 바우만은 당시 동유럽 공산주의에 존재했던 잘 발달된 권력구조를 분석하는 데 관심을 가지게 되었다. 바우만에게서 권력은 '행위 잠재력'과 관련되어 있다. 그리고 그는 권력구조 모델과 계층화 모델을 구분했다. 체계의 정상적인 기능을 유지하는 것이 바로 권력구조이다. 모든 사회에는 몇 가지 잠재적인 권력구조가 존재한다. 바우만은 마르크스가 자본주의 사회에서의 계급을 이해하는 모델은 기본적으로 권력구조 모델이라고, 다시 말해 제약의 부과를 뒷받침하는 메커니즘, 또는 행위의 기회를 제한하는 방식, 그리고 의존성의 그물망 – 또는 마르크스가 '사회적 관계'라고 묘사한 것 – 구조에 초점을 맞추고 있는 모델이라고 주장한다. 이 모델은 소유나 위세에 기초하여 사람들을 분류하는 계층체계와 대비된다. 사회학자들은 권력구조 모델을 무시하고 계급에 기초한 계층화의 중요성을 강조하는 경향이 있다.

자본주의 사회는 출현한다고 일컬어지지만, 사회주의 사회는 의도적이고 지속적인 계획과 실행을 통해 건설된다. 그리고 사회주의 사회에서 개인들은 계획된 일정한 행동 패턴을 준수할 것을 기대받는다. 사회주의 사회에서는 두 가지 경쟁하는 권력구조가 사람들의 삶에 영향을 미치는데, 하나는 바우만이 '관료집단(officialdom)'으로 기술하는 것이고, 다른 하나는 '계급'으로 기술하는 것이다. 위계질서의 최상위에 있는 당 관료들은 사회 내의 자원 및 그러한 자원에 접근하고 당의 의제를 진전시키는 사람을 조작할 수 있고 일반 당원들로부터 의심의 여지없는 복종을 요구할 수 있기 때문에 권력을 부여받는다. 하나의 사회적 조직체로서의 관료집단은 계급과 많은 공통점을 가지고 있다. 거기에는 특히 중간 수준의 사회이동이 존재한다. 그리고 개별 공무원이 당의 바람을 거스를 수도 있기 때문에, 그 구조와 구성도 얼마간 유동적일 수 있다. 동시에 개인들은 자신의 지위를 이용하여 탐나는 재화와 자산을 축적하고 싶은 자신의 욕망을 실행한다. 이 과정에서 불평등과 특권의 형태들이 생겨난다.

권력구조는 하나의 객관적 실체가 아니다. 다시 말해 권력구조는 두 세트의 요인의 산물로, 즉 바우만이 '기회(chance)'라고 부르는 객관적 요인과 바우만이 (적절한 일단의 기회를 선택하게 하는) 목적(objective)이라고 기술하는 주관적 요인의 산물로 출현한다. 권력구조는 귀납적으로 인식되며, 사람들의 생각과 행위에 반영된다. 귀납적이라는 것은 직접적인 관찰이나 경험에서 시작하여 가능한 원인에 대한 해석이나 가정으로 이어지는 추론 또는 이해의 한 형태이다. 달리 말하면, 사람들이 권력구조에 대해 가지는 지식은 가정, 추측, 또는 예측을 통해 도출된 사고에 기초하는 것이 아니라 사실이나 과거 사건에 대한 지식에서 파생된 사고에 기초한다.

바우만은 문화의 균질화는 하부구조에서의 변화와 같은 '근대성의 물질적 요소'에 의해 조건 지어진다고 주장한다. 대규모 비인격적 조직의 하부구조는 도시 대중문화가 출현하는, 그리고 그 결과 그러한 조직과 관련된 개인들이 '기능화'되는 조건을 제공한다. 도시 대중문화의 핵심적인 측면은 생산-소비 과정이 시장을 통해 이루어진다는 것, 그리고 사회적 상황이 이질화되고 개인이 그러한 대규모의 비인격적 조직에 의존한다는 사실에 의해 '조건 지어'진다는 것이다.

『실천으로서의 문화(Culture as Praxis)』, 『사회주의, 생동하는 유토피아 (Socialism: The Active Utopia)』, 『계급의 기억(Memories of Class)』, 『자유 (Freedom)』 및 다른 1970~1980년대 텍스트에서 바우만은 자신의 마르크스주의 해석을 한데 통합한 권력구조 개념을 통해 실천적 의식, 문화, '비자유'와 감시, 그리고 근대세계에서 국가의 근간을 이루었던 사목 권력(pastoral power)이 '파놉티콘적(panoptic)'이었던 방식 — 다시 말해 국가가 공포를 유발하기보다 주민의 행동을 규제함으로써 통치했던 방식 — 에 초점을 맞추었다. 국가는 사람들의 행동과 주체성을 개선하고 그것을 통해 바람직한 사회질서를 유지하고자 노력했다. 요약하면, 문화는 사회통제의 메커니즘으로 작동한다. 파놉티콘은 1787년에 영국의 철학자 제러미 벤담(Jeremy Bentham)이 고안한 원형 감옥 설계의 한 형태에 붙여진 이름이었다. 그 설계에는 중앙 안뜰을 중심으로 감방이 배치되어 있으며, 탑에 있는 한 명의 간수가 감방에서 일어나는 모든 활동을 관찰할 수 있다. 관찰에 대한 두려움은 순응을 유도하는 동기가 되었다. 더 넓은 사회에 적용될 경우, 파놉티콘적 권력은 국가가 만물을 꿰뚫어 보는 눈으로 작용하고 관찰 및 기타 형태의 감시를 통해 사회의 모든 부분을 관찰하여 일탈자를 식별하고 순응을 유지하는 형태의 권력이다.

바우만은 마르크스의 경제적 착취 이론(노동 가치 이론)을 거부하고, 자본주의 내에서 권력구조가 개인의 '실천적 의식'을 억압하는 방식에 훨씬 더 큰 강조점을 둔다. 실천적 의식은 바우만에서 인간적이라는 것이 무엇을 의미하는지를 뒷받침한다. 이 인간이라는 종(種)적 존재의 본질에는 생물학적 욕구를 충족시키는 것이 포함된다. 바우만은 인간과 동물을 구별 짓는 것이 바로 실천적 의식이라고 주장한다. 바우만은 자신의 저작 전반에서 동물과 인간은 유사한 문제에 직면하지만 매우 다른 방식으로 문제를 해결한다는 점을 강조한다. 사람들은 재화를 생산하고 소비하는 데서 그리고 자신들의 사회 세계를 조직하고 재구조화하는 데서 적극적이라는 점에서 실천적 의식을 가지고 있다. '경제결정론'이 아니라 실천 — 즉, 물리적 세계와 사회적 세계 모두를 변혁시킬 수 있는 능력 — 이 마르크스적 문화 개념에 대한 바우만의 이해에서 중심에 자리하고 있었다. 바우만은 여러 텍스트에서 경제적 잉여의 분배에만 초점을 맞추고 실천적 의식의 해방을 무시하는 마르크스주의자들을 계속해서 비판한다. 사회주의 사회와 자본주의 사회 모두에서 국가 계획자들은 근대성을 도덕적 옳음과 이성에 뿌리를 둔 정설적 합의로 간주했다. 하지만 근대성은 질서로부터의 모든 이탈을 질서에 대한 위협으로 간주하면서 불관용 역시 낳았다. 근대성은 지속적인 감독과 치안을 요구했다. 일탈 및 다름은 근대국가가 사람들에게 사물의 자연적 질서라고 믿도록 부추긴 것에서 벗어난 것이었다.

권력구조 개념은 바우만의 폴란드어 저술들, 바우만이 폴란드에 거주하면서 영어로 출판한 저술들, 그리고 문화, 계급, 지식인, 홀로코스트에 관한 그의 연구 등에서 발견된다. 그러나 권력구조는 바우만 논평자들에 의해 대체로 무시된다. 하지만 바우만의 저작 내에 '여전히 존재하는' 마르크스주의는 그가 (절망과 불행에 대한 집단적 책임과 집단적 보험의 원리에 기초한) 사회주의적인 '생동하는 유토피아'를 제창하고 나선 것과 함께 그가 사회학에 기여한 것 중에서 핵심적인 특징의 하나로 인식되어 왔다.

1960년대 중반에 바우만은 '문화의 구조'를 하나의 '체계(system)' 또는 '문화장(cultural field)'으로 파악했다. 다시 말해 바우만은 인간 이해의 범주가 출현하는 데 필요한 조건에 관심을 가졌다. 문화장은 사람들로 구성되는 집단들(circles of people), 보다 구체적으로 말하면 상품의 생산·유통·소비로 인해 유발되는 (그 사람들이 경험하는) 의존성 체계를 포함한다.

2013년에 출간된 한 인터뷰에서 바우만은 자신을 충성스러운 짐멜주의자 가운데 한 사람이라고 생각한다고 말했다. 바우만은 게오르크 짐멜(Georg Simmel)에 대해 자신이 "사회학을 하는" 방법과 관련해 가장 많은 것을 배운 사회학자라고 기술한다. 짐멜에게서 개인은 문화의 담지자 — 즉, 행동하거나 느낄 때 정신 능력을 이용하여 세상에서 자신이 차지하는 위치를 지적으로, 주관적으로, 그리고 주체적으로 이해하는 존재 — 였다. 바우만은 1968년에 국가에 의해 압수되었다가 나중에 발견되어 2018년에 출판된 '분실된' 텍스트 『문화이론 스케치(Sketches in the Theory of Culture)』에서 '형식'과 '내용'의 관계에 대한 짐멜의 이해를 출발점으로 삼아 "세계를 [보통 '양자택일' 형태를 취하는 범주들로] 조직화하는 문화적 메커니즘"을 뒷받침하는 '선천적인 욕구들(innate drives)'을 규명한다. 이들 '문화적 메커니즘'은 모호성을 억제하여 사람들로 하여금 모든 '문화장'에 명확한 의미 또는 '의미론적 명확성'을 제공하는 자료를 선택할 수 있게 해준다. 개인이 일상생활 속에서 경쟁해야 하는 사람들의 집단이 클수록 어떤 사람이 주어진 상황에서 자신의 위치를 파악하고 불확실성을 의미 있게 제거하는 데 필요한 의미소(seme)의 수는 더 많아진다. 의미소는 어떤 사람이 자신이 의도한 의미를 전달할 때 이용할 수 있는 최소 의미 단위를 말한다.

짐멜은 지식에 대한 칸트적 관점을 비판하는 것에서 출발한다. 칸트가 볼때, 개인이 세계를 경험하는 것만으로는 인간이 지식을 산출할 수 없다. 정신은 이성이라는 보편적이고 필요한 범주를 이용한다. 하지만 이러한 칸트의 연역적 범주는 사회적 안정을 가정한다. 그러나 짐멜이 볼 때, 이를테면 전시의 독일 점령이 끝난 후 바우만이 폴란드에서 경험한 것과 같은 급격한 사회적·정치적 변화의 상황에서 안정을 제공하는 조건이 사라질 때면, 개인은 칸트가 규명한 이해력의 한계를 넘어서야 한다. 짐멜과 마찬가지로 바우만은 자신이 칸트적 입장에서 가치 있는 것으로 여겼던 것 — 특히 세계에 대한 우리의 인식이 사람과 사물을 범주의 관점에서 바라보려는 욕구에 의해 추동된다는 것 — 을 계속해서 견지한다. 인간의 이성은 범주와 함께 작동한다. 그리고 바우만은 범주를 이용하여 사고하려는 우리의 욕구를 인간에게 내재적이거나 타고나는 것으로 가정한다. 하지만 세계에 대한 우리의 경험은 항상 매개되며, 우리는 우리가 사는 사회의 문화 속으로 사회화됨으로써 습득한 범주를 통해 세계를 인식한다. 이처럼 세계는 항상 사회적이다. 그리고 범주를 이용하여 사고하려는 욕구는 내재되어 있지만, 우리가 사용하는 범주의 내용은 항상 사회적 범주이다. 또한 우리가 사용하는 사고 범주들이 결코 경험을 완벽하게 반영하지 못한다는 것을 알기 때문에, 우리는 스스로 생각하고 다른 사람의 관점을 이해하는 능력을 개발해야 한다. 국가는 (자신이 논리와 일관성을 결여하고 있다고 가정하는) 민속 문화나 야생 문화(wild culture)를 (생각할 수 있고 이해할 수 있는 것에 관한) 보다 합리적인 범주로 대체함으로써 문화를 인도하는 것을 목표로 하는데, 이것이 바로 근대세계에서 문화가 갖는 이데올로기적 측면이다. 짐멜의 '사회적 형식' 또는 '삶의 형식' 개념과 유사한 방식으로 진행된 바우만의 문화 분석은 칸트적 해석을 넘어선다. 바우만이 설명하듯이, 이데올로기는 근대세계의 권력구조를 구성하는 핵심적 측면의 하나이다.

요약하면, 개인으로서의 우리는 사고 범주를 이용하여 사고하도록 만들어져 있지만, 그러한 사고 범주의 내용은 우리가 사는 사회의 문화에서 파생된다. 바우만은 그람시로부터, 그리고 그보다는 덜하지만 1960년대에 유행했던 포포비치(Popovich)의 '소비에트 기호학'과 아브라미안(Abramian)의 연구로부터 근대국가는 민속 문화 또는 야생 문화를 국가가 승인하는 방식으로 세계에 대해 사고하고 세계와 관계 맺는 문화로 대체하려고 시도한다는 관념을 취한다. 지식인과 문화 단체의 역할은 전통적인 사고방식의 토대를 침식하고 국가가 후원하는 근대성을 보다 수용 가능한 대안으로 제시하는 형태의 문화와 이데올로기를 제조하는 일을 인도하는 것이다.

바우만은 문화체계를 퍼스낼리티 구조와 사회구조의 투영물로 파악한다. 문화는 한 공동체 내에서 공유되고 공통적으로 해석되는 기호의 총합이며, 따라서 문화는 사람들의 인지 능력, 목표, 행동 패턴을 정의하는 통제 기능을 수행하는 것으로 이해된다. 문화는 개인의 주변 환경을 질서 짓고 구조화하는 방식이자 사람들의 반복되는 행동을 연결하는 방식이기도 하다.

바우만은 1968년에 쓴 글에서 '문화'사에 대한 자신의 이해를 간략하게 개관한다. 바우만은 문화를 자신이 후일 **문화에 대한 위계적 개념**으로 명명한 것 속에서 인식해 왔는데, 우리는 그 개념을 이용하여 특정한 개인을 우리가 문화를 결여하고 있는 것으로 가정하는 (그리하여 우리가 칭찬하지 않는) 개인에 비해 우리가 칭찬하는 '교양 있는' 사람으로 식별할 수 있다. 문화는 하나의 중요한 평가 요소를 가지고 있었으며, 문화의 전달은 개인을 이전과는 다른 사람으로 변화시킬 수 있었다. 문화는 관습의 위계화에도 반영되어 있었다. 문화에 대한 위계적 개념은 계급 지배의 한 요소이기도 했는데, 왜냐하면 '문화'가 신분과 지위를 상징하게 되었기 때문이다.

바우만은 구스타프 클렘(Gustav Klemm)이 1848년에 문화라는 용어를 인간 정신의 산물이 아닌 인간이 창조한 모든 것에 적용했다고 설명한다. 문화에 대한 이러한 접근방식은 인류학자들, 특히 브로니슬라프 말리노프스키(Bronislaw Malinowski), 루스 베네딕트(Ruth Benedict), 클로드 레비-스트로스(Claude Levi-Strauss)에 의해 더욱 진전되었다. 베네딕트는 문화는 우월하지도 열등하지도 않으며 단지 다를 뿐이라고 주장했다. 19세기 사회주의자들은 모든 사람에게 문화에 대한 동등한 권리를 부여하고 '교양 있는' 사람과 '교양 없는' 사람의 구분을 폐지하여 계급 특권을 약화시키기 위해 문화 민주화 운동을 벌였다. 이는 또한 바우만의 견해이기도 하다.

1960년대 후반에도 바우만은 얼마간은 수동적이고 재생산적이며 얼마간은 능동적이고 질서정연한 '구조화' 과정을 확인하고, 그 과정이 환경의 특정한 측면을 실제처럼 보이게 하는 동시에 대안을 폐쇄해 버린다는 것을 밝혀낸다. 바우만은 마르크스와 현대 문화이론에 대해 다룬 1968년 논문을 마무리하면서 사회주의 사회가 사회구조를 문화체계에 예속시킴으로써 계급 특권 문제를 약화시키려고 시도하고 있다고 논평한다.

전쟁 직후의 시기에 폴란드에서 사회학은 완벽한 질서에 대한 당의 비전에 부합하도록 폴란드 사회를 틀 짓고 재편하는 데 도움을 주는 '공학적' 기능을 수행해 줄 것을 기대받았다. 사회학자들은 질서 있는 사회주의 세계를 건설하기 위해 당이 해야 하는 일을 정당화할 수 있는 '입법 지식인(legislating intellectuals)'으로 여겨졌다. 사회학자들은 당의 진리 주장(truth claim)을 공급할 것으로 기대받았다. 이것이 바로 1980년대에 바우만이 국가의 사목 권력으로 또는 근대성을 관리하기 위한 '원예적(gardening)' 접근방식으로 기술했던 것이다. 바우만은 바르샤바 대학교에서 보낸 마지막 몇 년 동안 레셰크 코와코프스키의 브랜드인 마르크스주의적 수정주의(Marxist revisionism)를 홍보했다. 바우만은 마르크스주의를 포기한 것이 아니라 마르크스주의를 수정하고 개선하여 그것을 당의 공식 교의에 반대하는, 그리고 실제로 존재하는 사회주의하에서 사회적·경제적 조건을 변화시키는 하나의 도구로 사용하고자 했다. 바우만은 자신이 당이 약화시켜 온 마르크스주의 사상의 윤리적 핵심으로 파악한 것을 고취하는 것을 목표로 삼았다. 바우만은 코와코프스키에 기대어 자신이 마르크스주의 사상에 대한 '기계론적' 해석으로 간주한 것을 거부하고, 그것을 '행동주의적' 마르크스주의로 대체한다.

코와코프스키와 인간주의적 마르크스주의

레셰크 코와코프스키는 마르크스주의가 지닌 인간주의적인 윤리적 토대를 복원할 것을 요구한 수정주의적 마르크스주의자였다. 인간주의적 마르크스주의는 인간관계를 개선하려는 도덕적 의무를 동기로 하는, 정치에 대한 윤리적 접근방식이다. 인간주의적 마르크스주의자는 자신이 이론적 관심 때문이 아니라 도덕적 동기 때문에 억압자들에 맞서 억압받는 자들의 편에 서서 행동하는 것으로 이해한다.

1953년에 스탈린이 사망한 후, 코와코프스키는 자신의 마르크스주의적 '수정주의'를 더욱 발전시키는 데로 관심을 돌렸다. 그는 마르크스주의를 포기한 것이 아니라 경제결정론 및 레닌(Lenin)과 엥겔스(Engels)가 마르크스주의적 관점을 발전시켜 온 방식을 거부하고 그 대신에 마르크스주의가 현대의 정치적·사회적·문화적 문제에 대해 계속해서 갖는 적실성을 보여주는 데 초점을 맞추는 인간주의적 형태의 마르크스주의를 발전시키고자 했다. 코와코프스키가 마르크스주의에 접근하는 방식의 근원을 이루는 것이 바로 역사는 인간의 산물이라는 관념이다. 비록 그 어떤 개인도 역사가 변화해 나아가는 방식에 대해 전적으로 책임지지는 않지만, 각자는 역사 과정에 자신이 관여한 것에 대해 책임을 진다. 마르크스주의자들은 자본주의 사회에서 사회적 특권을 폐지하는 데 초점을 맞출 것이다. 하지만 코와코프스키는 또한 불평등, 차별, 착취와 같은 형태에 내재하는 사회적 특권이 언론 및 표현의 자유에 대한 제한과 함께 (비록 비자본주의적인 조건에 의해 유발된 것이기는 하지만) 사회주의 사회에도 역시 존재한다는 사실을 인식하고 있었다. 폴란드에 관해 코와코프스키가 가지고 있던 견해는 마르크스주의자들이 반유대주의 종식, 언론의 자유와 예술 표현의 자유, 정치적 삶에서의 공산주의 도그마 종식, 그리고 정부 시스템 내에서의 노동계급의 활동 기회 확대를 위해 싸워야 한다는 것이었다. 코와코프스키의 인간주의적 마르크스주의는 인간관계를 개선하려는 도덕적 의무를 동기로 하는, 정치에 대한 윤리적 접근방식으로 여겨졌다.

요약하면, 코와코프스키는 마르크스주의가 스탈린에 의해 도그마적 이데올로기로 재정렬되고 재정의되어 러시아 국가 관료제의 범죄와 과잉을 옹호하기 위해 사용되었다고 주장했다. 코와코프스키는 경제결정론 및 (마르크스의 친구이자 공동 저자인) 엥겔스와 (1917년부터 1924년까지 소비에트 러시아의 정부 수반이었던) 레닌이 마르크스주의적 관점을 발전시킨 방식을 거부했다. 엥겔스와 레닌과 대조적으로 코와코프스키는 인간주의적 형태의 마르크스주의가 현대의 정치적·사회적·문화적 문제에 어떻게 적실성을 지니는지를 보여주기를 원했다. 코와코프스키의 기본 가정은 사회주의가 아니라 스탈린주의가 문제라는 것이었다. 수정주의자들은 경제결정론을 거부했고, 대화와 합의를 통해 사회질서를 사회적으로 구성할 수 있다고 가정했다. 그들은 또한 인식과 주관성은 개인의 사회계급 지위의 파생물일 뿐이라고 제시하는 레닌의 '자연변증법(dialectic of nature)'에 관한 주장도 거부했다. 비록 수정주의자들 사이에 견해 차이가 있기는 했지만, 그들 모두는 비판과 토론 없이는 마르크스주의가 부활할 수 없을 것이라고 주장했다.

하나의 생동하는 유토피아로서의 사회주의에 관한 바우만의 1980년대 연구는 마르크스주의자라면 하나의 유토피아를 가지고 있지 않을 수 없다는 코와코프스키의 견해에 의지한다. 바우만은 코와코프스키와 마찬가지로 유토피아를 '사회적 의식'의 한 상태 ─ 즉, 세상에 실제적이면서도 급진적인 변화를 가져올 동기를 뒷받침하는 도덕적 토대 ─ 로 이해했다. 코와코프스키는 인간의 본성은 급진적인 사회변화를 수용할 수 있을 만큼의 유연성을 지니고 있다고 주장했다. 또한 코와코프스키는 자신이 '단일 대안의 문제'라고 부른 것 또는 스탈린주의자들이 "대안이 없다"라고 주장하는 것에 대해 매우 비판적이었다. 코와코프스키가 볼 때, 그것은 스탈린주의의 전통적인 공갈이었으며, 좌파는 "대안이 없다"는 논리를 돌파해야 했다. 코와코프스키는 "대안이 없다"는 그러한 생각을 이성이 아닌 학문적 도그마티즘과 극심한 편견에 뿌리를 둔 위험하고 무책임한 유사 마르크스주의적 입장이라고 보았다. 그리고 공산주의 지식인들은 이러한 입장과 실체 없는 진리의 영역을 구축하려는 다른 모든 시도에 도전해야 한다. 바우만은 2000년 이후의 자신의 액체 근대 저술들에서 마거릿 대처(Margaret Thatcher)가 자신의 정부의 경제 정책을 옹호하기 위해 "대안이 없다"라는 표현을 도그마적으로 사용한 것에 대해 매우 비판적이었다.

1956년부터 폴란드를 떠날 때까지 지그문트 바우만은 바르샤바 대학교의 철학·사회학 연구소에 적극 참여하고 있었다. 그 연구소는 집권 공산당인 폴란드 통합노동자당에 반대하는 수정주의적 입장을 취하는 지식인 그룹으로 이루어져 있었다. 지그문트 바우만 외에도 동료 사회학자 마리아 히르쇼비치-비에린스카(Maria Hirszowicz-Bielińska), 철학자이자 역사가인 크슈쉬토프 포미안(Krzysztof Pomian), 철학자이자 관념사가인 브로니스와프 바츠코(Bronisław Baczko), 정부에 비판적이었던 주간지 ≪포 프로슈(Po Prostu)≫의 편집자이자 문학평론가이자 문학사가인 로만 지만드(Roman Zimand), 철학자 레셰크 코와코프스키 등 저명한 인물들이 그곳에 소속되어 있었다. 1968년 3월 25일에 지그문트 바우만은 연구소의 다른 5명의 학자와 함께 바르샤바 대학교의 직책에서 쫓겨났고, 정부에 의해 강제로 그 나라를 떠나게 되었다. 폴란드에서 강의가 금지된 바우만과 그의 가족은 얼마 지나지 않아 망명할 수밖에 없었다. 그는 처음에는 이스라엘로 망명하여 텔아비브에서 잠시 가르치다가 1971년에 영국 리즈 대학교에 영구적으로 정착하여 1990년에 은퇴할 때까지 사회학과에서 가르쳤다.

폴란드에서 망명한 후에도 코와코프스키의 사상은 바우만의 향후 지적 발전에 계속해서 특별한 영향을 미쳤다. 1968년 사건 이후 바우만은 자신이 폴란드에서 펼친 논의에 대해 괴로워했지만, 1970년대 초반에도 기존 사회주의는 개혁할 수 있지만 자본주의는 개혁할 수 없다는 그의 입장은 아주 확고했다. 바우만이 마르크스의 『1844년의 경제학·철학 수고(Economic and Philosophic Manuscripts of 1844)』와 『독일 이데올로기(The German Ideology)』에 기대어 바라볼 때, 사회주의는 소외되지 않는 사회적·생산적 관계를 확립함으로써 소외를 극복하는 것을 의미한다. 마르크스에서 정치적·경제적 통제권을 장악하는 것은 그 자체로 목적이 아니라 일상생활의 재구조화를 위한 전제조건이었다. 소외를 극복하기 위해서는 개인들은 자신과 자신이 처한 상태를 다른 사람의 관점에서 바라볼 수 있어야 한다. 바우만의 마르크스 해석에 따르면, 욕구 개념이 개인의 경제적 욕구를 충족하는 것으로 축소되는 것 — 이 경우 욕구는 시장 측면에서만 이해된다 — 은 욕구가 소외되어 있음을 표현한다. 바우만에서 사회주의는 인간 욕구의 전체 구조를 변혁시키는 것을 전제로 한다. 자본주의 사회에서 열망은 더 많은 상품을 소비하고자 하는 주관적인 욕망으로 축소된다. 그 당시에 바우만은 인간주의적 마르크스주의에 대한 코와코프스키의 개념에, 그리고 사회주의는 여전히 좋은 것이라는 점에 매우 동의하고 있었다.

바우만이 1956년부터 1968년까지의 저술들에서 전개한 마르크스주의적 접근방식은 사고하는-행위 ― 또는 인간의 실천 ― 가 곧 "인간이 세계 속에 존재하는 양식"이라는 전제에 기초했다. 이 실천 개념은 사회에서 작용하는 지배적인 권력구조를 파악하고 부각시키는 데 이용된다. 권력구조는 하나의 실제적 실체이고, 그러한 권력구조가 존재하는 까닭은 역사적 실천을 수행하는 사회적 관계가 권력구조를 현실화하기 때문이며, 따라서 권력구조는 역사적 실천을 통해 작동한다. 삶은 행위와 변혁의 측면에서 수행된다. 바우만이 제창하는 윤리의 핵심은 인간은 존엄성과 자율성을 가진 존재로 대우받아야 하고 다른 사람의 사적 목적을 충족시키기 위한 단순한 수단이 되어서는 안 된다는 칸트의 정명에서 영감을 받았다. 바우만이 보기에, 자본주의는 부를 자본주의적으로 축적하는 과정에서 인간을 수단의 지위로 전락시켰다. 그람시로부터 영향을 받은 바우만이 볼 때, 지식은 '역사적 블록(historical bloc)'을 뒷받침하는 중요한 요소이며, (현실처럼 보이는 것의 아래에 자리하며 대중의 자유를 제한하는) 합리화와 같은 사회적 힘과 항상 연관되어 있다. '역사적 블록'을 유지하는 사회적 힘은 자주 숨어 있다. 바우만은 사회학에 대한 그람시의 접근방식을 하나의 '실천 철학(philosophy of practice)'이라고 기술한다. 다시 말하지만, 바우만은 마르크스를 따라 계급 사회에서 전형적으로 나타나는 소외의 형태가 바로 종교라고 주장한다. C. 라이트 밀스(C. Wright Mills)의 '사회학적 상상력'이라는 개념 ― 이 개념은 사람들에게 자신의 전기를 역사에 비추어 바라볼 수 있는 능력을 제공한다 ― 과 유사하게, 지식인의 역할은 역사적 블록을 유지하는 사회적 힘의 본질을 폭로하고, 사람들로 하여금 현실에 대한 모든 비전이 지닌 이데올로기적 측면을 예리하게 인식할 수 있게 하고, (사람들이 자주 의식하지 못하는) 열정을 의도적 행동으로 전환하여 역사를 하나의 의식적인 과정으로 전환하는 것이다. 바우만은 (역사를 역사적 법칙의 반영으로 보고 대중이 수동적으로 행동하도록 부추기는) '통속적인 유물론(vulgar materialism)'의 형태를 취하는 마르크스주의와 (인지와 이해를 역사적 실천의 필수적인 부분으로 강조하는) '행동주의적' 마르크스주의를 나눈 자신의 구분을 강화한다. 역사적 실천을 사람들이 적극적으로 역사를 창조하는 실천적 행위 ― 이러한 실천적 행위에서는 의식적이고 주관적인 인식이 물질적 요소만큼이나 중요하다 ― 의 한 형태로 바라보는 바우만이 볼 때, 경제적 요소에만 초점을 맞추고 중앙집중화된 조직화된 합리적인 사회를 창조함으로써 소외를 극복하고자 한 국가사회주의 또는 공산주의 정부의 시도는 전체주의적인 정치적 통제에 뿌리를 두고 개인의 모든 욕구 충족에 독재 권력을 행사하는 사회체계를 만들어내 왔다. 바우만의 관점에서 볼 때, 마르크스주의적 분석은 사회의 경제적 소유체계를 바꾸는 것에 관한 것일 뿐만 아니라 소외로부터 인간을 해방시키는 것과 만인이 평등하고 도덕적인 자유 사회를 창조하는 것에 관한 것이기도 하다.

제3장

영국 도착: 성공한 아웃사이더?

우리는 이 장에서 바우만이 영국에 도착한 후 착수한 초기 작업을 다룬다. 이 작업은 바우만이 폴란드에서 집필한 초기 저술을 기반으로 한다. 앞 장에서 우리는 1970년대와 1980년대 초에 바우만이 자신의 마르크스주의 해석을 하나로 통합한 권력구조 개념을 통해 '실천적 의식', 문화, '비자유', 감시, 그리고 국가의 사목 권력의 근저를 형성하는 것이 본질적으로 '파놉티콘적'이었던 방식에 초점을 맞추었다고 주장했다. 파놉티콘적 권력은 국가가 시민의 행동을 규제하고 개선하며 바람직한 사회질서를 유지하기 위해 행사하는 권력으로 기술되었다. 바우만은 마르크스식의 노동 가치 이론, 즉 마르크스의 경제적 착취 이론을 거부하고, 자본주의 내에서 권력구조가 개인의 '실천적 의식'을 억압하는 방식을 훨씬 더 많이 강조한다. 바우만이 볼 때, 인간이라는 '종적 존재'의 본질은 무엇보다도 음식과 주거에 대한 생물학적 욕구를 충족시키는 것을 포함한다. 하지만 우리가 앞서 살펴본 바와 같이, 바우만에서 인간과 동물을 구분하는 것은 실천적 의식이다. 동물과 인간은 많은 동일한 문제에 직면하지만, 그 둘이 그 문제들을 해결하는 방식은 다르다. 인간은 실천적 의식을 이용하여 자신의 세계를 조직하고 구조화하는 조건을 만들어낸다.

바우만은 사회체계의 중심적 특성은 **규칙성**이라고, 다시 말해 하나의 사회체계가 존재한다는 것은 어떤 사건은 일어날 가능성이 많고 다른 사건은 일어날 가능성이 적다는 것을 의미한다고 설명한다. 사회학자들은 체계와 조직을 '구조 보존적인' 것으로 바라보고, 체계를 논의할 때 살아있는 유기체와의 유추 및 유기체의 생존에 대해 "체계가 갖는 관심"에 의지하는 경향이 있다. 체계가 존재하는 환경은 체계를 위한 먹이터에 지나지 않는 것으로 간주된다. 바우만이 볼 때, 사회체계에 대한 이러한 접근방식은 권력의 역할을 무시한다. 바우만은 권력을 다른 사람의 행동에 대해 행사하는 영향력/통제력으로 정의하며, 이를 모든 사회체계의 본래적 특성으로 가정한다. 바우만은 조직의 권력구조를 교섭 지위들로 이루어진 유연한 위계질서로 제시한다. 또한 체계의 유연성은 체계 내의 개인과 집단의 서로 다른 교섭 지위를 반영한다. 하지만 조직의 권력구조 내에서 이루어지는 정보의 불평등한 배분은 체계 내의 힘의 균형과 체계 내에서의 개인의 사회적 행위의 동기에 영향을 미친다.

당시 공산주의 사회에서 발견되는 명령 체계에 대해 제시된 대안 가운데 하나가 바로 체계를 분권화하고 조직의 하위 지위에 있는 사람들이 의사결정에서 더 큰 자유를 가질 수 있게 하는 것이었다. 바우만이 볼 때, 스탈린주의적인 통합적 리더십이 부재하는 동유럽 공산주의 체계에서는 영향력을 행사하는 수단에 어떻게 접근하는지가 권력구조의 작동을 이해하고 체계의 구조와 기능을 결정하는 데서 중요한 역할을 했다. 탈스탈린주의적 리더십 투쟁은 기존 통치자와 잠재적 통치자로 하여금 자신의 권력 주장을 뒷받침하기 위해 '인민의 의지'에 호소하는 것과 같은 이전이라면 피했을 수도 있었을 변수에 의지하게 했다.

바우만이 영국에 도착한 후에 처음으로 출간한 책은 1960년 폴란드에서 출판했던 책 『계급, 운동, 엘리트: 영국 노동운동사에 관한 사회학적 연구(Klasaruch-elita: Studium socjologiczne dziejow angieskiego riichu robotniczego)』를 1972년에 영어로 번역한 『계급과 엘리트 사이에서(Between Class and Elite)』였다. 바우만은 노동운동의 '내적 역동성(internal dynamism)'을 탐구함으로써 영국 노동운동을 연구하는 새로운 분석적 관점을 제시하고자 했다. 바우만은 노동운동은 자본주의를 파괴하는 것이 아니라 노동계급을 자본주의 사회에 성공적으로 동화시키는 데 관심이 있는 적응적이고 적극적인 자기 조절 체계라고 주장했다. 바우만은 이 같은 이유에서 노동조합이 일반적으로 조합원들을 자본주의 경제 구조 및 정치 구조에 보다 유리하게 동화시키고자 하는 바람에 기초하여 점점 더 보수적인 관점을 채택해 오게 되었다고 주장했다. 『계급과 엘리트 사이에서』는 네 부문으로 나뉘어 있다. 첫째 부문은 1750년부터 1850년까지의 시기를 다루는데, 이 시기는 기술이 이용되면서 직인 자격과 훈련이 더 이상 필요하지 않게 됨에 따라 많은 장인의 사회적·경제적 지위가 크게 하락하는 것을 특징으로 했다. 바우만은 노동조합이 더 넓은 사회계급의 이익이 아닌 특정 동업조합의 이익을 옹호하는 데 기원을 두고 있었다고 주장한다. 1850년부터 1890년까지의 시기에 숙련 산업 노동자들은 (점점 더 별개의 이해관계와 더 낮은 열망을 가진 것으로 간주되던) 비숙련 노동자와 거리를 두고자 했다. 숙련 산업 노동자들은 자신들이 시민으로 더 온전히 받아들여지기 위해 자기 계발에 힘쓰는 것으로 보였다. 1880년부터 1924년까지의 시기에는 숙련도에 기초한 직업 분화가 더욱 진척되고 계급에 기반한 투쟁 정신이 더욱 약화되는 것을 목도했다. 1924년부터 1955년까지의 시기에는 상승 사회이동과 개인의 풍요에 대한 약속이 투쟁 정신을 더욱 감소시켰다. 이러한 상황하에서 영국에서 계급의식이 생겨나는 것은 불가능했다. 그 책은 사회주의 역사가 E. P. 톰슨(E. P. Thompson)으로부터 적대적인 평가를 받았다. 톰슨은 바우만이 노동운동에 대해 지나치게 도식적이고 왜곡되게, 그리고 실제로 부정확하게 이해하고 있다고 비판했다. 톰슨이 보기에, 바우만은 '사실'을 이용하는 데 '무심'했다. 그리고 바우만은 특히 1968년에 발표된 톰슨의 영향력 있는 연구인『영국 노동계급의 형성(The Making of the English Working Class)』과 같은 최근 연구를 무시한다는 이유로 비판받았다. 톰슨은 특히 바우만이 노동운동의 쇠퇴가 불가피하고 피할 수 없다고 결론 내렸다는 사실에 불쾌해했다. 수년 후에 바우만은 한 인터뷰에서 톰슨이 그 책에 대해 비판적이었던 것은 내용 때문이 아니라 톰슨이 레셰크 코와코프스키와 같은 동유럽의 '반체제 인사'들이 서구 좌파의 기대를 배신했고 그 반체제 인사들이 프로테스탄트적이고 개인주의적인 '영국사람 특유의 어법'을 이해하지 못했다고 생각했기 때문이라고 주장했다. 바우만은 자신이 그 논쟁의 '부수적 피해자'라고 생각했다.

톰슨이『계급과 엘리트 사이에서』에 대해 지나치게 비판적인 논평을 한 것 외에는, 바우만은 데니스 스미스(Dennis Smith)가 묘사한 것처럼 '성공한 아웃사이더'로서 곧 자신의 입지를 다졌다. 스미스가 볼 때, 바우만은 근대성을 분석하는 데서 아웃사이더라는 자신의 특권적인 관점을 능란하게 활용하는 이방인으로 자신을 아주 잘 부각시켰다. 스미스가 보기에, '성공한 아웃사이더'는 자신의 '아웃사이더임'을 이용하는 방법, 즉 자신이 처한 새로운 환경에 대해 하나의 객관적인 이해를 제시하는 방법을 아는 지식인이다.

1970년대 초에 바우만은 사회학이 '부르주아 계급에 기반한 사회'의 미덕을 조장하는 **비자유**의 과학이라고 주장했다. 사회학자들은 의미(meaning)의 기원을 '사회' 또는 '문화'와 같은 초개인적 실체로까지 추적해 올라감으로써 의미를 객관화하고자 했다. 사회학은 의미가 '외부'에서 개인의 정신 '내부'로 들어온다고 가정했다. 사회학자들은 사회적 실체가 인간 행동에서 나타나는 규칙적이고 한결같은 제일성(齊一性)으로부터 형성되며 그것이 사회제도의 '본래적' 특성이라는 보수적인 가정을 공유했다. 바우만은 ≪영국사회학(The British Journal of Sociology)≫에 투고한 논문에서 기본적으로 짐멜에 의해 인도되는, 인지에 대해 칸트가 가지고 있던 입장에 대한 자신의 독해 ― 자신의 폴란드어 저술들에는 이미 제시되어 있지만 영어 독자들에게는 생소했을 — 를 개괄하고 소개했다. 바우만은 거기서 자신이 '기호화 작업(signification)'의 하나로 파악한 문화와 사회구조의 관계를 다루고, 문화의 '비언어적' 측면이 언어와 같은 방식으로 구성된다고 설명했다. 의미는 비언어적 코드를 부여받음으로써 결정된다. 바우만은 자신이 폴란드어 저술에서 제시했던 입장, 즉 정신이 수행하는 무의식적 작업 중 하나는 경험의 내용에 '형식' 또는 범주를 부여하는 것이며, 그러한 형식은 보편적이고 동일한 것으로, 모든 정신에서 항상 발견된다는 입장을 재차 진술한다.

몇몇 논평가가 볼 때, 바우만이 '분실한' 미발표 폴란드어 텍스트인 『문화 이론 스케치』(이하 『스케치』)는 바우만의 지적 전개 과정을 이해하는 데서 중요한 자료이다. 『스케치』는 원래 1968년에 출판될 예정이었던 에세이 모음집이지만, 바우만이 폴란드를 떠나 망명길에 오를 때 공항에서 원고를 압수당했다. 하지만 그 에세이의 많은 부분이 출판 예정일 전후에 따로따로 출판되었다. 『스케치』의 내용은 바우만과 말리노프스키 및 레비-스트로스와의 교류, 구조화 이론을 구축하려던 바우만의 시도, '이원론적' 이론화의 문제점, 폴란드 청년들이 직면한 문제, 수정된 문화 모델 등 바우만 연구자들에게 익숙한 내용이다. 『스케치』에는 폴란드 마을의 도시화에 대한, 그리고 폴란드 사회에 시장이 도입된 결과 초래된 문제에 대한 논의도 들어 있다. 전체적으로 볼 때, 그 책은 1960년대 중반의 폴란드 문화와 사회에 대해 명확하고 정통하게 개관하고 있다.

바우만의 핵심 주장은 모든 사회는 사람들이 상징적인 의사소통을 할 수 있게 해주는 특정 형태의 언어를 가지고 있기 때문에 모든 인간 사회에서 문화가 발견된다는 것이다. 하지만 문화 자체는 극히 다양하다. 바우만은 문화의 역할은 어떤 사람이 사고하는 방식과 세상을 인식하는 방식 — 이것들이 실제 경험에 의미를 제공한다 — 을 틀 짓는 것이라고 설명한다. 또한 바우만은 마르크스주의적 접근방식에서 출발점을 이루는 것은 사람들은 사고하고 그 사고에 의거하여 행위한다는 전제라고 주장한다. 다시 말해 마르크스주의자가 볼 때, 사고하는-행위 — 또는 인간의 실천 — 가 곧 우리가 세계 속에 **존재하는 양식**이다. 삶은 행위와 변혁의 측면에서 수행된다. 바우만은 자신이 『스케치』를 쓰던 당시에 사회과학은 한 사람이 발달하는 과정에서 '문화 시설(cultural facility)'이 어떻게 작동하는지를 규명하는 데 관심이 없었다고 주장한다. 사람은 정보를 처리하는 작용을 하는(다시 말하면, 자신의 생각에 기초하여 자신의 행동 방식이나 다른 사람들과의 사회적 관계를 유지할 수 있게 해주는 방식으로 환경에 질서를 도입하여 — 즉, 환경을 감정적·심리적·실천적으로 통합하여 — '외부에서' 일어나는 일을 '내부에서' 이해함으로써 불확정적이고 불확실하고 모호하다는 느낌을 줄이는 작용을 하는) 특수한 메커니즘을 가지고 있다는 점에서 자기 조직화 기계(self-organising machine)와 같다.

바우만이 볼 때, 분류(classification)가 수행하는 역할은 혼돈스러울 수 있는 일상생활에 의미를 부여하고 철저하게 이해할 수 있게 해주는 것, 즉 그러한 일상생활에 질서를 부여하는 것이다. 이와 대조적으로 일반화(generalisation)는 이론 수준에서 구축된 하나의 '모델화된 구성물(modelled construction)'을 지칭하는 것으로, 사람들이 자신들의 감각적 경험을 통해 지각하는 것의 수준에서 뒷받침되지만 동시에 경험 자체에 포함되지 않은 형태의 보편적 지식도 제공한다. 분류는 우리가 행위를 조직화하고 주변 환경을 이해하고 예측할 수 있도록 감각 지각을 조직화하는 것이다. 같은 방식으로 어둠에 대한 두려움이나 낯선 장소에 대한 두려움은 사람들이 자신의 지각을 분류할 수 없기 때문에 발생한다. 바우만에서 문화의 역할은 세계에 일단의 분류 도식을 적용함으로써 제일적(齊一的)이고 알려진 것과 그렇지 않은 것을 구별하는 것이다. 이 과정은 기호와 기의(記意) 요소의 구조를 구성하는 것을 포함한다. 하지만 바우만은 어떤 사람의 세계관이 그 사람의 뇌 구조나 다른 유기체적 특성에 의해 결정되지 않는다고 지적한다.

바우만은 문화에 대한 우리의 이해는 문화를 구성하는 것들을 정의하는 것에서, 즉 문화의 경계를 결정하는 '블랙박스'를 확인하는 것에서 시작해야 한다고 주장한다. 바우만은 언어를 언어의 기능의 측면에서, 즉 정보 도구로뿐만 아니라 정보를 구조화하고 사회 현실에 대한 우리의 이해를 틀 짓는 장치로도 이해한다. 바우만에서 본유 관념(innate idea)[철학에서 경험을 통해 후천적으로 얻거나 구성한 관념이 아닌 태어날 때부터 인간의 본성에 자리하고 있다고 주장되는 관념_옮긴이] — 또는 사후적 범주(경험에서 나오는 관념)가 아닌 선험적 범주 — 은 인간 감각 기관의 선천적 특성에 의해 부과되는 것으로 가정되지만, 인간은 여전히 자신의 지능을 통해 세계에 대한 자신의 이해를 관리해야 한다. 언어 범주는 단순히 관념을 '반영'하는 것이 아니라 관념을 창조한다. 개인은 언어를 통해 세계에 의미를 부여하는, 실효성 있는 분류 규칙을 습득한다. 세계는 개인에게 직접적인 형태로 나타나지 않는다. 세계는 '개념적 조작'의 산물이다.

바우만은 사고 범주의 역할과 목적을 세계의 자연적 질서를 이해하고 세계에 인위적 질서를 부여하려는 인간의 보편적 노력을 뒷받침하는 것으로 묘사한다. 바우만은 이처럼 사회 세계에 질서를 부여하는 것을 문화의 '상징적 기능'으로 묘사한다. 그리고 언어를 이용하여 사람들에게 전달되는 것이 바로 문화의 상징적 기능이다. 사람들은 일상생활에서 자신들이 접하는 제도의 근원을 이루는 구조 및 관습적인 행동 방식을 어떻게 이해하는지를 언어를 이용하여 말로 표현한다. 만약 우리가 사회학자로서 문화를 이해하고자 한다면, 우리는 무의식적인 사고 범주 — 즉, 바우만이 사람들이 인식할 수 있는 모든 사회적·문화적 선택에 '선행하고' 그러한 선택을 '조건 짓는' '정신-물리적(psycho-physical)' 요소라고 기술한 것 — 를 탐색하고 규명해야 한다. 우리의 문화와 유산이 서로 다를 수 있고, 세계와 세계의 작동방식에 대한 우리의 이해가 다를 수도 있지만, 우리는 세계에 대해 우리가 인식하는 내용을 이해하기 위해 우리가 본유적 사고 범주를 사용하는 방식에서 일정한 유사성을 찾아볼 수 있다.

바우만이 1970년대에 사회학에 대해 가한 비판은 파슨스와 뒤르켐의 가정, 즉 사회학은 인간 행동의 규칙적 측면을 탐구하는 학문이라는 가정에 기초했다. 사회학은 자유의지 개념을 부정하지 않으며, 인간의 자유를 부정하지도 않는다. 사회학은 단지 그러한 질문을 사회학적 탐구의 경계 밖에 위치시킬 뿐이다. 파슨스와 뒤르켐은 사회를 하나의 초개인적 질서 ― 즉, 사회 내에서 널리 공유되고 상식으로 간주되는 사고방식에 기반하여 구축된, 개인을 초월하는 어떤 것 ― 로 가정했다. 이 초개인적 질서는 의심받지 않으며, 자유의지나 선택의 범위 너머에 위치하는 속성과 유사한 하나의 규칙을 가진다. 인간의 행동은 종속 변수로 간주되어, 색다르거나 불규칙한 것으로 간주되는 모든 행동은 문제 있는 것으로 간주될 정도로 합리성의 분석 영역 안에 갇혀 있었다. 파슨스와 뒤르켐에서 인간의 본성과 자유는 사람들이 합리적으로 행동할 가능성으로 이해되었다. 그들은 사회적 실체가 '우리'와 '나'라는 두 개의 별개의 것을 결합하여 하나의 전체를 형성하는 경향이 있다고 바라보는 비전을 제시했다. 바우만이 주장하듯이, 파슨스와 뒤르켐은 '우리'라는 지위는 '나'라는 지위 그 이상의 것이 결코 아니라고 가정했다. '사회적인' 것은 인간 상황의 독자적인 자율적인 측면 ― 모든 사람에게 내장되어 있고 개인의 운명을 넘어서는 합리적으로 반복되는 행동의 규칙성에 뿌리를 두고 있는 어떤 것 ― 으로 간주되었다.

바우만은 파슨스와 뒤르켐의 사회학 접근방식을 거부한 것 외에도, 슈츠(Schutz)의 현상학을 따르는 접근방식이나 가핑켈(Garfinkel)의 민속방법론처럼 상호주관성 ― 즉, 세계에 대한 공유된 인식 또는 공유된 사고방식 ― 개념에 의존하는 사회학의 접근방식도 거부했다. 바우만이 볼 때, 상호주관성은 개인으로서의 우리는 타자(Other)를 우리 자신을 반영하는 존재로 본다는 가정에 기초한다. 우리는 타자에게 관심을 가지고 다가가고 우리의 행동이 타자에 의해 보답되기를 기대한다는 점에서 타자에게서 우리 자신의 어떤 면을 본다. 그러나 바우만에 따르면, '상호(inter)'라는 관념은 주관적인 차원에서 타자와 관계를 맺는 것과 양립할 수 없는, 타자에 대한 객관적인 실재론적 담론에 기초한다.

그럼에도 불구하고 바우만은 사람들이 함께 살아야 하고 동일한 물리적 세계를 공유할 수밖에 없다는 것을 인정한다. 함께 살기 위해서는 우리는 조화롭게 공존하면서 함께 살아가는 방법을 찾아야 한다. 바우만은 세상에는 두 가지 존재 방식, 즉 즉자(卽自, en-soi)와 대자(對自, pour-soi)가 있다는 장 폴 사르트르(Jean-Paul Sartre)의 견해에서 출발한다. 바위나 나무처럼 세상에 존재하지만 자신을 의식하지 않는 것이 즉자이다. 이와는 대조적으로 개별 인간은 세상에 존재하고 자신을 의식한다는 점에서 대자이다. 개인은 자신과 타자를 동시에 의식해야 한다. 타자는 우리가 독립되어 있다는 느낌을 강화하지만 동시에 우리에 대한 하나의 잠재적 위협으로 인식될 수도 있다. 바우만에 따르면, 타자의 존재가 사람들에게 항상 잠재적으로 문제가 될 수 있지만, 슈츠를 따르는 사회학자들은 우리가 세계와 그 세계가 작동하는 방식에 대한 해석을 공유하는 공동체의 성원이며 따라서 그 성원들은 세계에 대한 해석을 공유하지 않을 수도 있는 타자가 존재함으로써 초래될 잠재적 위협을 인지하지 못하는 것으로 가정한다.

사회학에 대한 파슨스와 뒤르켐의 접근방식이 개인의 자유를 '탈신비화'하고자 한다면, 반대로 사회학에 대한 슈츠식의 접근방식은 사회를 '탈신비화'하고자 한다. 따라서 파슨스/뒤르켐의 접근방식은 개인의 자유에 대한 이해가 충분하지 못하다는 점에서 한계가 있고, 슈츠식의 접근방식은 사회에 대한 이해가 충분하지 못하다는 점에서 한계가 있다. 바우만은 사회학에 대한 가장 일반적인 접근방식들과 관련한 이러한 비판으로부터 사회학에 대한 자신의 인간주의적인 마르크스주의적 접근방식을 제시한다. 바우만의 마르크스주의는 **습관화**(habitualisation) 및 실재의 사회적 구성(social construction of reality) 으로 이어지는 버거(Berger)와 루크만(Luckman)의 습관(habit) 개념에 의지한 다. 사람들은 개인적 이기심을 가진 '인식론적 실체(epistemological entity)', 즉 사고하는 존재로, 자신에게 성공적인 결과를 가져다주는 사회적 행위를 성공 적으로 반복할 때 그들은 습관을 형성한다. 그러한 반복은 관례화된 사회적 행 위가 되고, 사람들은 습관화된 방식으로 서로 함께 살아가게 된다. 거기에 반 복되는 행동이 존재하는 만큼만 사회질서가 존재한다. '기술 문명'의 출현과 함께 합리화는 기술과 제도 모두를 뒷받침하게 되고, 그것만큼 그 기술과 제도 들의 근원을 이루는 합리화는 개인의 동기와 의도 속에 자리하고 있던 자신의 인간 근원으로부터 분리된다. 합리화는 인간의 지식과 양심과는 무관한 자연 과 같은 것이 된다. 개인은 익명의 조직들에 의존하게 되고, 우리가 '다른 사람 들과 함께하는 일'은 더 이상 대면적인 개인적 만남에서가 아니라 우리가 객관 적인 사회적 실체로 경험하는 개인과 조직 사이에서 일어난다. 근대세계에서 사람들은 자신들이 시장 관계와 이데올로기에 의해 연결된 의존성의 네트워 크 속에 놓여 있음을 발견하게 된다. 그러한 관계들은 어떤 개인이 의식적으로 직접 통제할 수 있는 것이 아니다.

바우만이 현실 사회주의에 대해 점점 더 비판적이 되면서 그는 다른 사회 적·철학적 접근방식들을 살펴보았는데, 그중 하나가 그의 압수된 저서 『스케 치』에서 처음으로 논의한 바 있던 기호학 또는 기호에 관한 일반 이론이었다. 바우만은 기호학이 문화 변동의 연구에 방법론적 접근방식을 제공할 수 있다 고 주장했다. 1970년대에 바우만이 검토한 또 다른 대안적인 방법론적 접근 방식은 해석학이었다. 바우만은 사회생활은 하나의 공유된 활동이며, 우리 각자는 이해 능력을 가지고 있다고 주장했다. 이해는 처음에는 낯설게 보이던 것을 받아들이게 되는 것이다. 하지만 우리가 우리에게 외재하는 세계를 더 많이 경험할수록 우리의 내적 경험은 세계를 덜 문제 있는 것으로 바라보게 되고, 우리는 사물과 사건을 더욱 다른 사람의 행위의 산물로 보게 된다. 그러나 이것이 이해가 부정확하다거나 결함이 있을 수 있다는 것을 의미하지는 않는다. 바우만은 인지에는 두 가지 공통의 형태가 있는데, 그중 하나는 정신세계에 뿌리를 두고 있고 다른 하나는 자연 세계에 뿌리를 두고 있다고 주장한다. 사람은 자연과학적 관점에서 모든 문제를 볼 수도 있다. 국가 권력의 중심에서 배제되고 정치적 의사결정 경험이 거의 또는 전혀 없는 사람은 정치를 '자연스럽게' '준(準)자연적 현상'으로 보는 경향이 있다.

바우만에 따르면, 비록 마르크스가 해석학에 대해 구체적으로 기술하지는 않았지만, 마르크스는 역사를 '역사주의적으로' 이해하는 접근방식의 토대를 마련했다. 바우만이 보기에, 역사는 이성의 발전과 더 많은 자기 인식(self-understanding)에 관한 것이다. 자기 인식은 세계 속에서 나타나는 사회적 관계의 외양과 그 사회적 관계의 본질 간의 구분을 없애고 그 본질을 폭로하는 것이다. 자기 인식에 대한 이러한 접근방식은 새로운 철학적 또는 방법론적 접근방식을 개발하는 것에 관한 것이 아니라 세상을 개조하는 것에 관한 것이다. 즉, 이 접근방식은 사회관계를 더 완전하게 이해하기 위해 사회관계를 변화시키는 것에 관한 것이다. 마르크스에서와 마찬가지로 바우만에서도 자본주의 사회는 인간의 비인간적이고 소외되고 소원해진 실천적 활동의 산물이다. 바우만은 마르크스주의적인 허위의식 관념 ― 어떤 사람으로 하여금 자신이 처한 사회경제적 상황의 진정한 본질을 이해하지 못하게 강요하는 왜곡된 사고방식 ― 을 거부한다. 바우만이 볼 때, 자본주의에 의해 왜곡된 것은 바로 현실이며, 현실을 진정한 형태로 복원해야만 이해에 도달할 수 있다.

바우만은 종국적으로는 해석학이 철학과 사회과학에 기여하는 바에 대해 비판적이다. 바우만이 볼 때, 해석학이 지닌 유일한 가치는 언어 속에서 의미가 어떻게 구성되고 유지되는지를 설명하는 데 해석학이 도움을 준다는 것이다.

실천으로서의 문화

1970년대에 들어서서 바우만은 자신의 압수된 — 그 자신은 분실한 것으로 생각하는 — 미발간 폴란드어 텍스트 『문화이론 스케치』에서 처음으로 제시했던 관념을 발전시켰다. 바우만은 사회적 삶의 이해에 대한 하나의 수정된 형태의 마르크스적 접근방식이 사람들을 '비자유' 상태에서 해방시키는 데 이용될 수 있다고 주장했다. 바우만은 '비자유'를 자신들의 경제적 이익에 반하지만 사람들에 의해 '자연과 같은 것'으로 의심 없이 받아들여지는 형태의 상식을 강요받는 상태로 이해한다. 마르크스에 의해 고무된 해방 사회학은 이러한 결정론적 비자유의 강요에 도전할 수 있다. 근대세계에서의 '헤게모니' 또는 '문화 이데올로기'에 따르면, 사람들은 배운 대로 사는 존재이다. 이 가정에 따르면, '삶의 형태'는 문화적으로 생산되고, 문화가 행동을 인도하고, 특정한 '문화적 비전'의 소유가 개인으로 하여금 차이에 민감하게 반응하게 하고 자신들의 삶의 양식이 우월하다는 믿음을 가지게 한다.

1970년대에 바우만은 문화를 국민국가가 국가 주권을 홍보하기 위해 이용하는 어떤 것으로 바라보았다. 국민국가에 의해 문화는 '자연적'이고 '객관적'인 속성을 가지는 것으로, 그리고 사회적 삶에 체계적이라는(또는 '무작위적이지 않다'는) 느낌을 주는 '특별한 권능을 부여'하는 동시에 '구속력을 가지는' 속성을 지니는 사회적 실체가 갖는 특징의 하나로 제시된다. 체계적인 문화 개념은 교육과 훈련을 뒷받침하며, 국민국가는 그러한 문화를 이용하여 사람들의 선택을 제약하여 주민을 관리한다.

바우만은 문헌 내에서 문화에 대한 세 가지 개념을 확인한다. 첫째는 **하나의 위계적 개념으로서의 문화**로, 이 개념 속에서 문화는 개인과는 분리된 부분으로 간주된다. 즉, 문화는 어떤 개인을 잘 교육받고 세련되고 도시적인 '교양 있는 사람'으로 특징짓는 자질이다. 문화 없는 개인은 불완전한 존재로 여겨진다. 위계적인 문화 개념은 세습 엘리트의 지위를 지키기 위한 ('계급에 기반한') 무기로 이용되어 왔다. 둘째는 **하나의 차별적 개념으로서의 문화**로, 이 개념 속에서 개인은 자신의 생물학적 활동이나 환경에 의해서만 틀 지어지지 않는다. 이러한 의미에서 문화는 공동체 간의 차이를 식별하고 설명하는 하나의 장치로 사용된다. 마지막으로는 **하나의 일반 개념으로서의 문화**이다. 일반적인 문화 개념은 인간적인 것과 그렇지 않은 것을 구분하는데, 특히 '영적인' 것과 '실재하는' 것 간의 철학적 구분을 해소하는 데 이용된다.

바우만은 다시 한번 실천적 의식 개념에 의지함으로써 자신을 마르크스적 전통 내에 확고하게 위치시켰다. 마르크스에 대한 바우만의 이전 해석에서와 마찬가지로 의식은 항상 사회적 산물이며 언어와 마찬가지로 실천적 의식은 주어진 환경 내에서 사람들이 서로 결합하거나 상호작용해야 할 필요성에서 비롯된다. 실천적 의식은 자신이 주변 개인들과 관계를 맺어야 한다는 것에 대해 사람들이 가지는 의식이다. 바우만이 볼 때, 실천적 의식은 개인으로 하여금 자신이 사회 속에서 살아가고 있다는 것을 이해할 수 있게 해주는 의식이다. 바우만은 실천이 사회적 삶을 의미 있고 이해할 수 있게 해주기 때문에 '실천'이 인간 사회의 필수조건이라고 주장한다. 실천은 인간에게 혼돈을 질서로 바꾸거나 특정한 형태의 사회질서를 다른 형태의 사회질서로 바꾸는 능력을 제공하는, 사회적 삶의 보편적인 특징 가운데 하나이다. 인간은 창의성과 의존성을 특징으로 하며, 이 두 특성은 서로를 강화한다. 바우만이 볼 때, **"세계 속에 존재한다는 것**(being-in-the-world)" — 즉, 인간이라는 것이 의미하는 것 — 은 도구와 언어를 이용하여 지속적인 구조화 활동이라는 인간 실천에 참여하는 것을 포함한다. 실천은 지속적이고 끝이 없는 구조화 활동 — 이 구조화 활동이 인간의 실천(즉, 인간이 "세계 속에 존재하는" 양식)의 핵심을 이룬다 — 을 하는 구조화된-구조화하는(structured-structuring) 특성을 가지고 있다. 바우만이 볼 때, 실천 — 또는 "세계 속에 존재한다는 것" — 은 도구와 언어라는 두 가지 중요한 장치에 의존한다. 문화는 창의성(또는 자유)과 의존성 간의 대립을 넘어서기 위한 지속적인 노력이다.

구조는 사회질서에 제한을 가하고 사건의 가능한 결과를 틀 짓거나 결정하는 데 일조하는 속성을 지닌, 일정한 규칙을 가지고 있는 커뮤니케이션 네트워크이다. 따라서 구조는 사람들에게 하나의 공유된 역사의식을 제공하는 조직화된 틀이다. '보편적인 것' — 또는 널리 받아들여지는 세계관 — 이 형성되면, 그것은 개인의 지각에 영향을 미치고, 개인을 생각하는 존재 — 바우만이 선택한 용어로는 '인식적 존재(epistemic being)' 또는 '실천적 행위자(praxis actor)' — 로 틀 짓는 데 일조한다.

인간이라는 것은 가치와 방향 감각을 가진 하나의 사람이라는 것을 의미한다. 또한 개인은 세상에 대한 통념이나 통상적인 견해 밖에서 사고하고 일상생활의 특성과 같은 구조화된 규칙에 도전할 수 있는 지식을 생산하는 존재, 또는 바우만의 용어로는 '인식 생산적인(epistemic-productive)' 존재이다. 사회구조는 계속되는 사회적 실천 과정을 통해 생겨나는데, 사회구조가 생겨날 수 있는 것은 실천 자체가 그 당시에 주어진 특정한 문화적 모델을 본보기로 하여 이루어지기 때문이다. 바우만은 문화 관념은 "주관적으로 객관화된 것"이라고 주장한다. 즉, 그는 문화 개념에 의지하여 개인의 행위가 어떻게 사회 속의 개인들을 뛰어넘는 초개인적 권위나 정당성을 가질 수 있는지, 그리고 수많은 개인의 상호작용을 통해 어떻게 구체적인 현실이 출현하는지를 이해했다. 그러므로 문화는 개인의 사적인 경험이나 주관성을 넘어서는 어떤 것이다. 문화는 삶을 의식적으로 규제하는 것 속에서 발견되며, 근대인이 자신들의 삶을 영위하기 위해 선택하는 방식을 뒷받침하거나 인도한다.

사회주의, 생동하는 유토피아

바우만은 유토피아는 "있는 그대로의 세계"를 정상적이고 자연스러운 것으로 제시함으로써 현 상태를 지키고자 하는 모든 보수적 이데올로기와 대비된다고 주장한다. 자본주의에서 지배 계급은 자신들이 만든 일단의 관념을 세계에 강요하고 불평등과 사회적 배제를 뒷받침하는 그러한 관념을 자연스러운 사물의 질서의 일부로 제시한다. 자본주의 사회에서 평등은 '결과의 평등'이 아닌 '기회의 평등'으로 재정의되어 왔다. 다시 말해 자본주의는 여전히 불평등하지만, 그러한 불평등은 가장 열심히 일하고 재능 있는 사람들에게 더 큰 보상이 주어져야 한다는 가정에 기초하고 있다. 기회의 평등 측면에서 평등을 정의하는 것은 불평등을 정당화하는 것이고, 사회적 배제를 정당화하는 데 이용된다. 유토피아는 하나의 적극적인 역사적 역할을 가지고 있다. 유토피아적으로 사고한다는 것은 습관을 깨는 능력, 틀에 박힌 일을 부수는 능력, 정상적인 것을 재정의할 수 있는 능력을 발휘하는 것이다. 다시 말해 유토피아적 사고는 세계를 현 상태와는 다른 것으로 생각하는 것을 의미한다. 유토피아 사상은 현재에 대해 비판적으로 바라보는 태도의 출발점으로 이용될 수 있다. 바우만은 유토피아 사상이 상상력을 불러일으켜서 세계를 '문제 있는' 것으로 만들 수 있기 때문에 역사의 경과는 결정되어 있지 않으며, 따라서 유토피아는 역사 변동에 필수적인 조건이라고 주장했다. 유토피아는 비판적 태도의 필수 요소로, 사람들이 직면하는 문제에 대해 희망과 해답을 제시하는 형태로 인간의 실천을 인도한다. 유토피아는 '활성화하는 존재(activating presence)'를 지니고 있다. 마르크스가 주장한 것처럼, 자본주의의 발전은 자신의 무덤을 파는 사람을 낳을 수도 있지만, 사람들은 더 나은 삶을 구성하는 것과 관련한 지침을 여전히 필요로 한다.

논평자들은 사회주의를 구성하는 사상과 신념의 체계보다는 사회주의자들이 실현하고자 하는 사회체계의 구조에 초점을 맞추어왔다. 바우만은 사회주의 유토피아를 "도덕적으로 혐오스러운" 자본주의에 대한 하나의 대안적인 사회적 실체 또는 반문화로 제시한다. 바우만의 사회주의 비전은 법과 정의에 대한 자유주의적인 부르주아적 개념은 받아들이지만, 자본주의 경제와 자유방임적 개인주의 — 바우만은 이를 국가가 개인을 포기한 것으로 바라본다 — 는 거부한다. 사회주의는 빈곤에서 벗어날 수 없는 사회적으로 배제된 사람들의 욕구에 초점을 맞추는 것에 관한 것이다. 부르주아 문화에서 개인의 자유는 사회정의의 토대를 제공하는 것으로 간주된다. 이와 대조적으로 사회주의에서는 사회정의를 뒷받침하는 것은 평등의 원리이며, 자유는 개인보다는 공동체에 적용되는 것으로 간주된다. 바우만이 보기에, 사회주의는 자본주의 시장에 의해 인위적으로 부풀려진 불필요한 욕구를 제거함으로써 개인의 욕구와 '공동체의' 이익 간의 관계를 재정의하고 사람들의 소비 욕구를 보다 자연스럽고 건강한 수준으로 회복시킬 것이다.

바우만이 볼 때, 사회주의를 위한 투쟁은 계급에 기초한 사회에 살아가는 데서 발생하는 피해로부터 인간 본성을 해방시키려는 시도에 기반하여 인간 간 관계에 대한 새로운 문화, 새로운 실체 개념, 새로운 유력한 철학을 수립하기 위한 투쟁이다. 현재를 지배하는 상식이 자본주의를 계속해서 뒷받침할 경우, 사회주의는 어떠한 진정한 진보도 이룰 수 없다. 사회주의는 단지 경제 개혁에 관한 것이 아니라 '탈취당한 사람들'에게 의식 있고 자유로운 주체가 되는 기회를 제공하는 것에 관한 것이다. 스탈린주의는 문화를 '사회주의 리얼리즘'의 노선에 따라 재정의하고자 했다. 사회주의 리얼리즘이 비록 정확하게 정의되지는 않았지만, 그것은 국가가 예술 작품과 문학 작품의 질을 측정하는 기준이었다. 바우만은 사회주의 리얼리즘을 프티부르주아적 심성에 의해 뒷받침되는, 문화에 대한 접근방식으로 기술했다. 또한 적절한 문화에 대한 이 같은 국가가 후원하는 개념은 스탈린주의 국가의 통제적이고 강압적인 성격을 반영했다.

1976년에 바우만이 글을 쓰고 있을 때, 바우만에게 소비에트 버전의 사회주의는 거의 또는 전혀 매력이 없었다. 왜냐하면 그것은 사람들의 상상력을 고무하지 못하기 때문이었다. 그러한 형태의 사회주의는 '과잉 억압'을 통해 경제적 효율성을 더 높이는 데 초점을 맞추었고, 자본주의 문화의 기본 가정에 도전하지 않는, 계급에 기반한 사회의 열등한 브랜드를 제공했을 뿐이었다. 소비에트 사회가 경제적 자산의 공동 소유에 기초하고 있었을 수는 있지만, 노역, 천역, 불평등이 여전히 존재했다. 소비에트 사회는 '비자유' 또는 노동자의 소외를 제거하지 못했다. 바우만이 볼 때, 소외 ─ 바우만에서 소외는 자신의 삶에 대한 통제권을 결여하는 것을 의미했다 ─ 는 불평등의 토대이다. 사회주의는 경제 문제에만 초점을 맞추지 말고, 사람들의 상호 이익을 위해 사람들 간의 협력을 더욱 강화하여 인간의 의식과 주체성을 향상시킴으로써 인간의 삶을 더욱 풍부하게 하는 데 기여해야 한다.

바우만은 이러한 주장에 덧붙여 역사적 기억의 재구성을 통해 미래 지향과 과거 결정 간의 변증법적 연결 고리를 해명하는 것이 사회학적 해석자의 중심 과제가 되어야 한다고 제시했다. 바우만은 자본주의 사회에서 발생하는 갈등에 대한 정통 마르크스주의적 가정에 재차 도전한다. 마르크스주의적 역사 해석은 사회에서의 갈등을 경제적 문제 및 이해관계와 관련된 본질적인 것으로 간주한다. 바우만은 경제적 요인에 대한 이러한 강조를 사회 갈등의 '경제화(economisation)'라고 기술한다. 바우만은 어느 한 집단의 경제적 이익을 전체 사회의 이익으로 보지 않는다. 근대 자본주의 사회에서 발생하는 노동자와 자본 소유자 간의 갈등은 전(前)자본주의 사회에서의 생산과 관련된 갈등과 다르다. 근대세계에서는 노동자의 행위, 신체, 동기에 대한 통제가 사회적 삶의 규제에서 중심적인 것이 되었다. 노동자와 자본 소유자 간의 갈등이 잉여의 불평등한 분배에 관한 것이라는 전통적인 마르크스주의적 견해와 달리, 노동자와 자본 소유자 간의 갈등의 근저를 이루는 것은 '파놉티시즘 (panopticism)' ― 즉, 규율 권력과 주민에 대한 포괄적인 통제와 규제 ― 이다. 파놉티콘은 "모든 것을 꿰뚫어 보는 감시의 시선"과 (사람들이 **야생** 문화 또는 통제되지 않고 규제되지 않은 문화에 의존하는 것을 막기 위해 사용했던) 신체 훈련 및 도덕적 설교를 한데 결합했다. 파놉티콘은 노동 윤리를 가장하여 '규율 윤리'를 조장했다. 공장의 규율은 자주 생산 과정과 무관한 고압적인 형태의 규칙을 통해 노동자들을 지속적으로 규제하는 형태를 취했지만, 그러한 규율의 수용은 노동자들로 하여금 권위에 대해 복종하게끔 했다. 통제의 성공 여부를 측정하는 수단이 바로 주민의 수동성이었다.

바우만은 1980년대에도 계속해서 경제적 결정론과 계급 형성 과정에 대한 '경제화된' 마르크스적 버전을 거부했다. 바우만은 노동 조직이 자본주의 체계로 편입된 것은 노동자들이 경제적으로 계산된 자기 이익을 자신들의 자아의식에 합체한 데서 비롯되었다고 주장한다. 바우만이 볼 때, 이러한 편입은 개인적 성공에 뿌리를 두고 있는 명백한 개인화가 노동자들의 마음속으로 흡수되어 들어왔다는 것을 보여주는 것이었다. 규율 권력은 세계 속에서의 자신의 운명 및 위치에 대한 노동자의 통제의식을 더 많은 소비에 대한 욕망으로 대체하는 데 이용되었다. 상품 지향적 풍요에 참여하고자 하는 욕망 ― 그 속에서 사람들은 더 많은 소비를 하도록 부추겨진다 ― 은 규율 권력에 도전하고자 하는 욕망이 아니라 더 높은 소득에 대한 욕망으로 전화된다.

사회학적으로 사고하기

바우만은 탈근대적 전환을 하기에 앞서 자신을 '구제할 수 없는 절충주의자'라고 묘사했으며, 한 학파의 창시자가 되거나 특정한 이론적 관점의 입장을 취할 의도가 전혀 없었다. 그는 사회학자의 역할을 질문하는 사람으로 여겼으며, 그 시기에는 온갖 것이 그의 작업에 영향을 미쳤다. 1990년에 출간된 바우만의 저서 『사회학적으로 사고하기(Thinking Sociologically)』의 초판은 사회학을 처음 접하는 일반 독자를 위한 사회학 입문서로 쓰였지만, 그가 탈근대적 전환을 하는 시점에 그의 생각을 진술하는 역할을 하기도 했다.

『사회학적으로 사고하기』는 12개의 장으로 구성되어 있으며, 각 장은 많은 사람이 풀어나가야 하는 실제의 일상적인 문제를 가지고 시작한다. 그 책의 중심 테마는 "사회학적으로 생각한다"는 것이 일상적인 사회생활에 대한 우리의 이해를 어떻게 향상시킬 수 있는가 하는 것이다. 첫째 장에서는 "무엇을 위한 사회학인가"라는 질문을 다루며, 상식과 사회학적 지식 간의 차이에 대한 흥미로운 설명을 제시한다. 바우만이 볼 때, 사회학적으로 사고한다는 것은 직접적이고 실천적인 용도를 지닌다. 사회학적으로 사고하는 것은 당연한 것으로 간주되는 가정이나 일상생활의 친숙한 측면을 새롭게 조명할 수 있게 해준다. 왜냐하면 그러한 사회학은 일상생활을 낯설게 만들고 그리하여 사람들로 하여금 자신들의 일상 경험을 더 깊이 성찰할 수 있게 해주기 때문이다. 바우만에서도 사회학적으로 사고하는 것은 1950년대 후반에 C. 라이트 밀스가 기술했던 것과 유사한 방식으로 개인적인 문제를 공적인 문제로 만든다. 왜냐하면 사회학적으로 사고하는 것은 개인으로 하여금 자신을 (일상생활의 근저를 이루는) 더 넓은 구조 안에 위치시킬 수 있게 해주고, 그리하여 그 개인의 시야를 넓혀주기 때문이다.

사회학은 사회 세계가 인간의 활동(비유적으로 표현하면 상호의존과 상호 행위의 그물망)에 의해 만들어진다고 가정하는 지식 체계 위에 구축된, 세계에 대해 사고하는 하나의 방식이다. 사회학적 탐구는 일단의 지적 관행에 기초한다. 그러한 관행이 사회학적으로 사고하는 것을 상식과 다르게 만든다. 첫째, 사회학자는 '책임 있는 말하기 규칙(rules of responsible speech)'을 따라야 한다. 다시 말해 사회학자는 관념을 부정확하게 표현하거나 자신의 신념을 '연구 결과'로 제시하는 것을 삼가야 한다. 둘째, 사회학적 사고는 우리의 일상의 개인적 관심사를 넘어 개인의 생애와 더 넓은 사회적 과정을 연결하여 생각하려고 해야 한다. 사회학자들은 그렇게 하여 우리가 직접 경험하지 못할 수도 있는 더 넓은 사회적 과정을 독자들로 하여금 더 잘 인식할 수 있게 해준다. 셋째, 사회학은 세계에 대한 하나의 개인화된 관점을 제시하는 것에 관한 것이 아니다. 하지만 사회학적으로 사고하는 것은 우리로 하여금 우리의 경험을 재고하고 상식이 지닌 편견과 고정관념에 도전하도록 고무할 수 있다.

『사회학적으로 사고하기』에는 그 책에서 다루는 주제를 근원적으로 직접 연결하는 명확한 이론적 틀이 존재하지 않고, 마르크스에 대한 언급이나 생동하는 유토피아로서의 사회주의에 대한 언급도 없다. 오히려 바우만은 마지막 장에서 미국에서 발견되는 실용주의 전통에 뿌리를 두고 있는 절충적이고 광범위한 인간주의적인 상호작용주의적 관점을 제시한다. 『사회학적으로 사고하기』에 대해 한 논평자가 설명하듯이, 바우만은 독자들에게 자신의 주장, 즉 사회에서 인간의 행위는 '삶의 논리'가 항상 '자유와 의존', '권력과 선택'의 경계에 자리하고 있음을 보여준다는 주장을 납득시키고자 한다.

일반적으로 공동체는 정신적 통일체에 의해 뒷받침되는 자연적 단일체 — 즉, 함께함과 상호성의 형태 — 로 간주된다. 공동체에 의해 동기를 부여받는다는 것은 자기 이익에 의해 동기를 부여받는다는 것이 아니라 도덕적으로 동기를 부여받는다는 것이다. 이러한 이유에서 공동체의 범위가 넓을수록 그 공동체는 억압적이 되어 그 성원들에게 획일성을 요구하게 된다. 이방인 — 바우만이 탈근대적 전환과 액체 근대적 전환 속에서 다루는 개념인 — 을 만들어내는 것도 바로 그러한 획일성에 대한 요구이다. 바우만이 볼 때, 자유는 결코 완전하지 않으며, 사람들의 현재 자유는 그들의 과거 자유에 의해 제한된다. 이런 의미에서 사람들의 삶은 그들의 과거 행위에 의해 결정된다. 집단에 가입하는 것이 개인으로 하여금 자유를 가지게 하지만, 우리는 집단에 일정 정도 의존성을 가지기 때문에 우리가 가장 소속감을 느끼는 집단은 또한 우리의 자유에 한계를 설정한다. 집단은 우리에게 현실적이고 적합한 삶의 프로젝트 ─ 우리가 무엇을 옳다고 느껴야 하는지, 무엇이 우리에게 적절한지, 그리고 그 적절한 것을 획득하는 적절한 수단은 무엇인지 등 ─ 를 제시한다. 집단의 일원이 된다는 것은 우리가 동류의식(fellow feeling) ─ '우리'를 '그들'('우리' 아닌 다른 사람들)과 다르게 만드는 것에 대한 상호 간의 감정적으로 우호적인 인식 ─ 을 사회화하는 것이다.

우리와 그들은 서로 대립되는 위치에 놓였을 때만 의미가 있다. 한 명의 이방인은 우리에게 친숙하지 않은 어떤 사람이고, 이방인들은 우리가 많은 것을 알고 있는 사람 ─ 그러나 반드시 개별적인 사람은 아닌 ─ 이다. 이방인은 '우리'의 일부가 아니지만 자동적으로 '그들'의 일부로도 식별되지 않는다. 친구도 적도 아닌 이방인의 모호한 위치는 혼란과 불안을 야기할 수 있다. 사회생활에서 경계는 안정감을 제공하고 차별 관행을 뒷받침한다. 초대받지 않은 이방인의 존재는, 정원과 황무지 간의 확실한 경계를 없애버리는 잡초처럼, '우리'와 '그들' 간의 경계를 무너뜨린다. 바우만이 볼 때, 사람들은 소속되고 싶은 욕구와 개성을 표현하고자 하는 욕망 사이에서 갈등한다. 하지만 공동체 없는 사생활과 개성은 자주 '나다움(being oneself)'으로가 아니라 외로움으로 경험될 수 있다.

바우만은 자신의 책 『사회학적으로 사고하기』를 학문으로서의 사회학이 지닌 본질과 목적에 대한 자신의 이해를 진술하는 것으로 끝맺는다. 바우만에서 사회학은 철학, 예술, 문학 등과 같은 다른 학문에 의지하여 일상생활의 경험을 이해하는, 그럼으로써 우리로 하여금 일반적인 해석과 편견에 의문을 제기하도록 부추기는 하나의 논평(commentary)이다. 우리는 이를 통해 세계에 대한 많은 다양한 해석을 포용할 수 있다.

제4장

근대성 비판자로서의 바우만

1980년대가 끝났을 때, 바우만은 사회주의와 자본주의를 포함하여 모든 형태의 근대성을 뒷받침하는 질서를 탐색하는 작업을 비인간적인 것으로 바라보게 된다. 바우만이 볼 때, **고체** 형태의 근대성은 점점 더 취약해지고 무력해지고 있던 구체제(ancien régime)에 대한 하나의 대응으로 발생했다. 구체제라는 표현은 일반적으로 중세 후기부터 1789년 혁명에 이르기까지의 프랑스 정치체계와 사회체계를 지칭한다. 하지만 바우만이 이 용어를 사용할 경우, 구체제는 다른 체계에 의해 대체된 모든 정치체계 또는 사회체계를 지칭할 수 있다. 고체 근대세계는 확실성에 대한 욕망과 합리적으로 설계되고 질서 있는 사회에 대한 약속으로부터 태어났다. 고체 근대국가는 사회질서에 대한 모든 잠재적 위협을 식별하는 능력을 가지고 있고 또 그러한 위협은 이성의 적용에 의해 해결될 수 있다고 가정되었다. 바우만은 질서 개념의 공유와 국가 주권은 타자가 합리적으로 설계된 질서정연한 사회질서에 부합하지 않는 사람들의 범주로 식별될 때만 가능하다고 지적한다. 근대성의 기성 질서에 맞지 않는 개인은 '원예 국가(gardening state)'의 희생자가 되며, 질서는 타자를 배제할 것을 요구한다. 이 장은 이 시기의 바우만의 주요 저작을 요약하여 소개한다. 좀 더 구체적으로 말하면, 『근대성과 홀로코스트』와 『근대성과 양가성(Modernity and Ambivalence)』을 바우만의 **대리자** 상태에 대한 이해, **아디아포라**(adiaphora)["인간의 특정한 행위나 범주를 도덕적 의무와 평가의 영역 바깥에 놓는 것"으로, 도덕적 마비 상태를 말한다_옮긴이]와 **원예 국가**라는 바우만의 핵심 개념에 초점을 맞추어서 설명하고, 한나 아렌트의 '무사고(unthinking)'에 대한 이해와 병행하여 다룰 것이다.

근대성과 홀로코스트

지그문트 바우만의 저작 『근대성과 홀로코스트』는 근대성 비판자, 유럽의 주요 사회 사상가, 사회 참여 지식인으로서의 바우만의 명성을 확고하게 굳혀주었다. 『근대성과 홀로코스트』에서 바우만은 자신이 후일 괴물 가설(monster hypothesis)이라고 부르게 된 것과 거리를 둔다. 바우만은 대량 학살적인 관료제적 기계의 일부였던 사람들은 괴물이 아니라 오히려 모든 정상적인 근대 사회에서 발견할 수 있는 평범한 일을 하는 평범한 사람이었다고 주장한다. 바우만이 볼 때, 홀로코스트는 (바우만이 대리자 상태를 만들어내는 아디아포라적인 합리화 과정이라고 묘사하는 것을 부과함으로써 가해자로 하여금 도덕적인 주체적 행위 능력과 도덕적 양심을 우회할 수 있게 해주는) 합리적인 관료제적 기구에 의해 수행되었다. 원예 은유에 의지하는 바우만에서 아디아포라 과정은 비순수한 것에 대한 혐오와 질서에 대한 사랑에 뿌리를 두고 있다. 하지만 우리가 아래에서 살펴보듯이, 바우만이 근대인이 왜 비순수한 것보다 순수한 것을 선호하는지를 명시적으로 설명하려고 시도한 것은 2016년이 되어서였다. 게다가 바우만이 볼 때, 홀로코스트를 하나의 '범죄'로 취급하는 것은 홀로코스트가 발생한 원인의 진정한 본질로부터 관심을 다른 곳으로 돌리게 하기 때문에 사람들을 호도할 수 있다. 그리고 바우만이 보기에, 홀로코스트와 근대성 간에는 '선택적 친화성'이 있다. 홀로코스트는 (도덕적으로 혐오스럽고 윤리적으로 도발적인 행위를 석탄 채굴, 기차 운전, 건물 설계 등과 같이 그 자체로는 관련된 개인들에게 어떠한 도덕적 또는 윤리적 우려도 야기하지 않는 단순한 행위로 분해하는 방식으로) 관료제적으로 그리고 합리적으로 조직되고 관리되었다. 바우만은, 에마뉘엘 레비나스(Emmanuel Levinas)에 대한 세속적 독해에 의지하여, 사람들이 서로 근접해 있다는 것은 도덕적이지만 대면 상태에서 행해지는 잔혹 행위는 많은 사람에게 도덕적으로 문제가 된다고 주장한다. 가해자는 피해자를 **흉측한** 사람으로 만들어야 한다. 달리 말하면, 가해자가 피해자를 온전한 인간으로 인식할 경우, 가해자는 피해자에게 잔인한 행위를 할 수 없다. 대부분의 가해자는 자신이 행한 행위의 피해자들과 대면적으로 접촉하지 않았다. 바우만은 이러한 주장을 전개하면서, 홀로코스트 같은 형태의 대량 학살이 가능했던 이유 중 하나는 살인의 결정과 살인 행위가 직접 대면하여 이루어지지 않았기 때문이었다고 주장한다. 살인의 결정은 희생자와 멀리 떨어진 곳에서 이루어졌다. 멀리 떨어진 곳에서 도덕적 제약 없이 살인을 하는 것은 바우만이 나중에 액체 전환 이후의 저술들에서 다룬 테마이기도 했다. 이를테면 『바벨(Babel)』과 『액체 감시(Liquid Surveillance)』에서 바우만은 드론을 이용하여 사람을 죽이는 일이 비디오 게임을 하는 것과 다르지 않게 기술적인(technical) 문제에 대해 취해진 조치로 축소됨으로써 어떻게 가해자의 행위가 도덕적으로 중화되는지를 설명한다. 바우만은 책상 살인자(Desk Murderer)에 대한 설득력 있는 설명을 제시한다. 이를테면 아돌프 아이히만(Adolf Eichmann)은 자신을 살인이나 대량 학살에 관여한 개인이 아니라 단순히 화물을 A 지점에서 B 지점으로 옮기는 일을 책임지던 개인으로 보았다. 그 화물이 죽임을 당하게 되어 있던 개별 인간 사람으로 이루어져 있었다는 사실은 아이히만의 책임도 아니었고 그의 부서의 책임도 아니었다. 사람을 죽이는 것은 그 조직 속의 다른 사람들의 책임이었다. 바우만은 이 주장을 전개하는 과정에서 나치가 점령한 유럽에서 유대인평의회(Judenräte)가 가지고 있었던 동기와 의도와 관련된 그리 잘 알려지지 않은 설명에 대해서도 동일한 측면에서 탐구한다.

홀로코스트는 학술 문헌에서 자주 특히 유대인 문제로, 즉 특이한 사건 또는 심지어는 사적인 사건으로 제시된다. 다시 말해 히틀러의 망상, 도덕적 악행, 그리고 그의 추종자들의 잔인함과 무정함으로 인해 발생하고 일반 독일인의 무지와 도덕적 무관심에 의해 뒷받침된, 유대인을 증오하는 사람들에 의해 유대인에게만 일어난 어떤 일로 제시된다. 이와 대조적으로 바우만은 홀로코스트가 피의 욕망을 분출한 것이 아니라 '범주적 살인'의 한 형태라고, 즉 이상적인 형태의 사회에 필요하지도 않고 통합될 수도 없는 범주의 사람들을 선별한 것이라고 주장한다. 홀로코스트는 기술과 관리 스킬의 산물이었다. 나치에게 홀로코스트는 하나의 창조적 행위, 즉 완벽한 사회를 만들기 위해서는 완성해야 하는 어떤 것이었다. 가해자들은 이데올로기에 의해 동기 지어질 필요도 없었고 증오심 때문에 사람을 죽일 것으로 기대되지도 않았다. 유대인이 나치 정권의 표적이 된 유일한 주민은 아니었다. 나치 정권은 모든 범주의 희생자를 완벽한 사회를 이룩하는 데서 하나의 얼룩으로 간주했다. 홀로코스트의 희생자들은 히틀러가 영토를 손에 넣고 싶어 했기 때문이 아니라 특정 범주의 사람들이 살게 놔두어서는 안 되기 때문에 목숨을 잃었다.

바우만의 견해에 따르면, 홀로코스트는 근대성의 반테제가 아니라 근대 합리적 사회의 산물이며, 근대성의 진보를 향한 행진과 모순되는 것이 아니라 모든 근대 사회에서 발견되는 통상적이고 공통적인 요소들 ― 예산 편성, 부서 간 협력, 유능한 관리자가 관리하는 효율적이고 효과적인 합리적 체계 등 다른 상황에서는 사람들이 일반적으로 칭찬할 수 있는 요소나 특징들 ― 의 결합물로 보아야 한다. 바우만은 라울 힐베르크(Raul Hilberg), 리처드 루벤스틴(Richard Rubenstein), 헨리 페인골드(Henry Feingold)에 의지하여 홀로코스트는 근대 공장 체계의 정상적이고 친숙한 확장으로 여겨져야 한다고 시사한다. 근대세계에 존재하는 중심적인 특징, 특히 윤리적으로 맹목적인 관료제적 합리성이 홀로코스트 발생의 '필수조건'이었다. 홀로코스트의 효율성은 관료제적 문화의 결과였다. 게다가 바우만은 홀로코스트를 가능하게 만든 조건 중 그 어떤 것도 사라지지 않았다고 넌지시 언급한다. 바우만이 질서와 완벽에 대한 정원사의 비전으로 기술한 것, 그리고 '원예' 국가 — 즉, 사회를 "설계, 경작, 잡초 제거"의 대상으로 바라보는 국가 — 가 근대성의 '정상적인' 권력구조를 뒷받침하고 있다.

양가성은 타자라는 인물 — '우리' 가운데 한 사람이 아닌 인물 — 에 반영되어 있다. 만약 그의 행동 방식이 규범에서 벗어난다면, 누구라도 타자로 전락할 수 있다. 나치 독일에서는 동성애자, 문란한 여성, 매춘부, 집시와 기타 여행자, 알코올 중독자, 여호와의 증인, 공산주의자, 그리고 다양한 신체 장애자와 추가 학습이 필요한 사람들 모두가 근대적 질서관에 부합하지 않는 범주의 사람들로 선별되었다. 타자는 교정되거나 고쳐야 할 비정상이다. 타자는 자주 해충이나 박테리아에 비유되어 질병의 매개체로 판단된다. 따라서 타자는 자주 건강을 지키고 사회질서를 유지하기 위해 사회에서 제거될 것이 요구된다. 타자는 '불결한 것'으로 간주되는 다른 사람이라는 범주로 식별되어 그렇게 취급받는다. 타자의 존재에 대한 불안은 공포로, 그리하여 "뭔가 조치를 취해야 하는 것"으로 전환된다.

바우만은 근대국가가 타자의 존재에 대처하는 데 사용하는 두 가지 짝을 이루는 전략, 즉 동화 전략과 배제 전략을 개관한다. 동화는 '이질적'이고 다른 사람들을 오염시키고 그 자리에 적합하지 않고 '우리'와 같지 않은 사람들을 더 '우리'처럼 만듦으로써 모호함을 제거하려는 사회적 관행이다. 이 전략은 타자에게서 우리와 다른 것을 제거하고자 하고, 타자로 하여금 자신의 문화적 전통, 언어, 충성심을 거부하고 '우리'의 삶의 방식을 받아들이도록 부추긴다. 다른 한편으로 동화는 자신을 낙인찍는 분류 도식에서 벗어나는 기회이기도 하다. 하지만 개인이 동화 전략을 받아들이는 것은 문지기의 위계질서 개념을 받아들이는 것, 다시 말해 근대국가의 질서관과 일부 범주의 사람들은 표준 이하라는 국가의 인식을 공유하는 것이다. 배제 전략은 타자를 게토 내에 가두거나 국민국가의 영토 밖으로 추방하는 것과 같은 식으로 금지를 가하는 것을 포함한다. 나치 독일의 경우에서, 두 가지 방법 중 어느 것도 실행 가능하거나 받아들일 수 없는 것으로 여겨졌을 때, 배제는 타자를 신체적으로 파괴하는 것의 하나가 되었다.

바우만은 절멸적인 반유대주의와 근대성을 연결하는 두 가지 '메커니즘'을 식별한다. 첫째 메커니즘은 그가 '세세한 기능적 분업' ― 즉, 복잡한 작업을 몇 가지 간단한 작업으로 분해하는 것 ― 이라고 기술하는 것이다. 이러한 형태의 작업 전문화는 각각의 단순 작업을 수행하는 사람들과 그들의 행위의 최종적인 집단적 결과 간에 거리를 만들어낸다. 석탄을 캐거나 기차를 운전하거나 선로를 유지·보수하거나 청산가리를 생산하는 화학 공장에서 일하는 사람들은 자신이 반유대적이거나 도덕적으로 의심스럽거나 대량 학살을 하는 어떤 일을 하는 것으로 보지 않는다. 홀로코스트는 각 개인이 어떤 비전을 전개한다는 생각을 가지거나 자신들이 집단적으로 수행하는 작업의 결과를 인식하지 않은 채 효율적으로 수행하는 개별 행위들로 이루어졌다. 이 경우에 그 자체로 도덕적으로 받아들여질 수 있는 행위들이 모여 하나의 관료제적 대량 학살 기계가 되었다. 바우만이 규명한 둘째 메커니즘은 도덕적 책임을 기술적 (technical) 책임으로 대체하는 메커니즘이다. 관료제는 자신이 다루는 모든 것을 어떤 특성이나 차별성이 없는 대상들로 취급한다. 개별 피고용자들은 기술적 책임을 지며, 개개인의 행위는 관료제의 목표를 달성하는 것과만 관련되어 있어서 행위의 비용-효과와 주어진 관료적 목표의 달성 여부에 근거하여 판단되지, 취해진 행위의 도덕적 내용이나 도덕적 결과에 근거하여 판단되지 않는다. 관료제가 다루는 것이 개별 사람일 때, 관료제의 서비스를 받는 사람은 인간의 속성을 지니지 않는 하나의 대상이 되며, 관료제가 본래적으로 홀로코스트를 성공적으로 그리고 효율적으로 수행해 낼 수 있는 것도 바로 이러한 이유 때문이다.

타자로서의 유대인 정체성은 근대세계 이전부터 "우리 가운데에 존재하는 외국인"이라는 하나의 고향 없는 분리된 집단의 정체성이었다. 인간이라는 존재는 인간성만으로 정의될 수 없다. 인간이라는 존재는 또한 자기 자신에 대한 자기 정의와 귀속되거나 주어진 자기 정의를 가지는데, 이 두 가지 정의 모두 정체성 형성에서 중요한 역할을 한다. 바우만은 한편에서는 하나의 이데올로기적 구성물인 추상적 또는 개념적 유대인을 식별하고 다른 한편에서는 실제 개별 유대인의 행동을 파악하는 것이 가능하다고 설명한다. 개념적 유대인에 대한 이해는 메리 더글러스(Mary Douglas)가 제시한 '불결한(dirty)'의 개념 및 더글러스가 장 폴 사르트르의 '끈적끈적하고 더러운(le visqueux)' 것에 대한 분석을 사회학적으로 독해한 것에 뿌리를 두고 있다. 개념적 유대인이 모든 유대인의 본성에 대한 우리의 이해를 틀 지으며, 이는 우리가 특정 유대인을 대면적으로 만나기 전에 모든 유대인이 이미 배제된다는 것을 의미한다. 개념적 유대인의 이데올로기적 목적은 유대주의를 유대인임(Jewishness)으로 바꾸는 것이다. 한 개인이 기독교로 개종하여 유대주의로부터 탈출할 수는 있지만, 유대인들은 유대인임을 벗어날 수는 없다. 기독교로 개종한 유대인은 '개종한 유대인'이 되는 반면, 사회에 동화되고자 시도하는 유대인은 '동화된 유대인'이 된다.

어떤 사람이 더럽다고 인식될수록 그 사람은 배제될 가능성이 크다. 더러운 타자는 우리와 다르며, 사물의 질서를 어지럽히고 위험과 불확실성을 초래한다. 우리는 우리의 '깨끗한' 정체성을 보호하고 안전하게 지켜주는 경계와 장벽을 구축함으로써 더러움과 싸운다. 근대성이 하는 일은 새로운 기술과 근대 관리 기법을 이용하여 '더러운 것'을 더 성공적으로 배제하는 것이다. 바우만은 개념적 유대인이 1908년에 처음 발표된 게오르크 짐멜의 이방인 개념을 의인화 또는 육체화한 것이라고 주장한다. 짐멜에서 이방인은 오늘 왔다가 내일 떠나는 방랑자가 아니라, 오히려 오늘 와서 내일 머무는 사람이다. 이방인은 그들이 우리 곁에 없을 때 우리가 행복하게 살 수 있다는 점에서 항상 잉여적인 존재이다. 이방인은 짐멜이 가까움과 멂의 융합을 구현하는 이동성(mobility)의 구체적인 한 특성으로 기술한 것을 지니고 있다. 이방인은 그들이 소속되어 있지 않고 믿을 수 없다는 견해에 의해 정의된다. 그리고 이방인의 낯설음은, 이방인에 대한 인식된 차이가 자신을 '소속되어 있는' 것으로 기술하는 사람들이 공통적으로 가지는 인식을 강화하는 데 일조한다는 점에서 중요하다.

노르베르트 엘리아스(Norbert Elias)가 사회학에 공헌한 것과는 대조적으로, 바우만은 근대세계 내에서 이루어진 사회 발전을 뒷받침하는 엘리아스의 '문명화 과정' 관념을 거부한다. 엘리아스는 13세기 후반부터 근대 시대에 이르기까지 서유럽 사회에서 이룩된 사회경제적 발전을 추적하면서 국가 형성 과정, 국가의 합법적 폭력 및 규제의 독점, 보다 전문화된 분업과 같은 몇 가지 광범위한 역사적 움직임을 확인했다. 엘리아스는 그러한 과정이 서로 얽혀 규제, 상호 통제 및 의존의 구조와 과정을 형성한다고 주장했다. 엘리아스는 그 결과 사람들은 보다 일관되게 규제되는 자아의식과 더 큰 사회적 상호의존성 의식을 지니게 되어 왔다고 주장했다. 이러한 개인의 정신(psyche)에서 일어난 변화는 폭력에 대한 우리의 태도, 즉 자제력, 공공장소에서의 신체 통제, 매너 등에 대한 더 큰 욕구에 반영되고, 이는 문명화된 행동 형태의 수용으로 직접 이어진다. 바우만이 볼 때, 엘리아스의 접근방식은 현재 사회과학과 상식에 깊이 배어든 '원인론적 신화'(또는 인과론적 신화) — 인류가 전근대적 야만에서 어떻게 헤어났는지를 보여주는 도덕 고양 과정이 근대성을 뒷받침한다고 바라보는 — 에 기초하고 있다. 이 관점에서 볼 때, 홀로코스트는 일부 사람들에게서 여전히 발견되는 사악하고 유해한 타고난 성향을 억제하지 못하는 데서 기인한 근대성의 실패로만 이해될 수 있다.

바우만은 인종차별주의는 우리가 알다시피 근대 기술과 근대국가의 권력구조가 없었더라면 상상할 수도 없었을 일이라는 점에서 근대성의 산물이라고 주장한다. 동시에 근대성은 인종차별주의에 대한 수요를 창출한다. 근대세계에서 인종차별주의에는 단순히 집단 간의 분노나 편견 이상의 것이 존재한다. 바우만은 피에르 앙드레 타기에프(Pierre-Andre Taguieff)가 확인한 세가지 부류의 인종차별주의를 자신의 논의의 출발점으로 삼는다. 타기에프는 인종차별주의를 '미지의' 이방인에 대해 적대적으로 반응하는 1차적 인종차별주의, 사람들이 느끼는 분노에 대해 이해할 수 있는 그럴듯한 근거를 제공함으로써 인종차별주의를 합리화하려고 시도하는 2차적 인종차별주의(이는 자주 민족주의에 또는 공통의 역사나 문화에 대한 호소에 뿌리를 두고 있다), 마지막으로 타자를 질병이나 오염의 매개체로 파악하는 준생물학적 논거를 이용하는 3차적 인종차별주의로 분류한다. 근대세계에서의 인종차별주의는 바우만이 헤테로포비아(heterophobia, 이종공포증)로 묘사하는 새로운 고차원적 인종차별주의로, 가까이 근접해 있는 타자에 대한 감정적 분노 및 적대감과 '그들'을 경계나 국경 너머에 위치시키려는 욕구에 뿌리를 두고 있다.

헤테로포비아는 원예, 의학, 건축의 언어와 전략 모두를 이용한다. 국가는 권력을 이용하여, 개선이나 향상에 저항하거나 면역되어 있기 때문에 계발되거나 사회질서에 통합될 수 없는 범주의 사람들을 분리한다. 이상적으로는 그러한 범주의 사람들은 우리가 현재 공유하는 영토로부터 물리적으로 제거되어야 한다. 바우만은 나치 내무성의 국가위생부 책임자였던 아서 구트(Arthur

Gutt) 박사와 나치 인구정책 및 인종복지 계몽국 책임자였던 발터 그로스 (Walter Gross) 박사 ― 그로스는 유대인은 인종적으로 불결한 해충이며 공동체의 사회 위생을 위해 제거해야 한다고 주장한다 ― 와 같은 여러 나치 과학자들을 인용한다. 바우만은 그러한 조치가 특정한 유대인 개인이 아닌 개념적 유대인이 야기한 문제에 대한 조치로 제시되었기 때문에 법적·행정적 형태의 차별과 배제가 독일 주민에 의해 널리 받아들여졌다고 주장한다. 보통의 독일인들은 그 어떤 유대인에 대한 그 어떤 폭력 행위에도 적극적으로 가담할 책무가 없었으며, 그들의 유일한 책무는 국가 관료제의 조치를 방해하지 않는 것이었다. 더 나아가 개념적 유대인이라는 관념이 문화적으로 확산된 것은 유대인이 더 이상 존재하지 않는 지역에서 반유대주의가 어떻게 그리고 왜 살아남을 수 있었는지를 설명하는 데 이용될 수 있다. 이처럼 반유대주의는 개별 유대인과의 대면적 상호작용의 산물이 아니라 이론의 산물이었다.

유대인이 존재하지 않는 미래에 대한 비전을 제시한 것은 히틀러였다. 하지만 홀로코스트를 관리하는 일을 담당한 것은 (국가 관료 조직인) 제국치안본부(Reichsicherheithauptamt) 경제행정과였다. 제국치안본부의 역할은 국가의 목표를 달성하는 데 필요한 비용을 계산하고 가용 자원을 파악하는 등 여느 관료 조직과 같은 방식으로 행동함으로써 히틀러의 비전을 실행하는 실제 방책을 설계하는 것이었다. 관료제는 가장 효율적인 행정 형태이며, 기계처럼 영혼이 없다. 만약 당신이 관료제에 자동차를 만들어달라고 요청한다면 관료제는 가능한 가장 효율적인 방식으로 자원을 조직하고 적합한 인력을 찾아서 자동차를 만들 것이다. 마찬가지로 만약 관료제가 주민을 대량 학살하라는 요청을 받으면 관료제는 가능한 가장 효율적인 방식으로 그 일을 수행하려고 시도할 것이다.

바우만이 제시하는 핵심적인 주장 중 하나는 역사는 모든 전쟁의 승리자에 의해 쓰인다는 것이다. 바우만은 홀로코스트의 설계자 중 한 사람인 아돌프 아이히만의 1962년 재판 증언에 의지하여 아이히만은 전쟁에서 승리한 연합군과 "본질적으로 다른" 어떤 것도 하지 않았다고 주장한다. 바우만은 홀로코스트에서의 나치의 행위와 히로시마와 나가사키에 원자폭탄을 투하한 미국인의 행위 간의 유사점을 그리고 있다. 두 사건 모두에서 '일반 사람들'은 국가에 의해 폭력이 승인될 수 있다는 사실을 받아들이는, 그리하여 잔인하고 폭력적인 행위를 일상화하고 이데올로기와 세뇌를 통해 피해자를 비인간화하는 살인자가 된다. 이러한 세뇌는 보통 사람들의 정신 속에 '대리자 상태'를 만들어냈는데, 바로 이 상태가 타고난 도덕적 억제력을 정지시키고 그들로 하여금 홀로코스트의 협력자가 될 수 있게 했다.

한나 아렌트의 사고/비사고 구분은 바우만의 아디아포라와 대리자 상태라는 핵심 개념을 뒷받침한다. 아렌트에 따르면, 마르틴 하이데거(Martin Heidegger)가 나치에 연루된 것, 특히 1933년 프라이부르크 대학교 총장으로 임명된 것 역시 하이데거가 자신의 행위를 비판적으로 바라보거나 세상에 도덕적으로 참여할 수 없었기 때문이다. 아이히만도 아렌트가 '비사고'라고 묘사한 것에 유사한 방식으로 참여했다. 아이히만은 타인을 해치려는 어떤 개인적인 의도나 '기본적인 동기'에 의거하여 행동하는 사악한 괴물이 아니다. 오히려 아이히만의 행위는 '악의 평범성(banality of evil)'[악의 평범성은 한나 아렌트가 '악'은 '악한 마음'에서 생겨나기보다는 '무사고', 즉 타인의 입장과 자신의 행위에 대해 생각하지 않음에서 기인한다는 것을 표현하기 위해 『예루살렘의 아이히만』의 결말부에서 제시한 용어이다_옮긴이]에 의해 설명될 수 있다. 이미 언급했듯이, 아이히만은 자신의 행위에 대해 책임지기를 포기하고, 그 대신에 자신이 한 일에 대한 책임이 자신에게 있는 것이 아니라 다른 부서와 자신에게 명령을 내린 상급 기관에 있다고 주장하기로 결정했다. 아이히만은 자신의 행위의 도덕성에 대해 생각할 의지도 없었고 생각할 수도 없었다. 한 명의 관료로서 아이히만은, 자신의 역할은 자신에게 주어진 관료제적 목표를 달성하는 자신의 능력에 따라 평가될 것이라고 이해했다. 아이히만은 자신이 받은 명령에 의문을 제기하거나 양심에 따르기로 선택하기보다는 그저 상관들에 의해 자신이 일을 잘하고 있는 것으로 인식되고 싶었을 뿐이다.

요약하면, 바우만이 볼 때, 우리가 홀로코스트에서 가해자의 행위를 이해하기 위해서는 두 가지 핵심 개념이 필수적이다. 그 첫째는 바우만이 개인의 도덕적 양심을 중화시키는 것을 의미하는 아디아포라라는 관념이고, 둘째는 바우만이 개인의 행위에 대한 책임을 상급 기관에 넘기는 것을 의미하는 대리자 상태라는 개념이다. 홀로코스트에서는 개별 가해자의 도덕적 양심과 자신들의 행위에 대한 개인적 책임이 아디아포라적인 합리화 과정을 통해 행위의 도덕적 내용이 가해자 개인의 의식 바깥에 위치하게 될 정도로까지 회피되었다. 합리화 과정은 결과의 측면에서는 비인간적이고 잔인하지만 가해자가 그 어떤 잔인한 의도를 가지고 있지 않아도 되는 형태의 행동을 가능하게 만든다. 조직이 합리적일수록 사람은 더 편안하게 고통을 유발하는 행동을 할 수 있다.

아디아포라 과정은 나치즘과 스탈린주의, 탈근대성과 액체 근대성을 포함한 바우만의 근대성 분석에서 공통적으로 이용되는 설명 메커니즘이다. 바우만은 자신의 후기 저작에서도 아디아포라가 타자의 고통을 이해하는 데서 중심적이라는 입장을 유지하면서, 윤리적 고려가 어떻게 그리고 왜 행위에 여전히 의미를 가지지 않는지를 설명하는 데서 그 개념을 계속해서 사용한다. 아디아포라는 일부 범주의 사람들을 도덕적 주체로서의 권리를 주장하는 데서 계속 배제하며, 따라서 그들은 도덕적으로 무감각한 존재로 취급되어 고통에 노출될 가능성이 더 크다. 바우만은 자신이 보기에 도덕적 무감각과 잔인한 행위를 저지르는 능력 간에 인과관계가 있다고 계속해서 주장한다. 2000년 이후의 후기 저작에서 바우만은 아디아포라를 '가치론적 중화(axiological neutralization)'를 야기하는 조건으로 바라보게 되었다. 다시 말해 바우만이 볼 때, 아디아포라는 그 어떤 도덕적 평가 — 이것이 사람들로 하여금 잔인한 행동을 하지 못하게 해왔을 수도 있다 — 도 면제된 행동을 낳는 가치중립적 형태의 사고 속에서 발생한다.

바우만에서 대리자 상태는 여전히 개인의 독립성, 자율성, 개인적 책임의 상태의 정반대 편에 위치한다. 또한 바우만은 개인의 행동에서 행위의 위신이 제거될 때, 그리하여 개인이 자신의 행위의 도덕적 내용에 책임질 필요가 없을 때[바우만은 이를 '부유하는 책임(floated responsibility)'의 상황이라고 묘사하고, 아렌트는 '존재하지 않는 사람들의 통치(rule of nobody)'라고 묘사한다] 행위가 "도덕적으로 아디아포라적이 된다"고 보았다.

바우만은 『근대성과 홀로코스트』에서 그 책의 중심 테제를 유대인평의회의 행위에 적용한다. 유대인평의회는 점령 독일군을 대신하여 지역 내에서 게토를 관리하는 임무를 부여받은 주요 유대인들로 구성된 행정 평의회였다. 게토는 나치의 전시 점령 기간에 유대인들이 강제 이송을 기다리는 동안 살면서 일해야 했던 폐쇄되고 분리된 도시 지역이었다. 바우만이 볼 때, 개별 유대인 평의원들은 악하지 않았고, 자신들이 동료 게토 억류자들의 죽음에 직접적인 책임이 있다고 생각하지 않았다. 그 이유는 개별 유대인 평의원들이 아디아포라를 유발해 온 대리자 상태에 있었기 때문이다. 바우만은 처음에는 유대인평의회의 역할에 대한 한나 아렌트의 관점과 거리를 두면서 자신의 주장을 펼친다. 바우만은 자신이 보기에 유대인평의회가 존재했든 존재하지 않았든 간에 유대인들은 죽었을 것이라고 설명한다. 하지만 바우만은 홀로코스트가 유대인 공동체의 구조를 강화하고 유대인을 그들을 절멸시키는 대량 학살 관료제에 통합함으로써 가능했다는 점에서 다른 대량 학살과 다르다고 설명한다. 바우만에게서 유대인평의회는 근대의 합리적인 관료제적 권력구조가 그 일에 종사하는 사람들의 이익과 섬뜩하게 상충되는 목적에 기능적으로 필수불가결한 조치들을 어떻게 산출하는지를 보여주는 사례이다. 바우만은 계속해서 나치가 유대인 주민의 복종을 얻기 위해 게토 체계 내에서 유대인 지도자들의 권위를 유지하고자 했다고 설명한다. 바우만이 분명히 밝히듯이, 유대인들은 합리적인 방식으로 행동하도록 유도되었고, 유대인평의회는 희생자들의 합리적인 동기를 홀로코스트의 원활한 진행을 위한 자원으로 이용하는 데 도움을 주었다는 점에서 대량 학살 기계에서 중심적인 역할을 했다. 바우만이 볼 때, 합리성은 도덕적 고려를 체계적으로 평가절하하는 동시에 희생자를 성공적으로 비인간화했다.

라울 힐베르크와 유사한 방식으로, 바우만은 나치가 유대인평의회가 게토의 폐쇄된 공동체 내에서 (그리고 홀로코스트가 지속되는 동안) 자신들의 높은 지위를 유지하기를 바랐다고 시사한다. 바우만은 전통적인 유대인 엘리트들이 정신적·정치적 리더십을 유지했다고 주장한다. 바우만은 유대인평의회가 나치 위계질서 내의 한 자리를 받아들이고 동족을 절멸시키는 데 필요한 관료제적 예비 작업의 대부분을 수행했다고 계속해서 주장한다. 그러한 관료제적 작업에는 잠재적 피해자들에 대한 기록을 보관하고 그들을 '재정착'시키는 책임을 떠맡는 것이 포함되어 있었다. 다른 중요한 임무로는 게토 내의 자원의 생산과 분배를 조직화하는 일, 그리고 협력을 통해 그 폐쇄된 공동체의 법과 질서를 유지함으로써 나치의 유대인 포획자들의 자원이 늘어나지 않게 하는 일 등이 포함되어 있었다. 이러한 관료제적 작업은 대량 학살의 과정을 덜 무섭게 만들었을 뿐만 아니라 근대 사회 내에서 권력이 정상적으로 행사되는 것의 일부로 보이게도 만들었다. 공동체의 연대를 강화하는 것은 그러한 단계별 대량 학살 과정이 성공하는 데서 중요한 역할을 했다. 유대인평의회는 그 성원들에게 두 가지를 믿도록 유도했다. 첫째는 자신들은 구할 가치가 있는 어떤 것을 가지고 있다는 것이고, 둘째는 구할 가치가 있는 것은 규칙에 따라 합리적으로 구해져야 한다는 것이었다.

바우만이 볼 때, 이처럼 유대인평의회는 그 폐쇄된 게토 공동체 내에서 죽음과 생존을 둘러싼 선택을 하는 데서 중심적인 역할을 했다. 그 선택은 그러한 결정이 절멸의 규모를 제한할 수 있다는 합리적 가정에 기초해서 이루어졌다. 유대인평의회에 의해 이루어진 선택에는 공동체 내부 집단들에 대한 차별적 대우가 포함되어 있었다. 그러한 차별 대우는 생존 브로커라는 평의원 역할에 대한 합리적 응답이었다. 공동체 내부의 분열 중 하나는 '정주' 유대인과 사회적·정치적으로 바람직하지 않은 '이주' 유대인 간의 분열이었는데, 이주 유대인은 무지하고 골치 아픈 존재로, 그리하여 존경받는 정주 유대인에게 하나의 위협이 되는 존재로 인식되었다.

바우만은 게토가 세워지는 곳에서마다 나치는 유대인에게 협력을 요청했고 또 대체로 협력을 얻었다고 설명한다. 바우만의 주장에서 결정적인 측면은 논리와 합리성이 나치 계획에서 핵심이라는 것, 그리고 유대인평의회는 합리화의 언어를 채택하고 그것에서 자신들의 행동 근거를 찾았다는 것이다. 병자, 노인, 어린아이를 먼저 죽게 하는 것은 생명을 지키기 위한 수단 — 얼마나 많은 사람을 구할 수 있는지에 대한 고려 — 으로 제시되었다. 나치의 성공은 유대인평의회가 합리적 생존 기준에 의해 인도되는 합리적 계산을 채택하는 것에 달려 있었다. 바우만이 보기에, 피지배자의 합리성을 이용하는 것이 홀로코스트를 성공적으로 운영하는 데서 핵심이었다.

요약하면, 도덕적 책임이 전적으로 개인에게 있다는 주장을 거부하는 바우만이 보기에는, 유대인평의회 평의원들 사이에서 도덕성이 박약하다는 것보다는 아디아포라라는 탈도덕화 과정이 미치는 영향이 더 중요하다. 유대인평의회에 대한 바우만의 견해는, 개개인은 자신의 행위의 결과에 대해 개인적으로 책임이 있다는 아렌트의 주장과 대조된다. 아렌트는 유대인평의회가 나치에 협력적인 역할을 한 것은 의심할 바 없이 홀로코스트의 가장 어두운 측면이었다고 지적한다. 아렌트는 유대인평의회가 홀로코스트에서 극악한 도구의 역할을 한 것으로 묘사했다. 아렌트는 아이히만 재판에 대해 설명하면서 유대인들에게 그런 평의회가 없었더라면 더 나았을 것이라고 주장한다. 아렌트는 자주 그녀의 "짜증 날 정도의 경솔한 어조" — 이를테면 그녀가 최고 랍비이자 베를린 유대인평의회의 의장인 레오 벡(Leo Baeck)을 '유대인 총통'으로 묘사했을 때 — 로 인해 비판받기도 했다. '악의 평범성'에 관한 아렌트의 테제는 강제이송자를 선정하는 과정과 관련한 유대인평의회의 책임에 관한 문제와 함께 아렌트에게서 복종, 협력, 피해자 비난 등의 문제에 관한 경계선을 모호하게 만들었다. 하지만 아렌트의 글쓰기 스타일과 무관하게 그녀는 유대인평의회의 지배와 조작과 관련하여 개별 인간의 주체적 행위 능력과 선택 통제라는 중요한 문제를 처음으로 비판적으로 논의한 사람이었다. 유대인평의회에 대한 아렌트의 비판이 비록 매우 짧기는 하지만, 그 비판은 논란의 여지가 있었고, 그녀는 유대인 지도자들이 불복종 시 즉각 처형될 위협에 처해 있다는 사실을 무시했다는 이유로 장기간에 걸쳐 격렬하고 종종 매우 개인적인 비판에 직면하기도 했다. 바우만은 유대인평의회의 '협력'과 개인적 과실이 홀로코스트 희생자 수를 증가시켰다는 아렌트의 주장과 거리를 둔다.

2011년에 바우만은 선한 사람이 어떻게 사악한 괴물로 변하는지의 문제를 탐구했다. 이번에는 아부 그라이브(Abu Ghraib) 교도소에서 미군이 이라크 수감자들에게 가한 고문과 굴욕, 1945년 8월 6일과 9일 히로시마와 나가사키에 원자폭탄을 투하하기로 한 결정, 1945년 3월 16일 뷔르츠부르크(Wurzburg) 폭격에 대해 살펴본다. 그는 소수집단의 사람들이 권위주의적 퍼스낼리티 — 즉, 그들의 성격 내에 존재하는, 악행을 저지를 가능성을 더 크게 만드는 일단의 선천적 성향 — 를 가지고 있다는 테오도르 아도르노(Theodore Adorno)의 주장을 다시 한번 거부했다. 바우만은 또한 사람들이 악행에 가담하도록 '조건 지어져' 있다는 주장도 거부했다. 바우만은 다시 한나 아렌트를 따라 잔인한 행위를 저지르는 사람들 대부분은 괴물이나 새디스트가 아니라 일정한 직업을 가지고 있는 사람이자 가족 부양자라고 추론한다. 아렌트가 아이히만을 '정상인'으로 간주한 것과 동일한 방식으로, 바우만도 아부 그라이브 사건에 대한 필립 짐바르도(Philip Zimbardo)의 조사에 의지하여 수감자 학대자로 기소된 개인들, 즉 칩 프레더릭(Chip Frederick)과 린디 잉글랜드(Lynndie England)가 '보통의' 정상적인 사람들이라고 시사한다. 오히려 그들이 처한 상황은 열등한 브랜드의 인간 존재로 간주되도록 부추겨지는 사람들 — 즉, 인간 이하인 사람들, 그리고 미국 국내에서 '보통' 사람들과 동일한 도덕적 원칙으로 대우받아서는 안 되는 사람들 — 을 보호하는 것이었다. 칩 프레더릭과 린디 잉글랜드가 자신들의 상관들이 승인하지 않지는 않을 것으로 생각되는 방식으로 행동하기로 선택했을 때, 그들은 충성심과 규율에 대해서는 '생각하지 않았다'. 1968년 3월 16일 베트남 미라이(My Lai)에서 지휘관의 명령에 따라 수백 명의 무고한 사람들을 학살한 찰리 중대(Charlie Company)의 미군 병사들과 마찬가지로, 칩 프레더릭과 린디 잉글랜드와 다른 병사들도 맨손으로 적과 교전하여 물리칠 수 있다는 것을 상관에게 보여주기를 원했다.

바우만은 1945년에 히로시마와 나가사키에 원자폭탄을 투하하기로 한 결정에 대해 논의하면서, 그 결정은 태평양에서 전쟁을 조기에 종식하고 미군이 일본을 침공할 필요성을 미연에 방지하기 위해 내린 것이라는 주장을 거부한다. 바우만은 원자폭탄을 투하하기로 한 미국의 결정과 1945년에 전략적 가치가 없는 도시 뷔르츠부르크를 폭격하기로 한 영국의 결정이 "기술적으로 지원받은 잔학 행위"였다고 주장한다. 그 기술은 막대한 비용을 들여 발명되어 사용될 준비가 되어 있는 상태였다. 그리고 그 폭격은 기술적 능력과 도덕적 상상력의 분리를 반영하는 '일상적 조건반사'의 한 형태로, 자기 추진적이고 자기 강화적이며 자기 활성화적인 조치로 인식되어야 했다. 기술이 의사결정권자인 인간의 도덕적 역량을 압도했다.

근대성과 양가성

바우만은『근대성과 양가성』에서는『근대성과 홀로코스트』에서 제시한 핵심 주장, 즉 근대성의 합리적·관료제적·기술적 측면은 대량 학살의 유일한 원인은 아니지만 목적의식적 행위가 도덕적 제약에서 벗어나게 했고 이것이 홀로코스트를 가능하게 했다는 주장을 발전시킨다.

근대세계 내에서 사람들은 미결정성, 양가성, 우연성을 싫어하고, 모든 것에 이름을 붙이고 분류하려는 욕구를 가지며, 사물, 사건, 또는 사람을 알려진 범주에 어떻게 할당할지가 불분명한 상황을 싫어한다. 바우만이 볼 때, 이처럼 근대성에 동기를 부여한 것은 바로 질서의 추구였다. 그리고 근대세계 내에서 권력구조가 수행하는 역할은 피지배 주민을 야만적이고 교양 없는 상태에서 벗어나서 질서 있는 사회의 성원이 되게 할 수 있는, 체계적이고 포괄적이며 총체적인 사회를 설계하고 그 설계도를 그들에게 강요하는 것이었다. 철학자들이 제공한 (의심의 여지없는) 이성의 권위에 의지하는 근대의 통치자들은 무엇보다도 설계에 의거하여 질서를 강요함으로써 혼돈으로부터 긍정적인 변화를 일으킬 수 있는 권한을 부여받은 입법자들이었다.

분류한다는 것은 세상에 알려진 모든 것을 하나의 별개의 고유한 범주에 속하는 것으로 바라본다는 것을 의미한다. 분류는 포함과 배제라는 가정에 의해 뒷받침된다. 일부 실체들이 적절한 분류에 포함되는 한, 그 분류 바깥에 남아 있는 다른 실체들은 배제된다. 근대세계에 하나의 '구조'를 제공하는 것이 바로 이처럼 분류하고 분리하는 능력이다. 근대성은 통제를 통해 임의적인 것을 제거하려는 것, 즉 사건의 임의성을 제한하고자 하는 또는 이상적으로는 근절하고자 하는 시도에 관한 것이다. 양가성은 근대인이 무언가를 주어진 범주에 어떻게 또는 어디에 위치시켜야 할지가 불분명할 때 나타난다. 질서와 혼돈은 근대의 쌍둥이이며, 양가성과 모호성은 세계에 우리가 인식하지 못하는 것이 존재한다는 것을 우리에게 상기시켜 준다. 그리고 그러한 인식의 결여는 인지 부조화(cognitive dissonance)를 일으킬 수 있다. 레온 페스팅거(Leon Festinger)는 1950년대에 쓴 글에서 어떤 사람이 일관성에 대한 내적 욕구가 훼손될 때 불편한 감정을 느끼는 것을 기술하기 위해 '인지 부조화'라는 용어를 발명했다. 인지 부조화라는 감정의 강도가 클수록 불안감이 커진다. 그러한 불안감에는 불편한 감정에 대한 해결책을 찾고자 하는 욕구가 자리한다. 이는 더 큰 통제 욕구와 더 엄격한 분류에 반영된다. 근대세계 내에서 질서의 문제는 관리 계획 및 행위 통제의 문제가 된다. 근대세계 내에서 권력구조가 수행하는 역할은 양가성을 제거하여 근대적 삶을 관리하는 것이다. 더 나아가 권력구조는 불신받아 온 이전 버전의 조화를 폐기하고 새로운 조화 모델을 도입할 수 있는 능력을 지니고 있다.

근대세계는 절대적 진리와 완벽한 사회질서의 탐구, 그리고 그것들을 확립하기 위한 투쟁에 의해 추동된다. 하지만 근대성은 자신의 예상치 못한 부작용으로 질서와 양가성을 동시에 생산한다. 바우만에 따르면, 근대세계 내에서 질서의 생산은 쓰레기의 생산도 수반하며, 이는 다시 쓰레기 처리 문제를 낳는다. 이를테면 농작물의 수확량을 늘리기 위해 질산염이 도입되었다. 질산염 도입의 부작용은 흡수되지 않은 질산염이 침투되어 상수도를 오염시키는 것이었는데, 이는 새로 설계되고 건설된 하수 처리장에 인산염을 투입함으로써 부분적으로 해결되었다. 이는 다시 인산염 화합물이 늘어난 저수지에서 번성하는 독성 조류를 어떻게 처리해야 하는지에 대한 예상치 못한 새로운 문제를 낳았다. 새롭고 예상치 못한 형태의 쓰레기 발생은 분류 및 질서 설계에 지장을 초래한다. 하지만 양가성을 바로잡고 보다 효과적인 질서를 추구하는 것이 초래하는 예상치 못한 부작용은 그것이 새로운 형태의 양가성과 불확실성을 만들어낸다는 것이었다.

일부 식물을 잡초로 분류하는 것이 정원사가 질서를 부여한 결과인 것과 동일한 방식으로, '우리의 일원'으로 분류되지 않은 사람들은 타자 또는 이방인 - 즉, 근대 국민국가 건설의 쓰레기로 여겨지는 사람들 - 이 된다. 이방인은 손쉽고 간단한 분류에 저항하고 깔끔한 설계를 방해한다는 점에서 인간쓰레기이다. 여기서 핵심적인 요소는 근대국가가 인간쓰레기의 한 형태인 모호한 존재로 간주되는 사람들의 권리를 거부하거나 포기하게 하는 권력을 가지고 있다는 것이다. 근대세계 내에서 질서를 구축하는 것에는 국가의 권력구조가 편입과 허가에 한계를 설정하는 것이 포함된다. 그 결과 국가는 타자를 탈합법화할 수 있다. 양가성을 제거한다는 것은 이방인을 격리하거나 추방하는 것을 의미한다. 또한 자신이 살고 있는 땅이 다른 사람의 정원으로 바뀌었다는 이유만으로 잡초가 된 식물도 있다.

히틀러와 스탈린은 근대사에서 가장 극단적인 사회공학의 사례들을 감독했다. 우리가 『근대성과 홀로코스트』에서 살펴보았듯이, 유대인과 집시처럼 기준에서 벗어난 범주의 사람들을 인종차별주의적으로 제거한 것 외에도, 순종하지 않고 반항하는 청소년, 게으른 실업자, 그리고 매춘부, 문란한 여성, 동성애자, 알코올 중독자, 마약 중독자, 간질 환자, 신체장애자, 추가 학습이 필요한 사람 등 '몰사회적'으로 분류된 사람들도 배제되어야 하는 또 다른 범주의 사람들로 상정되었다. 나치의 우생학은 나치가 유전적 '가치'가 없다고 가정한 사람들 - 즉, 그들의 변질된 '나쁜 유전자'로 인해 국가의 유전자원에 위협이 되는 결함 있는 인간 혈통으로 간주되는 사람들 - 을 분류하고 선별하는 데 기초했다.

우생학 - 즉, 바람직하지 않은 유전적 특성이 발생하는 것을 줄이는 방식으로 인구 재생산을 관리함으로써 사회를 개선하는 '과학' - 은 독일에서 개척되었을 뿐만 아니라 미국과 여러 유럽 국가에서도 인기가 있었다. 바우만은 우생학교육학회(Eugenics Education Society)가 19세기 영국에서 설립되었으며, 그 협회가 내는 메시지는 보어 전쟁 동안에 신병들의 열악한 신체적·정신적 상태에 대한 우려로 인해 한층 강력해졌다고 지적한다. 시릴 버트(Cyril Burt), 아서 발포(Arthur Balfour), 네빌 체임벌린(Neville Chamberlain), 메이너드 케인스(Maynard Keynes), 해럴드 라스키(Harold Laski), 베아트리스 웹(Beatrice Webb), H. G. 웰스(H. G. Wells) 등 당시 저명한 지식인과 유명 인사를 포함한 영국의 '식자 계급'은 모두 우생학 운동의 목표에 공감했다. 자연은 목적이 없고 무의미한 것으로 간주되었다. 그리고 모든 근대 과학과 마찬가지로, 우생학은 자연을 통제하고 자연을 인간의 욕구에 예속시키려는 욕망의 산물이었다.

바우만이 볼 때, 홀로코스트는 우생학 운동의 논리적 확장이었다. 대량 학살을 정당화했던 '과학적인' 사회생물학적 틀은 나치의 발명품이기만 한 것이 아니라 근대성의 산물이기도 했다. 과학의 근저를 이루는 도구 합리성은 도덕적 금지를 약화시켰고 대규모의 사회공학적 설계로 하여금 도덕적 판단과 개인의 도덕성으로부터 해방될 수 있게 해주었다. 자연에만 맡겨둘 경우 불확실하다고 여겨진 인종의 상태를 개선하고자 하는 틀은 국가사회주의가 등장하기 훨씬 이전부터 존재했다. 바우만이 볼 때, 대량 학살의 수단을 제공한 것은 나치즘이 아니라 근대성이었다.

바우만은 『근대성과 양가성』에서 탈근대세계를 (자신이 1990년대 내내 자신의 저서와 논문에서 보다 충실하게 탐구했던) 근대세계의 대안으로 논의한다. 바우만이 볼 때, 탈근대세계는 근대세계의 저편에 있는 역사의 한 단계로, 양가성을 받아들이게 된 형태의 사회조직, 즉 근대세계를 뒷받침하는 '같음(sameness)'을 거부하고 보편화의 원리를 극복하고자 하는 열망을 가진 사회조직이다. 탈근대성은 사회공학과 원예 국가의 원대한 설계가 종말에 달하고 있음을 알리는 신호이다. 탈근대세계 속에서 이방인이 겪는 경험은 우리 대부분이 공유하게 되는 경험이다.

결론

바우만은『근대성과 홀로코스트』에서 도덕적 행동과 근대성 간의 관계에 관심을 가지고 사회적 본성(또는 사회적 악)과 비도덕적 행동을 규명했다. 20세기에 사회학은 도덕을 모든 사람 안에 내장된 악한 경향을 통제하는 데 이용되는 사회적 산물로 바라보는 경향이 있었다. 따라서 바우만의 관점에서 볼 때, 사회학은 근대성이 어떻게 도덕을 침묵시키는 힘으로 작용할 수 있는지를 규명할 수 없었고, 이는 사회학으로 하여금 도덕적 무관심 — 이는 사람들의 도덕 원리를 제약한다 — 을 산출하는 메커니즘을 개념적으로 포착하지 못하게 했다. 바우만이 볼 때, 도덕은 근대성이 창조하고 유지하는 것이 아니라 조작하는 어떤 것이다. 레비나스를 세속적으로 독해하는 것을 자신의 출발점으로 삼은 바우만이 볼 때, 모든 사람은 **대면적** 근접 상황에 있을 때 타자를 **위하**고자 하는 그리고 타자와 **함께**하고자 하는 타고난 도덕적 충동을 가진다. 비록 우리 모두가 타자를 **위하**고자 하는 그리고 타자와 **함께**하고자 하는 타고난 도덕적 충동을 가지고 있지만, 이것이 우리가 그러한 도덕적 충동을 실행할 수 있다거나 도덕적 충동에 근거하여 행동할 수 있다는 것을 의미하지는 않는다. 바우만이 볼 때, 아디아포라 과정은 개인이 타고난 도덕적 충동을 실행하는 것을 방해할 수 있다. 우리는 문화 내에서 관습적으로 대하는 방식으로 타자를 대해야 한다고 느낀다. 즉, 우리는 타자를 일단의 특성을 지닌 존재로 바라보고, 타자를 우리와 다른 존재로 분류하고, 타자를 개종하고자 하는 (다시 말해 타자의 이질적인 요소를 지우고 가능하면 타자를 우리와 더욱 비슷하게 만들고자 하는) 욕망에 의거하여 행동하고자 한다. 만약 우리가 이러한 노력에 실패할 경우, 우리는 공동체를 위해, 그리고 우리를 우리로 만드는 것들을 지키기 위해 타자를 배제할 필요가 있다.

제5장

탈근대적 전환

탈근대성 또는 탈근대세계가 근대성 또는 근대세계 이후의 역사의 한 단계라면, 포스트모더니즘은 근대 이후의 삶이 어떠한지에 관한 이론들의 집합체이다. 1990년대에 근대성 비판자로서의 바우만의 명성이 확실히 자리를 잡으면서 바우만의 이름은 포스트모더니즘과 연관 지어지게 되었다. 계몽주의가 미신을 타파하고자 하는 그리고 무지를 대신하여 지성을 통해 지혜를 발전시키고자 하는 욕망에 뿌리를 두고 있다는 일반적인 가정과 달리, 바우만은 계몽주의가 사회적 삶을 법제화하고 규제하고 조직화하려는 충동에 뿌리를 두고 있다고 주장한다. 전근대 문화는 근대국가에 의해 이성보다는 정념에 뿌리를 둔 '야생' 문화로 간주되었다. 그리고 이러한 인식은 지역에서 자연적으로 발생한 야생 문화를 잘 정돈된 '정원' 문화 — 행동의 규제를 통해 제일성을 유지하며 보편적 구속력을 가지는 문화 — 로 바꾸고자 하는 근대국가의 욕망에 반영되었다. 왜냐하면 근대국가는 개인이 자신의 행동을 인도하거나 스스로 결정을 내릴 수 있다는 것을 신뢰할 수 없다고 가정했기 때문이다. 근대국가가 보기에, 개인은 비합리적이고 사회적으로 해로운 경향을 내포하고 있었다.

근대 국민국가는 주민이 공공장소에서 적절하게 행동하도록 사전에 규제하고자 했다.

이 장에서 우리는 바우만의 '탈근대적 전환' 또는 후일 바우만의 '탈근대성의 사회학'으로 알려지게 된 것을 탐구할 것이다. 이 장은 그 시기의 바우만의 주요 텍스트 중 가장 주목할 만한 두 텍스트, 즉 『탈근대성의 암시(Intimations of Postmodernity)』와 『입법자와 해석자: 근대성, 탈근대성, 지식인에 대하여(Legislators and Interpreters: On Modernity, Post-Modernity, Intellectuals)』를 요약하여 제시한다.

입법자와 해석자

계몽주의 시대 동안에 지식인이라는 단어는 소설가, 시인, 예술가, 언론인, 과학자 등 여론을 형성하고 정치 지도자의 행동에 영향을 미치고자 하는, 그리하여 정치 과정에 직접 개입할 도덕적 책임과 집단적 권리가 있는 것으로 가정되는 공적 인물들을 지칭하는 데 사용되었다. 근대세계가 도래하기 전까지는 교회가 확신과 지혜를 제공했다. 교회와 국가의 분리 및 종교개혁은 더 큰 지적 자유를 가져왔지만, 이전에 교회 사상가들이 제공했던 지적 안정성을 약화시키기도 했다. 세계는 일상적인 삶의 과제에 대처하기 위해 여전히 지침을 필요로 하지만 그러한 지침의 제공을 더 이상 교회에 의지할 수 없는 개인들로 구성된 장소로 여겨지게 되었다.

우리가 앞의 장들에서 살펴본 바와 같이, 바우만이 볼 때, 근대세계는 의식적으로 설계된 하나의 관리 사회로, '사목적' 역할을 발전시키는 국가에 의해 특징지어졌다. 사목 권력은 그 본질상 '파놉티콘적'이었고, 이 파놉티콘적 권력은 국민을 더 나은 방향으로 변화시키고 바람직한 사회질서를 유지하고자 하는 목적에서 행사되었다. 근대국가는 미리 설계된 계획에 기초하여 사회 세계를 창조하고 재창조할 수 있는 권력과 자원을 가졌다. 그 설계의 구현을 뒷받침하는 지적 작업 역시 중요하게 여겨졌다.

가난한 사람들은 열등할 뿐만 아니라 사회질서에 위협적인 동물적 본성을 지닌 천하고 위험한 존재로 여겨졌다. 계몽주의가 미신을 타파하고자 하는 그리고 무지를 대신하여 지성을 통해 지혜를 발전시키고자 하는 욕망에 뿌리를 두고 있다는 일반적인 가정과 달리, 바우만은 계몽주의가 사회적 삶을 법제화하고 규제하고 조직화하려는 충동에 뿌리를 두고 있다고 주장한다. 잘 정돈된 '정원' 문화는 행동의 규제를 통해 제일성을 유지하며 보편적 구속력을 가지는 문화였다. 근대국가가 보기에, 개인은 자신의 행동을 인도하거나 스스로 결정을 내릴 수 없었다. 국가는 개인은 비합리적이고 사회적으로 해로운 경향을 지니고 있다고 생각했다. 국가는 국민의 주체성을 조작하여 그들의 삶의 공적 영역과 사적 영역 모두에서 그들이 행동하는 방식을 틀 짓고 그들의 행동에 영향을 미침으로써 개인의 사회적 행위를 적절한 방식으로 규제하기로 결정했다.

바우만이 보기에, 교육의 역할은 통제되지 않는 사람들을 규제하여 새로운 종류의 사람을 만들어내는 것이었다. 교육은 규율에 뿌리를 두고서 복종을 가르치는 것, 즉 주민으로 하여금 개인의 차이를 지우고 합리적인 사회적 삶을 살아가는 적절한 방법을 학습하게 함으로써 기꺼이 순응하고자 하는 마음을 가지게 하는 것이었다. 하지만 모든 학습자가 동일한 교육을 받은 것은 아니었다. 일부 개인과 집단은 자기 자신의 삶을 충분히 이해할 수 있는 지식과 기타 자원을 부정당했고, 따라서 그러한 개인은 "사회적으로 생산된 무능력"에 뿌리를 둔 형태의 의존을 경험하게 되었다. 교육의 역할은 국가가 개인을 '적절한' 위치에 배치하고 그 자리에 머물게 하는 일을 지원하는 것이었다.

18세기 이전에는 일반적으로 사람들은 '타고난' 또는 미리 정해진 성격을 가지고 있다고 가정되었다. 바우만의 주장에 따르면, 18세기에 이르러서야 문화라는 개념이 만들어졌다. 이 문화라는 관념은 성격과 퍼스낼리티가 가치, 태도, 신념에 의해 틀 지어진다는 관념과 '야생 문화'가 더 넓은 사회에 해를 끼칠 수 있다는 관념과 함께 출현했다. 문화를 증진하는 것은 정치적 기능을 가지고 있었으며, 지역적 및 전통적 '야생 문화'는 식별되고 개선되고 규제될 필요가 있었고, 그러한 문화를 공유하는 사람들은 문명화되어야 했다. 그러한 형태의 문명은 단지 사람들로 하여금 다르게 행동하게 하는 것이 아니라 그들의 열정을 억누르고 그들의 동기를 바꾸게 하는 것이었다. 근대세계는 개인의 정신과 신체를 중앙집중적으로 관리하고 통제하고 육성하는 것을 특징으로 했다.

근대성은 합리화 과정에 의해 특징지어졌고, 바우만은 이 합리화 과정이 사회생활에 극심한 파편화를 초래했고 사회재생산의 주요 메커니즘으로서의 시장을 낳았다고 주장한다. 근대국가는 상품화의 도구가 되어 시장이 원활하게 작동하는 데 이바지한다. 인간의 유대는 약해져서 쉽게 깨지고, 시장이 그 사회적 공백을 차지한다. 시장은 사람들을 유혹하는 동시에 억압하기도 하며, 사람들로 하여금 자유롭다고 느끼게 하면서도 또한 사람들에게 자신의 논리에 따를 것을 강요한다. 개인의 자율성과 자아 정의(self-definition)는 소비 선택의 측면에서 획득되고 정의된다. 사람들은 무엇보다도 소비자가 되고, 시장에서의 성공은 확신과 자신감의 토대가 된다. 모든 개인적 문제에 대한 해결책을 상점에서 찾을 수 있다고 가정되기 때문에 상품을 전유하는 것은 필수적인 사회적 스킬이 된다.

시장에 기초한 소비문화의 맥락 내에는 지식인이 하나의 입법자로서 위치할 자리가 존재하지 않는다. 탈근대 문화는 권위 있는 문화적 가치들의 위계와 합리적 판단이라는 모더니즘적 개념을 훼손하는 '콜라주(collage)'와 '파스티슈(pastiche)'에 의해 특징지어진다. 탈근대적 상황에서 문화는 더 이상 근대국가가 수행하는 체계통합을 정당화하는 역할을 하지 못한다. 오히려 문화는 시장성 있는 상품이 되었다. 탈근대성은 지식인의 역할과 위치에서 일어난 변화를 반영한다. 국가 영역 밖에서 지식인의 작업은 자신의 입법적 역할을 상실했고, 그러한 변화된 상황에서 지식인의 역할은 하나의 관점에서 만들어진 진술을 다른 관점 내에서 이해할 수 있도록 번역하는 해석자의 역할을 하는 것으로 바뀌었다.

비록 바우만이 자신의 저서 『탈근대성의 암시』에서 자신을 포스트모더니스트라고 칭하지 않기로 선택했지만, 그는 자신이 탈근대성을 '서술'하려는 하나의 시도라고 기술한 것을 제시한다. 바우만이 볼 때, 근대세계는 도구적이고 합리적인 근거에 의거하여 세계를 설계하고 질서지우고자 하는 일이 하나의 꿈이 아니라 실제로 성취된 형태의 사회였다. 이와 대조적으로 바우만은 탈근대세계를 그러한 근대 사회세계가 근본적으로 변화한 세계로 묘사한다. 탈근대세계에서 개인은 자기 자신을 성찰하고 자신이 발견한 것을 보고하려는 정신 상태, 습관, 또는 강박 충동을 가진다. 이러한 성찰적 탐색은 개인들이 자신의 삶의 모든 측면에 대해 비판적이고 특히 한때 당연한 것으로 간주했던 것에 의문을 제기한다는 점에서 자주 파괴적이다. 탈근대적 정체성에는 어떤 기준점이 없지만, 동시에 개인은 자신이 비난하는 것에 대한 대안을 제시할 필요성도 느끼지 않는다. 이처럼 탈근대세계는 세계에 대해 비판적이고 의문을 제기하는 견해를 채택한다. 그리고 그 같은 견해의 채택이 권력구조를 해체하는(그리고 특히 권력구조가 개인의 주관성에 부과하는 강압적인 제약을 약화시키는) 첫 단계이다. 포스트모더니즘은 유순한 신체를 만들고자 하는 근대국가의 시도에 도전한다.

국가 계획자들은 근대성을 도덕적 옳음과 이성에 뿌리를 두고 있는 정통적 합의의 하나로 바라보았지만, 근대세계는 질서로부터의 어떠한 이탈도 질서에 대한 하나의 위협으로 바라봄으로써 불관용을 낳기도 했다. 근대세계는 지속적인 감시와 치안을 필요로 했다. 일탈 및 다름은 근대국가가 사람들에게 사물의 자연적 질서라고 믿도록 부추긴 것에서 벗어난 것이었다. 이와 대조적으로 탈근대성은 차이와 우연성을 포용하고, 차이를 찬양하고, 타자와 기꺼이 대화하고, 인간 삶의 방식의 다양성을 인정하고 수용하는 것에 관한 것이었다.

탈근대 상태는 글로벌화 과정과 밀접하게 연결되어 있다. 바우만이 보기에, 글로벌화는 탈규제, 자유화, 유연성, 유동성이라는 불확실하고 통제할 수 없고 자기 추동적인 알려지지 않은 힘이다. 글로벌화에는 그 어떤 추진기관도 없다. 그리고 글로벌화는 어떤 주어진 또는 구체적인 지역에 헌신하지도 않는다. 실권자의 금융 권력의 '무육체성(bodylessness)'과 '탈물리화(dephysicalization)'를 특징으로 하는 글로벌화는 새로운 형태의 세계 무질서를 초래한다. 이와 대조적으로 근대세계는 국민국가의 경제적 주권, 군사적 주권, 문화적 주권이라는 주권 삼각대 위에 구축되었다. 근대성은 그 본질상 파놉티콘적인 것으로, 사회적 삶에 규칙성을 부여하기 위해 구속력 있는 규칙과 규제를 부과한다. 바우만은 근대세계를 콘크리트와 강철이 살을 이루고 고속도로와 철도가 혈관을 이루는, 그리고 공학적으로 설계된 인간들이 삶을 영위하는 사이버 공간 또는 통제된 공간을 포함하는, 마찬가지로 공학적으로 설계되고 영구적인 질서를 지닌 고체 사회로 제시한다.

탈근대성은 '주권 삼각대'를 약화시키고, 근대국가가 글로벌 환경에서 자신을 유지할 수 있는 능력을 약화시킨다. 글로벌화 과정은 글로벌화된 치외법권 엘리트와 지역화된 빈민 간에 분열을 낳는다. 글로벌화는 일부 사람들에게는 새로운 자유를 의미한다. 왜냐하면 글로벌화 과정은 일부 사람들을 영토적 제약으로부터 해방시켜 주기 때문이다. 그러나 글로벌화는 다른 사람들에게는 더 큰 로컬화를 초래하기도 한다. 왜냐하면 그들에게 글로벌화는 원치 않고 바람직하지도 않고 불쾌한 하나의 운명으로 등장하기 때문이다. 탈근대성은 전통적인 근대성의 위계질서를 재정의하고 새로운 형태의 사회계급과 배제를 출현시키며 재계층화 과정을 불러일으킨다. 글로벌화의 맥락 내에서 로컬화와 이동할 수 없음은 배제와 굴욕의 신호로 간주된다.

파놉티시즘의 역할과 기능은 주어진 공간과 그 공간에 거주하는 사람들 모두를 통제하는 것이었다. 탈근대성은 탈파놉티콘적인 시놉티콘(synopticon) ─ 즉, 다수에게 저명한 소수를 관찰하도록 유혹하는 사회적 장치의 한 형태 ─ 으로 특징지어진다. 관찰된 소수는 셀럽이 되고, 이동할 수 없는 지역민에 의해 애호되고 존경받는다.

바우만에서 탈근대성은 무엇보다도 사회 세계에 항상 존재하는 다원성을 인정하고 존중하는 것을 의미한다. 탈근대 상태는 '전이적'인 것이거나 근대성의 정상적 상태로부터 이탈한 것이 아니라 그 자체의 독특한 특징을 가진 것이다. 바우만은 근대성이 그것의 기저를 이루는 보편성, 균질성, 한결같음, 명확성을 추구하는 것과는 대조적으로, 탈근대 상태는 제도화된 다원주의, 특정하게 설정된 목표나 조정 기관의 부재, 다양성, 우연성, 양가성을 가장 두드러진 특징으로 한다고 파악한다. 바우만에서 이처럼 탈근대 상태는 서로 다른 일단의 관습과 신념에 의해 구조화된 지적 공간이다. 그리고 탈근대세계는 하나의 "균형상태를 이루고 있는 사회적 전체"가 아니라 "결정되지 않은 그리고 여전히 미결정상태에 있는" 서식지, 즉 행위 주체의 자유와 의존성 모두가 만들어지고 조직되는 하나의 복합체계이다. 탈근대 시대에 남성과 여성은 계속해서 바우만이 '정체성 문제'라고 부르는 것과 함께 살아간다. 이를 통해 바우만이 말하고자 하는 것은, 사람들은 하나의 '평생 정체성'을 원하지 않고 같음을 거부하며, 유연한 정체성 ─ 바우만은 이것이 개인들로 하여금 자신이 선택한 삶을 추구할 수 있게 해주고 시장이라는 외부 힘에 저항하거나 그 힘을 헤쳐나갈 수 있게 해준다고 본다 ─ 을 구축하고 유지하는 자원을 가지지 못할 수도 있다는 것을 우려한다는 것이다.

바우만은 발터 베냐민(Walter Benjamin)의 지금시간(jetztzeit) 개념[발터 벤야민이 「역사철학에 관한 테제(Theses on the Philosophy of History)」에서 혁명적 가능성이 무르익은 시간, 역사의 연속체에서 분리된 시간이라는 관념을 묘사하기 위해 사용한 개념이다_옮긴이]에 준거하여 탈근대 상태를 기술한다. 탈근대 상태는 사람들이 역사의 연속성으로부터 분리되어 있다는 느낌을 가지는, 파괴적 또는 혁명적 가능성의 시기이다. 탈근대 상태에서의 삶은 파편화된 삶으로, 그러한 삶 속에서는 불안감이 우리의 삶을 일련의 연결되지 않은 사건으로 연결된 에피소드로 분해한다. 탈근대 정치는 개인이 근대세계에서는 할 수 없었던 방식으로 자유롭게 자아를 실험할 수 있는 삶의 정치(life-politics), 즉 개인의 자아실현 정치의 한 형태이다. 개인화는 하나의 생성의 과정이고, 공동체가 붕괴됨에 따라 유연한 또는 구성된 정체성이라는 관념이 등장한다. 정체성은 더 이상 '주어진 것'이 아니다. 동일시(identification) 또는 정체성 선택 과정은 바우만이 탈근대세계에서 시민권을 이해하는 데서 핵심적인 요소이다. 탈근대세계에서 정체성은 더 이상 주어지지 않기 때문에, 더 이상 귀속되는 것이 아니라 하나의 과제로, 그리고 개인적·사적으로 책임져야 하는 것으로 간주된다. 근대 사회에서 정체성은 특정한 지위를 보유하는 것에 기반하여 구축되었고, 법적 권리에 의해 유지되거나 정당화되었다. 탈근대 상태에서 정체성은 그러한 확고한 토대를 가지지 못한다. 하지만 비록 우리가 개인화 과정을 겪기는 하지만, 우리 가운데 많은 사람이 우리가 진정한 개인이라고 느끼지 못한다. 탈근대 상태는 불안감(unsicherheit)과 자신감 결여를 동반하는 고질적인 불안정성의 상태이다. 탈근대적 형태의 폭력은 정체성 문제의 사사화, 탈규제, 분권화 과정에서 출현한다.

　　바우만은 탈근대성을 근대성의 핵심 측면들이 붕괴된 결과로 이해한다. 우리는 그가 말하는 탈근대성의 의미를 다음의 네 가지 명제에 기초하여 파악할 수 있다.

첫째, 바우만은 탈근대성을 근대성과 변증법적 관계에 있는 하나의 상태로 파악했다. 탈근대성은 자신들의 삶을 규제하는 방식을 받아들이기보다는 가능한 해결책을 비교하고 대조하는 과정을 통해 세상을 이해해 나가는 과정이다.

둘째, 탈근대성은 근대화 과정과 사회에 대한 광대한 사회공학 프로젝트가 초래하는 부정적인 결과를 인정하는 것과 동일시되었다. 사회공학 프로젝트는 사람들이 잡초가 없는 정원 상태에서 완전히 질서정연한 삶을 살아가는 이상세계를 창조하고자 했다. 하지만 이를테면 국가사회주의 사회나 공산주의 사회에서 그러한 사회공학적 접근방식이 낳은 현실은 이상에 훨씬 미치지 못하는 것이었다. 근대성의 핵심 프로젝트는 모든 사람과 모든 것을 동일하게 만드는 것이었다. 왜냐하면 완전함에는 대안이 있을 수 없기 때문이다. 이와 대조적으로 탈근대성은 차이를 받아들이는 것, 즉 차이의 불가피성을 인정하는 것에 기초한다. 바우만이 설명했듯이, 탈근대성은 근대성이 이데올로기 또는 허위의식이라는 이데올로기적 감옥에서 풀려난 것으로 이해할 수 있는데, 이는 근대성이 숨기고자 했던 특성들을 공공연하게 공개적으로 제도화하는 것 — 이를테면 근대성이 공학적 설계와 관리 관행을 통해 제거하고자 했던 차이를 포용하는 것 — 을 특징으로 하는 새로운 유형의 사회적 상태가 출현할 수 있게 해주었다. 탈근대 상태는 특이성, 차이, 끊임없는 변화, 양가성의 포용, 또는 일상생활의 의미에 대한 명확성 결여 등을 특징으로 한다.

셋째, 근대세계에서 국가는 명확한 일단의 사회적 목표와 명확한 방향에 기초하여 계획된 사회변화 방향에 의거하여 공학적 프로젝트를 선택했다. 이와 대조적으로 탈근대성은 사회변화를 위한 단일한 사회적 여정이나 명확한 방향은 존재하지 않는다는 가정에 기초한다. 그대신에 탈근대성은 사회가 미리 정해지거나 구체화된 사회적 방향 없이 끊임없는 변화한다는 것을 인정한다. 바우만이 볼 때, 탈근대 사회는 그 구조에서는 소용돌이와 다르지 않으며, 비교적 짧은 시기 동안만 그 틀을 유지할 수 있고 그 형태와 내용이 끊임없이 갱신되는 일시적인 것이라는 점에서 강물의 흐름과 유사해 보인다.

넷째, 비록 탈근대성이 근대성의 연속성과 대비되어 이해되고 둘 간의 차이를 강조하지만, 그리고 탈근대성을 규정하는 특징들이 근대성의 안정성에 빚을 지고 있지만, 그럼에도 불구하고 바우만은 탈근대성을 자기재생산적인 것으로, 그리고 실제로 자기 자신의 고유한 특징을 가지는 자기 유지적이고 자족적인 사회적 상태로 이해한다. 다시 말해 탈근대성은 하나의 독특한 역사적 상황이다.

탈근대 문화

1990년대 초에 바우만은 특정한 사회를 형성하는 데서 문화가 수행하는 역할과 목적에 대한 자신의 초기 주장을 재검토했다. 문화는 근대세계에서 일어나는 '인간화' 과정으로, 즉 근대국가의 가치를 정당화하는 지식인의 입법적 역할을 통해 표현되는 하나의 세계관으로 정의된다. 인간 존재는 그들이 배운 대로 사는 존재이다. 그리고 근대국가는 자신이 선호하는 시민 개념을 가지고 있었고, 사람들이 자신의 삶을 영위하기 위해 선택할 수 있는 방식이 다양하다는 인식을 장려하지 않았다. 인간 삶의 여러 측면이 규제의 대상이 되었다. 근대 사회에서 국가는 다양한 라이프스타일 간의 평화로운 공존을 적극적으로 막았다. 사람들은 지역 문화를 열등한 것으로 보도록, 즉 그러한 문화는 부적절한 삶의 방식을 조장하며 후진적이라고 여기도록 부추겨졌다.
근대세계에서 문화는 공동체에 기초한 지역 문화 — 이러한 문화는 삶의 형태를 지역 수준으로 분화시키는 것으로 인식되었다 ─ 를 희생하여 일상적 사고에서 보편적 이성에 기초한 초공동체적 제일성을 증진시키는 것과 관련되어 있다. 근대성은 문화적 십자군이었으며, 근대성과 함께 새로운 형태의 통치가 등장했고, 국가는 보편적 구속력을 가지는 사회조직 원리를 유지하기 위해 인간의 삶과 행동을 틀 짓는 힘으로 인식되었다. 국가는 모든 것과 모든 사람에게 선택된 패턴을 강요하는, 즉 그러한 패턴이 사실인 것처럼 보이게 하고 실제적이고 그럴듯하게 만드는 책임을 맡았다. 다시 말해, 국가는 "이미 이해된 것을 다시 이해하게 만드는" 책임을 맡았다.

바우만은 탈근대성에 대해 일종의 '광포한 부족주의(rampant tribalism)'를 포함하지만 사람들은 기꺼이 대화에 참여하고 우연성과 주관성을 포용하고자 한다고 기술한다. 탈근대 상태에 사는 사람들은 '그럴듯한 것'에 대한 개념이 하나 이상 존재한다는 제안에 열려 있는 태도를 취하며, 자신들의 자기 인식과 타자 의식이 갖는 실제적 지위에 의문을 제기한다. 탈근대성은 예기치 않은 사건에 대해 두려워하지 않고 우연성을 수용하는 것에 관한 것이다. 포스트모더니즘은 문화를 파스티슈 형태 ─ 즉, 문체나 구성에서 통일성이 없는 형태의 문화 ─ 로 개혁한다. 이러한 상황에서 지식인은 입법자보다는 해석자 또는 번역자의 역할을 맡는다.

여행자와 방랑자: 탈근대적 재계층화

탈근대 상태에서는 사람들이 살기 위해 일하는가 아니면 일하기 위해 사는가라는 오래된 질문이 사람들은 소비하기 위해 사는가 아니면 살기 위해 소비하는가라는 질문으로 대체되었다. 탈근대성은 우리 모두를 소비자의 역할로 내몰지만, 모두가 성공적인 소비자가 될 수 있는 것은 아니다. 탈근대 문화는 학습의 문화가 아니라 망각의 문화이다. 게다가 탈근대적 소비의 만족은 즉각적이어야 하며, 스킬을 배울 필요가 없다. 대신 즉각적인 즐거움을 제공해야 한다. 탈근대세계에서 소비자는 유혹받는 동시에 유혹을 즐기며, 새로운 유혹에 끊임없이 노출되고, 바우만에 의해 감각의 수집가로 간주된다.

바우만은 근대세계가 강철과 콘크리트로 건설되었다면 탈근대 상태는 생분해성 플라스틱으로 건설되어 있다고 설명한다. 근대성은 실천할 수 있거나 상상할 수 있는 삶의 전략에 한계를 설정했다. 근대세계에서 정체성은 순례와 많은 공통점을 가지는 과정으로, 개인은 주어진 길 위에서 계획된 자기 발견의 여정을 시작하고 알려진 그리고 바람직한 확실성을 찾는다. 근대세계에서는 개인이 불확실성으로부터 자신을 보호하기 위해 정체성을 구축했지만, 탈근대세계에서 정체성은 자아의 연극적 표현으로 재정의되고 재구성되었다. 탈근대적 정체성의 문제는 고정된 정체성을 피하고 개인이 선택한 자기 형성 과정에 참여하는 문제이다. 탈근대세계에서 정체성은 유동하고, 우리의 삶의 전략은 예측할 수 없으며, 선택 조건도 신뢰할 수 없다. 바우만은 탈근대적 삶의 전략의 네 가지 이상형과 관련하여 탈근대적 정체성을 논의한다.

- **산책자(stroller) 또는 플라뇌르(flâneur)** : 소비하고 있음을 보이고 싶어 하는 사람. 샤를 보들레르(Charles Baudelaire)와 발터 베냐민은 근대 도시의 상징적인 인물로 플라뇌르에 대해 논의했다. 탈근대세계에서 플라뇌르는 쇼핑몰에서 발견된다. 그리고 19세기의 플라뇌르와 마찬가지로 플라뇌르는 군중에 속하지는 않지만 군중 속에서 발견되고 찬탄받는다.

- **여행자(tourist)** : 새로운 경험을 찾아 목적의식을 가지고 움직이는 사람으로, 각각의 새로운 경험은 더 많은 흥분의 욕구를 낳는다. 집에 묶여 있는 것을 기피하는 것은 집을 은신처로뿐만 아니라 감금 장소로도 인식하고 있다

는 것을 반영한다.

- **플레이어(player)** : 이 사람에게 인생은 게임의 연속이며 그 어떤 것도 심각하지 않다. 플레이어가 완전히 예측하거나 통제할 수 있는 것은 아무것도 없으며, 플레이어는 단지 수(手) — 그 수는 기민한 것으로 판명될 수도 있고 잘못된 것으로 판명될 수도 있다 — 에만 신경을 쓰지만, 플레이어에게 중요한 것은 게임을 열정적으로 그리고 전적으로 기쁘게 맞이하는 것이다.

- **방랑자(vagabond)** : 여전히 탐탁지 않고 반갑지 않고 환영받지 못하는, 삶이 불확실한 타자인 이 사람은 사람들이 달가워하지 않기 때문에 이리저리 옮겨 다닌다. 근대세계에서는 대부분의 사람이 정착했기 때문에 방랑자인 사람은 소수였다. 탈근대성은 이를 역전시켰다. 탈근대 상태에서는 정착할 곳이 부족하고, 따라서 더 많은 사람이 이동을 강요받고 있다.

네 가지 삶의 전략 모두는 타자에 대한 어떠한 도덕적 책임이나 타자의 안녕에 대한 염려 없이 자신과 타자 간의 거리를 넓히고 접촉을 얕게 하는 것을 특징으로 하는데, 바우만은 이 상태를 아디아포라화(adiaphorisation)의 한 형태로 설명한다.

근대세계는 국가의 '순수함이라는 꿈(dream of purity)'과 완벽한 세계의 창조라는 꿈에 기초하여 개인의 차이를 최소화하고 부적합하다고 인식되는 사람들을 배제하고자 해왔다. 차이와 비정상의 부재가 더 큰 사회적 조화를 창출할 것이라고 가정했다. 바우만은 깨끗함과 더러움을 장소의 문제로 검토한 메리 더글러스(Mary Douglas)의 저서 『순수와 위험(Purity and Danger)』— 이 책에서 더글러스는 제자리에서 벗어나 있는 것은 더러운 것으로 간주된다 — 을 출발점으로 삼아, 다른 인간 존재가 제자리에서 벗어나 있고 그들의 존재가 사회적 조화를 깨뜨린다고 인식될 때, 그 자리에 적합하지 않은 사람들이 어떻게 '더럽다'고 인식되는지, 그들이 어떻게 오염을 시키는지, 그들의 존재가 어떻게 불안을 야기하는지를 규명했다. 그리하여 "더러운 것을 몰아내는 것", 즉 더러움이 없고 이방인이 없고 달갑지 않은 타자가 없는 세상, 즉 제자리에 있지 않은 것이 아무것도 없는 세상을 만드는 것이 국가의 역할이 된다.

근대세계에서는 개인이 안전을 보장받는 대가로 상당한 수준의 개인의 자유를 기꺼이 포기해야 한다고 기대되었다. 더럽거나 이상한 것으로 분류되는 타자에 대해 '뭔가를 하는 것'이 국가가 질서를 형성하는 데서 중심적인 작업의 하나를 이룬다. 개인이 자유를 행사하는 것은 국가가 질서를 유지하고자 시도하는 과정에서 직면하는 핵심 문제였다. 이와 대조적으로 탈근대세계에서는 개인화, 탈규제, 사사화 형태의 개인의 자유가 질서를 유지하고자 하는 시도에서 하나의 자산이 된다.

하지만 탈근대 사회 역시 여전히 계층화된 사회이다. 탈근대 상태에서는 대량 산업 노동에 대한 필요나 수요가 거의 없다. 탈근대 상태에서는 세상이 더 작은 하나의 공간으로 경험된다. 탈근대세계는 시간/공간 압축(time/space compression)의 시대이다. 바우만에서 시간/공간 압축은 기술이 먼 거리를 이동하는 데 걸리는 상대적 시간을 줄어들게 하는 것을 의미한다. 또한 글로벌 이동성은 탈근대 계층화를 조직화하는 원리가 된다. 탈근대세계 속에 사는 사람들은 유목민이지만, 이동에 대한 우리의 동기와 경험은 매우 다르다. 부유한 글로벌인은 자유롭고 공간이나 거리의 제약을 받지 않으며 언제 어디에 도착하든 환영받는 여행자이다. 여행자는 새롭고 매력적인 것을 찾기 위해 이동한다. 이와 대조적으로 지역인은 열악한 지역에 묶여 있는, 그리고 이주를 선택하더라도 환영받지 못하고 도착 즉시 추방당할 수 있는 방랑자이다. 방랑자는 여행자와 같은 세계, 같은 문화에 살고 있는, 여행자의 알터 에고(alter ego)이다. 하지만 그들이 함께 살고 있는 세계는 여행자의 욕구를 충족시키기 위해 설계되어 왔다. 방랑자들은 자신들이 문화적 권력을 박탈당한 문화에서 살아가고 있다는 것을 발견한다. 여행자와 방랑자는 모두 소비자이지만, 방랑자는 쓸모없고 위험하고 결함 있는 소비자로 캐스팅된다. 방랑자들이 적극적으로 충분히 소비할 수 없다는 것이 법과 질서의 문제로 여겨지기 때문에, 방랑자의 존재는 사람들을 불안하게 만들고, 그들의 동기와 행위는 낙인찍힌다. 탈근대성은 빈곤을 범죄화하는 것을 특징으로 한다. 왜냐하면 방랑자의 존재가 여행자의 개인적 안전에 위협이 되는 것으로 간주되기 때문이다.

1990년대 초에 리처드 킬민스터(Richard Kilminster)와 이안 바르코(Ian Varco)와 나눈 인터뷰에서 바우만은 자신이 학계에서 활동하는 동안 내내 두 가지 문제, 즉 자신이 자주 노동계급으로 묘사한 짓밟히는 사람들 및 사회적 패배자의 고통과 문화 문제에 관심을 기울였다고 설명한다. 바우만은 또한 근대세계가 사람들이 살기에 가장 좋은 세상으로 설계되었다는 관념에 대해 혐오했다. 바우만은 자신이 그람시 독해를 통해 사회의 권력구조가 산출하는 불평등이라는 한편과 그 권력구조 내에서의 삶을 구성하는 것에 대한 이데올로기적으로 구성된 믿음이라는 다른 한편 간의 관계를 발견할 수 있었다고 설명한다. 권력구조의 현실과 그 권력구조의 정당성에 대한 믿음을 유지하는 문화 간의 관계가 균질화하고 정당화하는 그리고 표준화된 하나의 이데올로기로서의 문화에 대한 바우만의 관심을 뒷받침했다. 근대세계의 정치는 경제적 불평등과 분배를 둘러싼 논쟁으로 특징지어졌다. 그리고 그러한 불평등은 탈근대 상태에서도 지속되고 있지만, 탈근대세계의 정치는 반드시 계급과 관련된 경제적 문제를 중심으로 해서가 아니라 자신이 선호하는 정체성을 구성할 수 있는 물질을 상징적으로 소비하는 것을 둘러싸고 전개되는 욕망과 공포의 정치를 중심으로 하여 느슨하게 조직된 심미적 공동체나 친교단체로 사람들이 모이는 '부족 정치(tribal politics)'이다. 바우만은 자신이 항상 배제, 불평등, 그리고 타자에 대한 무관심과 관련된 문제에 관심을 가져왔지만, 자신이 관심을 정식화해 온 방식은 탈근대 상태의 출현과 함께 바뀌어왔다고 설명한다.

결론

바우만은 1992년에 쓴 글에서 현대 세계는 근대적인 요소와 탈근대적인 요소 모두를 포함하고 있다고 기술했다. 게다가 바우만은 근대에서 탈근대로의 전환이 언제 일어났는지에 대해 구체적인 날짜를 제시하지 않았다. 그는 탈근대성이 20세기에 유럽과 '유럽 혈통' 세계의 일부에서 출현했으며, 전후 시기에 뚜렷한 형태를 띠게 되었다고 말했다. 바우만은 자신이 탈근대성의 사회학에서 찾고 있었던 것은 안정성과 합리성이라는 낡은 근대적 개념으로부터 해방된, 그리고 변화하는 근대성의 본질을 반영하는 현대 사회에 관한 하나의 이론적 모델이었다고 설명한다.

제6장

액체 전환

액체 근대성은 바우만이 현대 사회의 상태를 지칭하기 위해 사용한 용어로, 그는 이를 근대성의 '후기' 국면의 '두 번째' 단계로 이해한다. 고체성과 액체성의 대비는 20세기가 경과하는 동안 '중(重)자본주의(heavy capitalism)'에서 불확실성, 사회제도의 유동성, 불안정성에 뿌리를 둔 사회 형태로 근대세계의 삶의 방식이 어떻게 변화했는지를 묘사하기 위해 이용된다. 고체 근대세계는 양가성을 제거하는 데 그리고 개인이 올바르고 합리적인 삶을 영위하는 방식을 정의하는 데 초점을 맞추어 사회의 목표를 설정함으로써 국민국가의 안정성을 유지하는 데 중점을 두는 '입법자'와 '정원사'의 사회이다. 이와 대조적으로 액체 근대세계는 파놉티콘에 기반한 근대 권력의 종말과 삶의 상품화를 특징으로 하며, 이는 사람들이 점점 더 소비 중심적인 쾌락, 개인화, 다원주의를 추구하는 '일상생활의 미학화' 속에서 나타난다. 이처럼 2000년 이후의 바우만 저술은 한때 견고했던 고체 근대성이 이제는 액체 성격을 지닌 근대성의 형태로 바뀌었기 때문에 **세계 속에 존재한다**는 공통의 경험에 중대한 변화가 일어났다는 전제에 기초한다. 바우만이 볼 때, 액체 근대성의 상태에서는 '유혹'이 '규범적 규제'에 우선한다. 근대 사회의 '액체' 단계는 하나의 단단한 '구조'가 아닌 (사회적 유대의 부식과 초국적 이동성을 특징으로 하는) 유동적인 '네트워크'로 간주되어 왔다. 바우만은, 액체 근대성은 근대적이기를 멈춘 것이 아니라 다른 형태의 근대성이 되었다는 점을 인정했다. 바우만이 액체 전환 이후에 쓴 글들은 어조와 내용에서 자주 비관적이다. 사회적 유대가 '희석'된 것은 많은 사람에게 더 많은 자유, 더 많은 자기 창조와 자기만족의 기회를 가져다줄 수 있지만, 액화 과정에 의해 초래된 불확실성에 대처할 수 없는 사람들에게는 불안정성을 야기하기도 한다. 바우만의 액체 은유는 항상 다중적이며, 액체성과 유동성이라는 끊임없이 움직이는 상태는 사람들이 모호함과 방향 감각 상실감을 느끼는 **경계**(liminal) 상태를 의미한다. 액체 은유는 오랜 역사를 가지고 있다. 이 은유는 현재 일원론(Monism) — 세상의 모든 것을 하나의 물질로 환원할 수 있다는 관념 — 으로 알려진 철학적 접근방식을 발전시킨 (소크라테스 이전의 철학자) 밀레투스의 탈레스(Thales of Miletus)에게로까지 거슬러 올라간다. 탈레스에서 그 물질은 물이었다.

2000년에 바우만은 『액체 근대성(Liquid Modernity)』을 출간하고 나서, '탈근대성'이라는 용어의 사용을 중단하고 그것을 '액체 근대성'이라는 개념으로 대체했다. 용어를 바꾼 이유 중 하나는 전술적인 것으로, 논평자들이 메시지와 메신저를 혼동하기 때문이었다. 바우만은 '탈근대성의 사회학'을 쓰고 싶었지만, 자신이 '포스트모더니스트'로 간주되는 것은 원하지 않았다. 2001년에 바우만은 '탈근대성'이라는 단어가 근대성을 뒤에 남겨두고 떠나는 것을 의미한다고 설명했다. 하지만 우리는 근대성을 뒤에 남겨두고 떠나지 않았으며, 많은 근대적 열망과 관행이 현대 사회에서 계속되고 있다. '액체 근대성'이라는 표현은 근대성으로부터 이탈한 것을 파악하려는 시도이지만, 또한 현대 사회경제적 상황에서 계속해서 남아 있는 것을 파악하려는 시도이기도 하다. 용어의 변화가 바우만이 주장하는 내용에서 중요한 변화가 있었음을 반영하는 것은 아니다. 독자들은 바우만의 액체 근대적 전환과 탈근대적 전환 사이에서 차이점보다는 유사점을 발견한다. 바우만이 액체 전환 저술들에서 제기한 기본적인 주장은 15년 전에 탈근대 단계에서 제기한 주장과 크게 다르지 않았다.

인터레그넘: 액체 시대

액체 근대세계는 인터레그넘(interregnum), 불확실성, 제도적 불일치(institutional disparity)를 특징으로 하는 개인화된 소비 사회이다. 바우만은 자신의 액체 근대 저술들에서 세 가지 관심 영역을 식별한다.

- 국민국가의 권력 박탈(disempowerment) 또는 제도적 불일치(즉, 고체 근대성 상태에서 고안된 정치 제도가 주권을 행사하거나 글로벌 사건에 중대한 영향을 미칠 수 없음). 글로벌 금융·무역·정보의 흐름은 제한 없는 이동의 자유를 요구한다. 글로벌 자본주의는 약한 국민국가와 정치적 파편화를 요구한다.
- 강요된 이주민을 인간쓰레기로 정의하는 것과 그들의 글로벌 배제.
- 부자와 빈자 간의 글로벌 불평등 증가.

이미 앞에서 언급했듯이, 바우만은 액체 근대성을 인터레그넘의 한 조건으로 본다. '인터레그넘'이라는 용어는 처음에는 과도기 상태, 즉 군주나 종교 지도자가 사망하고 후계자가 취임할 때까지 사람들이 경험하는 불확실성의 시기를 지칭하는 데 사용되었다. 그람시가 1920년대와 1930년대에 투리(Turi) 교도소에 수감되어 있던 시절에 쓴 옥중수고에 의하면, 그람시는 1929년 월스트리트 금융 붕괴의 결과 심각한 경제 위기가 발생하고 유럽 전역에서 극우 세력이 부상하고 스탈린주의가 등장한 것을 인터레그넘의 상태로 보았다.

바우만이 주장한 바에 따르면, '인터레그넘'은 안정성을 제공하는 새로운 사회제도가 등장하지 않아 고체 근대적인 사회적-정치적-법적 질서의 안정성이 불확실성에 자리를 내준 상황을 기술한다. 부정적 글로벌화의 힘은 국가가 주권 또는 권위를 행사하는 능력에 영향을 미쳐 정치와 권력을 분리시켜 왔다. 근대국가는 글로벌 시장의 힘에 직면하여 자국의 경제나 주권 영토를 규제할 수 없게 되었다. 바우만은 이러한 상태를 단순히 관례적 틀이 붕괴하거나 변화한 것이 아니라 정치와 권력 제도 간에 분리 또는 불일치가 발생하는 '제도적 불일치'라고 묘사한다. 부정적 글로벌화의 힘은 다국적 기업의 수익 극대화를 가로막는 고체 근대세계의 제도 정치에 근본적으로 호의적이지 않다. 인터레그넘에 살고 있는 개인들은 삶이 점점 더 불안정성을 지니게 됨에 따라 자신들이 느끼는 불확실성과 무력감 때문에 자신들이 취약하다고 느낀다.

액체 근대세계에 사는 사람들은 다음에 무슨 일이 일어날지 확신하지 못하는 무지의 상태에 놓여 있으며, 이는 굴욕적인 무력감을 낳는다. 액체 근대 환경은 개인 ─ 그리고 이는 우리 모두를 의미한다 ─ 을 거의 구제 불가능할 정도로 심각한 미결정과 불확실성의 상태에 빠뜨린다.

고체 근대세계에서 액체 근대세계로의 전환은 제도, 일상의 관례, 그리고 수용 가능한 행동 패턴이 어째서 자신의 틀을 장기간 유지하지 못하는지를 말해준다. 탈규제와 국경 없는 시장을 특징으로 하는 부정적 글로벌화의 힘이 지배하는 세계에서 사회는 이제 하나의 '열린 사회'이다. 주권이나 국민국가의 통치 및 권위는 이제 불완전하고, 더 이상 영토에 묶여 있지 않으며, 어디에서도 완전하지 않다. 정부가 아닌 글로벌 시장이 정부의 기능을 수행한다. 사회는 내구성이 강한 하나의 구조가 아니라 유동적인 '네트워크'로 여겨진다. 개인의 경우에는 단기 프로젝트가 장기적인 기대를 대체한다. 개인은 삶의 모든 측면에서 유연해지는 법과 더 이상 유행하지 않는 정보와 기술을 잊어버리는 법을 배워야 한다. 액체 근대세계는 또한 정치와 권력이 분리되는 것을 특징으로 한다. 이로 인해 국가는 장기적인 계획을 세울 수 있는 능력을 상실하며, 이는 국민국가의 글로벌 영향력 감소로 나타난다. 시민을 보호하기 위한 국가 보험과 국가 부조도 감소했으며, 개인은 자신에게 닥칠 수 있는 운명과 불행에 대비해 스스로 자신을 보호해야 한다. 안전감은 불안정감에 자리를 내어준다. 그러한 불안정한 분위기 속에서 우리는 자주 밝혀지지도 않았고 예측할 수도 없고 계산할 수도 없는 위험을 마주한다.

빈자와 배제된 사람들은 더 이상 돌봄이 필요하거나 생산적인 사회 성원으로 재가공되어야 하는 예비 노동력의 풀로 간주되지 않는다. 정리해고를 당한 사람들은 단순히 실업자가 아니다. 그들의 생활 방식은 범죄화되고, 그들은 전혀 유용하지 않고 사회에 달갑지 않고 불필요한 경제적 부담을 주는 위험한 계급으로 간주된다. 현재 배제된 사람들은 바우만이 영구적으로 경계(liminality) 속에 존재하는 것으로, 즉 불확실성, 빈곤, 취약성이라는 상태에 영구적으로 놓인 것으로 분류된 삶을 살고 있다. 빈자와 배제된 사람들은 집단적 낙인이 찍히고 범주적 열등성을 소유한 것으로 여겨진다. 이와 대조적으로 부자들은 법을 준수하는 시민들로 이루어진 게이티드 커뮤니티(gated community)에서, 즉 더 넓은 사회와 철저하게 격리됨으로써 주변에서 발생하는 공포로부터 떨어져 있고 영토적으로 분리된 풍요롭고 안전한 섬에서 '동일성의 공동체' 내지 '유사성의 공동체'를 찾기 위해 노력한다.

액체 근대세계는 '개인화된' 사회적 구성체이다. 바우만은 자신의 책 『개인화된 사회(The Individualized Society)』를 자신이 개인화 과정으로 이해하는 것을 개관하는 것으로 시작한다. 간단히 말하면, 개인화 과정은 액체 근대세계에서 삶이 점점 더 개인화되고 있음을 의미한다. 액체 근대세계는 '삶의 정치' — 즉, 비록 자신이 선택한 상황에서는 아니지만 자신의 삶을 틀 짓고자 하는 개인의 자아실현 정치 ─ 에 의해 특징지어진다. 개인화는 고체 근대세계의 권력구조의 측면들을 창출하고 유지하는 질서를 액화하는 과정에서 나타난다. 바우만은 마르크스의 지적, 즉 사람들은 자신이 선택한 상황에서는 아니지만 역사를 만든다는 언명을 독자들에게 상기시킨다. 개인화 과정은 한 사람의 삶의 서사가 전개되는 방식과 개인의 현실적 선택에 영향을 미치는 조건이나 환경 모두에 영향을 미친다. 바우만은 액체 은유에 의지하여 개인화를 뒷받침하는 가정 중 하나가 개인의 책임이라고 설명하는데, 이는 만약 어떤 사람이 '뜨거운 물' 속에 있는 자신을 발견한다면 자신이 그 물을 끓였다고 가정한다는 것을 의미한다. 액체 근대세계에서 사람들은 '초개인적' 요인 ─ 즉, 개인의 통제권 밖에 있는 요인 ─ 은 한 개인의 삶의 사건이 전개되는 방식을 틀 짓는 데서 핵심적인 역할을 하지 않는다고 가정한다. 바우만은 개인화를 시민권이 서서히 해체되는 것으로 바라본다. 사람들은 공동체 내에서 자신들이 이전에 다른 사람들에 대해 지던 사회적 책무로부터 자유로워질 수 있지만, 이는 액체 근대세계에 사는 사람들로 하여금 다른 사람들의 고통에 무관심하게 만들고 공정한 사회나 공익 개념에 적대적이게 만든다. 오히려 액체 근대세계는 이웃에 대한 공포를 불러일으킨다. 개인은 개인화 과정에서 벗어나거나 그 과정에 참여하는 것을 거부하는 선택지를 가지지 않는다는 점에서 개인화는 선택이라기보다는 '운명'과 더 많은 공통점을 가진다. 이처럼 바우만이 볼 때, 액체 근대세계에는 자기를 형성하는 진정한 자기 구성 과정은 존재하지 않는다.

　고체 근대성의 상태에서 국가가 후원하는 '파놉티콘 기관들' ─ 즉, 주민을 감시하는 일련의 기관 ─ 은 합리적인 행동 규범을 부과하면서도 안전망에 개입하고 도움이 필요한 개인을 돕기 위해 배제의 증거를 찾는다. 액체 근대세계에서 국가는 더 이상 그러한 돌봄적인 '파놉티콘 기관'을 후원하지 않으며, 개인이 불행을 경험하면 그 개인은 배제되어 불안정한 삶을 살 위험에 처한다.

따라서 액체 근대 '사회'는 하나의 '구조'가 아니라 단기적이고 유동적이며 유연한 네트워크를 형성하는 일련의 개인화된 활동과 참여로 이루어진다. 바우만은 액체 근대세계의 인터레그넘 내에서 일어나는 배제에 대해 이해하면서 전근대국가는 달갑지 않은 요소를 식별하고 추출하는 '치과 국가(dentistry state)'로 묘사될 수 있다고 설명한다. 고체 근대국가는 훨씬 더 야심차게 그리고 계획적으로 시민들의 삶의 모든 측면을 지시하고 통제했다. 액체 근대세계에서 국가는 대부분의 글로벌 문제 및 지역적 문제로부터 시민을 보호하는 능력 — 즉, 공적 부조를 통해 개인을 서로 연결하여 상호 의존의 유대를 증진하는 역할 — 을 상실해 왔다.

그 인터레그넘 내에서 새로운 형태의 배제와 불평등이 출현한다. 고체 근대세계에서는 사람들이 사회가 보편적인 교육 — 이는 사람들로 하여금 사회경제적 배경과 무관하게 재능만 있다면 누구나 시장에 참여할 수 있게 해준다 — 을 제공함으로써 기회의 평등을 제공한다고 믿었기 때문에 불평등이 용인되었다. 오늘날 그러한 사회적 상승 이동 통로는 대부분의 사람에게 통과할 수 없는 것으로 여겨진다. 이러한 상황은 사람들로 하여금 희망보다는 불안감을 느끼게 한다. 안정된 고용, 주택 소유, 자식 부양 등 사람들이 당연한 것으로 간주했던 것들이 이제는 모든 사람에게 가능하지 않다. 이러한 형태의 배제는 새로운 불평등의 토대를 형성한다. 배제된 사람들은 더 이상 부유한 사람들의 마음속에 존재하지 않기 때문에 형체 없는 형태를 띤다. 신자유주의가 정부기구에 통합되면서 부와 소득의 공유와 분배는 일반적으로 중지된다. 배제라는 '비참한 곤경'으로 인한 절망은 정치적인 것이 아니라 개인적인 것으로 재정의된다.

개인화 과정을 뒷받침하는 것은 자본과 노동의 '분리(disengagement)'이다. 고체 근대성의 상태하에서 자본과 노동은 모두 국민국가 내에 거주했다. 그러나 액체 근대성의 상태하에서 자본은 탈영토적이 되었고 공간 이동적이 되었고 더 이상 영토에 얽매이지 않게 되었다. 글로벌화 과정과 함께 이제 통제 데스크나 단일 운영 거점은 존재하지 않는다. 글로벌 흐름은 자기 추진적이고 구조화되어 있지 않고 예측할 수 없다. 국민국가의 정부들이 더 이상 글로벌 흐름을 통제할 수 없게 됨에 따라, 각국 정부는 더 많은 탈규제, 노동시장 유연화, 민영화 등을 통해 다국적 기업을 끌어들이고자 한다. 글로벌화 과정의 특징은 안정적인 사회질서를 평가절하한다는 것이다. 따라서 개인화의 의미도 끊임없이 변화하는 과정에 있다. 자본은 자신의 초점을 마르크스가 설명했던 노동력 착취에서 소비자 착취로 옮겨왔다. 게다가 자본 수익의 주요한 원천도 물질적 대상의 생산에서가 아니라 관념과 이미지의 제조에서 모색된다. 소비자가 매력적이라고 생각하는 제품 중 많은 것이 그 제품의 물리적 구성에서는 변하지 않고 있다. 이를테면 후드 달린 상의는 오랜 시간 동안 크게 변하지 않은 일반적인 의류의 하나이다. 자본의 역할은 소비자가 일상생활에서 표현하고 싶어 하는 자아의식에 부합하는 매력적인 관념과 이미지를 담고 있는 브랜드 이미지를 일반 제품에 주입하는 것이다.

액체 근대세계는 양가성의 느낌이 증가하는 것에 의해 특징지어진다. 사람들이 무슨 일이 일어나고 있는지, 다음에 무슨 일이 일어날지, 그리고 어떻게 대응해야 하는지를 확신할 수 없을 때, 상황은 양가적이다. 이는 불안감을 불러일으키는 경험이다. 양가성은 우리의 정체성을 **분리시키고 해방시키는** 형태의 개인화와 관련되어 있다. 따라서 양가성은 안전감과 자기 확신을 약화시킨다. 사회구조라는 관념은 특정 형태의 행동을 제한하고 다른 형태의 행동을 부추겨서 양가성을 줄이거나 제거함으로써 사건을 더 예측 가능하게 만드는 관념을 지칭한다. 따라서 바우만이 볼 때, 고체 근대세계는 계획된 사회변화를 통해 사회생활에 질서와 예측 가능성을 산출하는 **창조적 파괴**의 한 형태였다. 액체 근대세계에서는 사회적 수준에서 양가성을 제거하기 위해 노력하는 것은 더 이상 국가의 목표가 아니며, 양가성 자체가 사사화되고 탈규제되어 왔다. 달리 말하면, 양가성에 대처하는 것은 공적 문제가 아니라 개인적인 문제이고, '의존'은 개인의 실패와 그 사람의 소비자로서의 무가치함을 반영하는 것이다. 빈자와 배제된 사람들은 더 이상 돌봄의 대상이 아니라 '타자'라는 부정적인 범주의 하나로 간주된다.

소비 중심적인 액체 근대 문화는 개인의 삶에서 양가성이 증대하는 것과 상당한 관계가 있다. 왜냐하면 양가성이 시장의 수요를 자극하고, 사람들은 불안정한 사회적·경제적 환경에서 자신을 성공하고 안정된 사람으로 보이게 할 수 있는 제품을 필요로 하며, 또 시장은 양가성을 계속 자극하기 때문이다.

액체 근대세계에서 국가는 주권이 더 얇은 조각으로 쪼개져 흩어지는 것을 목격해 왔다. 액화란 고체가 포화 상태가 되어 액체 형태로 변하는 과정을 지칭한다. 바우만은 독자에게 액화 과정을 지역 수준에서 멈추게 하거나 그 과정에 효과적으로 저항할 수 없다는 점을 분명히 한다. 바우만은 2007년에 출간한 저서 『액체 시대: 불확실성의 시대에 살기(Liquid Times: Living in an Age of Uncertainty)』1~4쪽에 고체 근대세계에서 액체 근대세계로의 이행에 대해 개관하고 있다(아마도 이 진술이 이 이행 과정에 대한 바우만의 설명 중에서 가장 명료할 것이다).

바우만은 소비주의 및 소비주의가 수반하는 '행복 추구'를 고체 근대세계에서 액체 근대세계로의 전환을 이끄는 주요 심리적 요인으로 파악한다. 액체 시대는 국민국가의 권력과 중요성이 크게 쇠퇴함으로써, 그리고 글로벌 소득 양극화 추세 — 바우만은 이를 치료가 요구되는 부당한 상처로 파악한다 — 를 막을 수 있는 효과적인 글로벌 규제가 부재함에 따라 출현한다. 우리의 포스트포드주의적·포스트케인스주의적인 액체 시대는 자본가들의 규제받지 않는 활동, 탈규제된 군대, 그리고 [포퍼(Popper)가 말하는 '열린 사회(open society)'의 도래로 인해 촉발된] 부정적인 형태의 글로벌화의 결과이다. 액체 근대세계에서 개인은 자발적으로 행위하는 것이 아니라 (액화 과정을 뒷받침하는) 탈규제와 민영화라는 (비록 아직은 불완전하지만) 확고하고 거역할 수 없는 외부의 힘의 작동을 받아 행동한다.

소비

액체 근대세계에서 모든 것은 쇼핑이라는 경험을 통해 접근할 경우에만 가치를 가진다. 바우만의 액체 근대 저술을 관통하는 일관된 테마 중 하나는 개인이 자신을 팔 수 있는 속성들의 집합체로, 또는 팔 수 없는 속성들의 집합체로 간주하게 된다는 것이다. 즉, 액체 근대세계에서 사람들은 공작인(homo faber)이 아니라 소비인(homo consumens)이다. 다시 말해 사람들은 이제 더 이상 노동에 종사하는 것으로는 자신의 운명을 통제할 수 있는 능력을 가지지 못하며, 오히려 쇼핑에 참여함으로써 개인의 운명이 결정된다. 우리는 기본적으로 **생산자 시민**이 아니라 주로 **소비자 시민**이다. 우리는 이제 더 이상 먹고 살기 위한 음식을 사기 위해, 또는 좋아하는 수프를 만들기 위한 식재료가 필요해서 쇼핑을 하지 않는다. 바우만에 따르면, 미결정된 세계에서, 즉 액체 근대세계에서 소비는 다목적적이고 다기능적이며, 정체성 형성의 중심 측면이 되었다. 정체성은 유행하는 티셔츠와 더 많은 공통점을 가지는 하나의 사회적 구성물이 되어왔다. 왜냐하면 정체성도 유행에서 벗어나면 즉시 바뀔 수 있기 때문이다. 우리가 어떤 물품을 구매하는 것은 우리가 그 물품을 존중한다는 표시이자 우리의 자아를 반영하는 것이고 자신을 적극적으로 드러내는 것이다. 마케팅 업무는 기존의 소비자 수요를 충족시키는 것에 관한 것이 아니라 이전에는 존재하지 않았던 수요를 창출하는 것과 관련되어 있다. 그것은 소비자에게 이전에는 알지 못했던 새로운 형태의 만족을 느낄 수 있게 하는 것이다. 이와 관련된 것이 더 이상 유행하지 않는 것을 버리거나 폐기하는 즐거움이다. 하나의 예를 들면, 바우만은 속눈썹 빈모증(eyelash hypotrichosis) ― 즉, 속눈썹이 부족하거나 충분하지 않은 질환인 눈꺼풀 주변 낭종의 한 형태 ― 에 대해 논의한다. 바우만이 볼 때, 이 질환은 마케팅 목적을 위해 발명되지 않았더라면 '의학적 질환'이지만, 마케팅 목적에서 그리고 그 질환을 해결할 수 있는 제품을 판매하기 위해 홍보되어 왔다. 불충분한 속눈썹은 여성의 자아의식에 부정적인 영향을 미치는 것으로 가정되는 반면, 긴 속눈썹은 여성을 더 매력적이게 만드는 것으로 가정된다. 바우만이 볼 때, 한 사람이 자신을 기꺼이 상품화하여 시장에 매력적이고 판매 가능한 정체성으로 내놓지 않는 한, 그 사람은 진정으로 유능한 소비자가 될 수 없다.

상품화는 바우만의 주장에서 중심을 차지하는 것으로, 시장이라는 관념, 제도, 관행을 적용하는 것과 관련된 일련의 과정으로 이해된다. 이 시장 원리가 한때는 판매를 위해 제조된 일반적인 재화와 서비스에 적용되었다면, 오늘날에는 우리가 사회적 삶의 모든 영역에서 다른 사람들을 통해 자신을 바라보게 하는 방식에까지 적용된다. 바우만은 액체 근대세계에서 개인은 시민이 아니라 소비자라고 설명한다. 소비자는 공유지를 증가시키지 않는다. 다시 말해 액체 근대세계에서 소비자는 더 넓은 공동체에 베푸는 것이 아니라 자신의 자기이익에 근거하여 가져갈 뿐이다. 소비 사회에서는 어느 누구도 자신이 먼저 상품이 되지 않고는 주체가 될 수 없으며, 판매 가능한 상품에 기대되고 요구되는 역량을 끊임없이 회복하고 부활시키고 다시 채우지 않고는 자신의 주체성을 안전하게 유지할 수 없다.

바우만이 볼 때, 소비는 모든 개별 인간 존재의 특성 또는 업무이다. 사람들은 배고픔과 갈증과 같은 기본적인 본능을 충족하기 위해 사물을 이용하고 먹고 결과적으로 파괴한다. 이와는 대조적으로 소비주의는 그 사회 내의 개인과 분리되어 있는 액체 근대 사회의 특징이다. 소비주의는 결여(want)를 욕망(desire)으로 변화시킨다. 바우만이 볼 때, 상품화는 현대 사회에서 가장 중요한 추동력이다. 즉, 상품화는 사회의 재생산, 통합, 계층화, 자아 형성 과정을 뒷받침할 뿐만 아니라 개인과 집단의 자기 동일시 과정에서 중심적인 역할을 하는 힘이자 액체 근대의 삶 프로젝트를 틀 짓는 힘이다. 바우만은 루이 알튀세르(Louis Althusser)에 의지하여 액체 근대세계는 자신의 성원들에게 **말참견한다**고, 다시 말해 그들에게 주로 그들이 가진 소비자로서의 역량과 관련하여 말을 건다고 주장한다. 액체 근대세계는 소비주의적 라이프스타일과 삶의 전략을 조장하기만 하는 것이 아니다. 액체 근대세계는 소비주의 이외에는 사람들이 서로 관계 맺는 모든 대안적 방식을 사라지게 만든다. 따라서 소비주의를 성공적으로 이행하지 못한다고 인식되는 것은 가장 중요한 계층화 요소이자 포함과 배제 — 개인의 '사회적 가치'·자부심·자존감의 분배 — 의 가장 중요한 기준이 되어왔다.

교육 소비 역시 소비주의적 소명의 일부이다. 왜냐하면 성공적인 교육 성과가 궁극적으로는 시장이 제공하는 가장 바람직한 교육 서비스를 선택하는 것에 달려 있으며, 사람들은 개별적으로 습득한 소비 스킬을 이용하여 그러한 교육 서비스에 접근하기 때문이다. 교육 시장에서 실패한다는 것은 '결함 있는 소비자'라는 것이며, 그러한 소비자는 부적합한 사람 — 즉, 배제될 사람 — 의 지위를 차지한다. 액체 근대세계에서 저학력으로 인한 배제는 개인의 결함에 의해 발생한다. 그리고 가정 배경이나 부모의 영향 등 개인에 외재하는 그어떤 요인도 그러한 배제와 무관한 것으로 간주된다.

바우만은 예술가 바바라 크루거(Barbara Kruger)의 작품에 의지하여 액체 근대 소비자의 자아관을 "나는 쇼핑한다, 고로 존재한다"라는 모티프를 바탕으로 바라본다. 바우만은 나중에 2011년 영국에서 발생한 폭동에 대해 논평하면서, 액체 근대 소비주의에 참여하는 것을 부정당한 사람들은 정당한 방법으로 소비재를 추구하는 것이 달성할 수 없는 형태의 만족이었기 때문에 약탈을 선택했다고 주장함으로써, 그러한 입장을 더욱 강화했다. 바우만은 토트

넘 폭동(Tottenham riot)에 가담한 사람들이 상점을 약탈한 것은 자본주의에 분노해서가 아니라 그것이 단지 갖고 싶던 소비재를 잠시라도 손에 넣는 기회였기 때문이라고 시사한다.

액체 근대 사회는 자신의 해방적 이상을 상실해 왔고, 우리는 더 이상 우리 자신을 시민으로 여기지 않게 되었으며, 적극적 시민권은 더 많고 더 나은 소비 품목에 대한 끝없는 열정으로 대체되었다. 바우만은 소비문화와 액체 근대 세계에서 개인이 직면한 과제 간에 '상호 부합성(mutual fit)'이 존재한다고 주장한다. 소비는 사람들의 생물학적·사회적 생존 욕구를 충족시키는 기능을 하는 활동에서 "널리 확산된 욕망의 가소성과 변동성"을 충족시키기 위한 활동으로 바뀌게 된다.

과거에는 사람들이 과소비를 일종의 폭식처럼 도덕적으로 의심스러운 것으로 여겼던 것과 달리, 액체 근대인들에게서 소비는 기능적 속박으로부터 벗어나 있다. 액체 근대인은 자신의 소비 습관을 더 이상 쾌락 이외의 다른 것에 준거하여 정당화할 필요를 느끼지 않는다. 액체 근대세계에서 소비는 '필요(need)'를 충족시키는 것이 아니라 '욕망(desire)'을 넘어 '소망(wish)'을 충족시키는 것에 관한 것이다. 액체 근대 소비자에게 동기를 부여하는 것은 "소비하기라는 소비 욕망(consuming desire of consuming)"이다. 소비문화는 '당분간(until further notice)'이라는 속성을 가진다. 즉, 소유물은 오랫동안 자신의 매력을 유지하지 못하고, 새롭고 더 매혹적인 유혹에 넘어가고 만다. 액체 근대 상품에는 빠르게 진행되는 진부화가 내장되어 있다.

액체 근대인은 소비에 의지하여 자신들의 삶에 안정성을 제공한다. 소비는 인류 공동의 운명을 개인의 운명으로 변형시키는 문화를 만드는 데 일조한다. 바우만이 설명하듯이, 쾌락 추구는 액체 근대세계의 제한된 연대를 유지하는 가장 중요한 메커니즘이 되었다. 소비자는 모든 한계를 무시하고 자신의 욕망을 억제하지 않도록 부추겨진다. 고체 근대세계에서는 소비의 쾌락·오락 측면이 비합리적이라는 이유로 억제되었으나 이제는 소비 사회의 합리성이 그 사회의 개인화된 소비자의 비합리성 위에 구축되기라도 하는 듯이 부추겨지고 있다.

정체성의 형성은 바우만의 액체 전환 저술들에서도 핵심적인 관심사이다. 고체 근대세계에서 액체 근대세계로의 전환은 자아와 정체성에서 일어난 전환도 특징짓는다. 그리고 자아 형성은 공동체의 책임이 아니라 개인의 책임으로 여겨지게 되었다. 바우만은 자신은 한 사람의 사회학자로서 우리가 자아를 발견하고 정체성을 형성하는 사회적 환경에 주로 관심이 있지 개인의 '내면성'이나 자아가 '발생하는 장소'를 이해하는 데는 관심이 없다고 설명한다. 바우만은 정체성을 사회학에서 항상 수수께끼이자 도전 과제였던 어떤 것으로 기술한다. 바우만이 볼 때, A가 B에게 말을 걸 때 거기에는 대화하는 여섯 명의 사람이 존재한다. A는 B와 대화하고 있는 것일 뿐만 아니라 A가 B에 대해 가지는 이미지, B가 A의 이미지에 대해 가지는 인상, 그리고 B가 자신에 대해 A가 가지는 이미지에 대한 자신의 이미지 등등도 대화에 참여하고 있다. 바우만에서 자아는 하나의 '결정인자'이자 '산물'이고, 인간의 사적 소유물이자 인간의 상호작용과 사회성에 의존하는 어떤 것이다.

하지만 바우만은 자아실현이라는 개념에 대해 비판적이다. 그는 자아실현을 '신화'이고 신자유주의 이데올로기의 산물이라고 기술한다. 자아실현은 액체 근대세계에 사는 사람들의 삶에서 '운명'이 갖는 중요성을 감추는 개념이며, 특정한 개인을 그가 배제된 존재이고 프레카리아트(precariat)이며 '방랑자'로 인식된다는 이유로 비난하는 장치이다. 사람들은 자아실현을 '연기(performance)'하고자 할 수 있지만, 그것은 결코 진짜가 아니다. 바우만은 액체 근대 사회에서의 정체성 형성이라는 테마를 '아바타화(avatarization)' 또는 '가라오케(karaoke)'의 한 형태로 보는데, 이는 개인이 자신에 대한 하나의 환상적인 이미지, 즉 실제로는 다른 곳에서 온 다른 사람의 이미지를 제시한다는 것을 뜻한다. 이러한 정체성은 미리 디자인되고 대량 생산되어 시장에서 판매된다. 액체 근대 정체성은 레고 장난감이나 IKEA 가구와 같이 조각으로 구매하여 제공된 방법에 따라 집에서 조립된다.

정체성은 발견되는 것이 아니라 이용 가능한 자원으로부터 발명되어 구성되는 것이다. 글로벌화는 사회국가(social state)/복지국가의 붕괴와 그에 따른 불안감의 증가를 포함하여 일상생활에 부정적인 영향을 미치는 급진적이고 가역 불가능한 변화를 가져오는 일련의 과정이다. 미래는 액체 근대성 상태하에서보다 더 불확실하게 여겨졌던 적이 결코 없다. 액체 근대세계는 취약한 인간 유대, 통제할 수 없고 저지할 수 없는 위험, 불안정한 분위기를 유발한다. 액체 근대세계에서 사람들은 소수와 깊고 의미 있는 관계를 맺던 것을 다수와 얕고 피상적인 접촉을 하는 식으로 관계양식을 대체한다. 이러한 액화 과정은 사람들의 사회적 유대를 양가적인 것으로 만들고, 사회적·문화적·성적 정체성을 단명하고 불확실하게 만들어왔다. 액체 근대세계에 사는 사람들은 자신의 자아정체성에 무엇이 필수적이어야 하는지를 확신하지 못한다. 정체성과 관련한 이러한 양가성은 주변화·향수·인지 부조화의 느낌, 인지 갈등, 그리고 우리의 생각, 신념, 견해 속에서 나타난다.

'국가 정체성' 또는 국가적 소속감이라는 관념은 개개인의 경험에서 자연스럽게 생겨나는 어떤 것이 아니라 개인이 자아의 일부로 받아들이도록 강요받는 하나의 '허구'이다. 우리가 앞 장에서 살펴본 바와 같이, 바우만은 제2차 세계대전이 시작되기 직전에 폴란드에서 실시된 국가 인구조사를 통해 그 나라가 여러 종교, 언어, 관습으로 구성된 다민족 사회라는 사실이 밝혀졌다고 설명한다. 전쟁이 끝나자 폴란드 정부는 강제 동화와 폴란드 정체성으로의 개종 과정을 통해 국가를 통합하려고 각고의 노력을 기울였다. 국가 정체성은 영토 내에서 한 아이가 태어날 때 주어지는 '자연적인' 것으로 가정되지만, 다른 정체성과 달리 국가에 대한 의심할 여지없는 충성심, 의무, 순응을 요구한다. 이는 국가는 통치자와 동일한 정체성을 가진다는 의미의 라틴어인 "쿠이우스 레지오 이우스 나티오(Cuius Regio Eius Natio)"라는 국가 정체성 원칙에 의거한다. 국가는 이 원리를 국가의 경계 설정, 구획, 배제의 과정을 뒷받침하기 위해 이용한다. 이 과정은 폴란드 주민들에 의해 보편적으로 받아들여지지 않았다.

액체 근대세계에서 글로벌화는 애국심을 전혀 필요로 하지 않으며, 따라서 쿠이우스 레지오 이우스 나티오의 원칙이 폐기될 정도로 그 원칙을 훼손한다. 따라서 정체성은 사회적 기반의 일부를 상실하고, 그리하여 어떤 사람의 '자연적' 속성이나 그 사람을 규정하는 속성으로 이해되는 것이 아니라 적극적인 동일시 과정의 하나로 이해된다. 액체 근대세계에서 사람들은 끊임없이 이동하고 삶의 과정은 일련의 단명한 프로젝트로 쪼개진다. 그리고 액체 근대 자아의 중심적인 측면 중의 하나는 쉽게 분리될 수 있다는 것이다. 이러한 상황에서는 고정된 정체성은 더 이상 필요하지 않다. 액체 근대세계에서 정체성은 꿈과 악몽 사이를 오간다. 정체성의 꿈은 인정받는 것이고, 악몽은 자신이 선택하지 않은, 고정적이고 매력적이지도 않은 강요된 정체성을 짊어지는 것이다. 하나의 통일되고 일관된, 그리고 확고하게 고정된 구성된 정체성은 우리의 선택 능력을 제한하는 하나의 짐으로 인식된다. 사람들은 정체성과 함께 따라오는 안정감을 갈망하지만, 액체 근대세계에서 애국심을 조장하는 사람들은 스포츠 프로모터와 기념품 산업뿐이다.

동일시는 액체 근대세계에서 계급이 형성되거나 계층화가 일어나는 과정에서도 강력한 역할을 한다. 한편으로 글로벌 질서의 최상위에 있는 사람들은 자신의 정체성을 마음대로 발명하거나 편집하고 버릴 수 있다. 글로벌 질서의 최하층에 있는 사람들은 타인에 의해 강요된 정체성을 가지기 때문에 정체성의 선택이 제한된다. 낙인찍힌 정체성을 강요하는 것은 액체 근대세계에서 사회적 배제를 경험하는 데서 중요한 역할을 한다. 낙인찍힌 정체성은 원치 않은, 매력적이지도 않은, 그리고 이미 버린 과거 정체성의 잔재로부터 구성된다. 하지만 액체 근대세계에 사는 우리 모두는 배제의 위험을 두려워한다.

액체 근대세계의 최하층은 강요된 낙인찍힌 정체성을 벗어난 정체성을 주장할 권리조차 거부당하는 위치에 있다. 최하층은 개성을 부정당하는 경험을 하며, 사회질서의 가장 밑바닥에 있는 공간으로 다른 사람들의 눈에 띄지 않게 추방된다. 학교 중퇴자, 복지급여로 살아가는 미혼모, 마약 중독자, 노숙자, 거지, 그리고 무엇보다도 무국적 난민이 그러한 사람들이다. 이들은 모두 '쓰레기 인간' 또는 상파피에(sans-papier) — 즉, '배제된 사람' 가운데서도 '배제된 자'가 된 불법체류자 — 로 여겨진다.

바우만이 볼 때, 운명은 개인에게 깊숙이 침투하여 우리가 영향력을 행사할 수 없는 '외계의 힘'으로 경험되며, 우리의 삶의 기회를 조작하고 진정한 자기 생산과 자기주장을 훼손하는 방식으로 작동하는 일단의 내면화된 경향 또는 성향으로 자신을 드러낸다. 액체 근대세계에서는 불확실성으로 인해 발생하는 불안이 개인의 문제로 경험되고, 소비자의 무능력으로 인해 발생하는 '새롭고 개선된' 공포가 소비의 전제 조건이 된다. 액체 근대 사회는 삶이 불안정한 사회로, 불연속적 소비에 대한 끊임없는 관심과 강요된 개인화를 통해 삶을 살아가는 사회이다.

인간 유대를 시장 측면에서 재정의하는 것은 결국 액체 근대인을 도덕적으로 '아디아포라적'이게 만든다. 사람들의 행위는 그 행위가 지닌 도덕적 내용의 측면에서 판단되는 것이 아니라 시장이 주도하는 목적을 달성할 수 있는 능력의 측면에서 판단된다. 액체 근대세계에 사는 사람들은 둔감한(blasé) 태도를 발전시키고, 타인의 문제에 무관심해진다. 그들은 더 이상 서로의 복리에 대해 책임 지지 않는다. 바우만이 소비주의와 복지국가가 서로 상충한다고 주장하는 것도 바로 이 때문이다. 아디아포라는 액체 근대세계 내에서 도덕적 책무를 해체하고 복리가 기반하는 윤리적 틀을 약화시킨다.

액체 근대인은 소비 행위를 통해 행복을 얻기를 기대하며, 불행을 경험하는 것은 죄 형태의 일탈 또는 범죄 같은 것으로 여겨져서 불행한 소비자는 사회의 온전하고 정당한 성원이 될 자격을 박탈당한다. 소비를 통해 상품이 제공하는 것을 즐기고 행복해질 수 있는 능력은 액체 근대 사회에서 개인적 성공의 판단 기준이 되었다. 역설적이게도 액체 근대 사회는 그 성원에게 불만족을 유발하고 그로 인해 영구적인 불행을 낳는 능력 때문에 번성한다. 이러한 상태는 소비재를 시장에 출시한 후 가능한 한 빨리 폄하하고 평가절하하는 액체 근대 문화의 능력에 의해 만들어진다. 이처럼 액체 근대세계는 과잉과 낭비의 경제학에 기반을 두고 있으며, 소비주의는 속임수의 문화와 경제학에 기반을 두고 있다. 소비 사회에서는 유혹 그리고 상징적 자원에 대한 욕망이 억압을 대체한다. 액체 근대 문화는 심적 질환과 트라우마를 낳고, 그러한 근심을 해소하기 위한 형태의 소비 욕구를 계속해서 만들어낸다.

소비주의는 또한 액체 근대세계에서 섹스와 섹슈얼리티에 중대한 영향을 미친다. 왜냐하면 파트너, 특히 인생의 파트너는 상품 시장에서의 상품처럼 소비 사회에 딱 맞아떨어지지 않고, 중요한 타자들은 여타 소비 대상을 대하듯이 서로를 자기 마음대로 대하며, 낭만적인 파트너는 하나의 소비 대상의 지위로 전락하기 때문이다.

액체 근대 불평등

바우만은 2013년에 출간한 책 『소수의 부유함이 우리 모두에게 이익이 되는가(Does the Richness of the Few Benefit Us All)』에서, 계급체계의 최상위에 있는 사람들이 일자리 창출 과정에서 수행하는 역할로 인해 경제에 더 많은 기여를 하기 때문에 불평등이 정당화될 수 있다는 주장에 의문을 제기한다.

바우만은 그 책을 글로벌 불평등의 정도, 그리고 지위 하락 및 프레카리아트 계층으로의 전락에 직면한 사람들이 처할 수 있는 더 큰 잠재적 위험에 대해 자세하게 설명하는 것으로 시작한다. 바우만은 글로벌 불평등이 증가되고 있다고 주장하고, 각종 수치는 부자는 점점 더 부유해지는 반면 빈자, 특히 극빈자는 점점 더 가난해지고 있다는 주장을 뒷받침한다고 제시한다. 풍요한 나라들에서도 불평등이 더욱 뚜렷해지고 있으며, 그 결과 부자들은 자신들을 '게이티드 커뮤니티' 안에 차단해 놓기로 결정하고 공공 서비스에 참여하지 않음으로써 자신들을 사회의 나머지 부분으로부터 분리시킨다. 액체 근대세계는 부자와 빈자가 서로 접촉할 기회가 거의 없는 두 세계의 모습을 만들어낸다. 그러한 접촉의 결여는 부자와 빈자가 인간적인 접촉을 통해서가 아니라 고정 관념을 통해 서로를 바라보게 된다는 것을 의미한다.

바우만은 대니얼 돌링(Daniel Dorling)의 연구에 의지하여 불평등에 대한 믿음은 널리 받아들여지는 중첩되는 세 가지 '부정의 교의(tenets of injustice)'에 기초하고 있다고 주장한다. 첫째 교의는 불평등은 능력을 증진하고 보상하기 때문에 엘리트주의가 효율적이라는 것이다. 둘째 교의는 탐욕의 충족이 사람들로 하여금 성취감을 느끼게 하기 때문에 사회적 배제는 정상적이고 자연스러우며 필요하다는 것이다. [셋째 교의는_옮긴이] 자신이 성취하지 못했을 때 절망감을 느끼는 것은 당연하고 피할 수 없다[는 것이다]. 노동시장의 탈규제는 불평등을 심화시켜 인구의 일부 집단을 경제적으로 더 가난하게 만들고 그들의 삶을 점점 더 불안정하게 만들었을 뿐만 아니라 극심한 정신적 불안감과 만성적 불행을 낳았는데, 우리는 이를 그들의 자책감, 낮은 자부심, 낮은 자신감에서 찾아볼 수 있다. 국가는 능력주의를 조장함으로써 지속되는 불평등을 정당화한다. 이러한 능력주의의 조장은 경쟁에서 그리 성공하지 못한 사람들로 하여금 자신이 시장에서 거둔 저조한 성과에 개인적으로 책임이 있기 때문에 자신이 열등한 존재의 범주에 속한다고 느끼게 만든다. 바우만은 액체 근대세계에 사는 사람들은 스스로를 무엇보다도 소비자로 바라보도록 부추겨진다는 주장을 규칙적으로 반복한다. 소비 능력이 없는 개인은 낙인찍혀 즐거움이 없는 삶을 살아가는 것으로 여겨진다.

부정적인 글로벌화 과정은 신자유주의 혁명, 즉 자유롭게 이동하고 지리적으로 모든 지역에 침투하는 새로운 형태의 글로벌 자본주의, 다시 말해 수탈을 통한 착취 과정에 의해 스스로를 재생산할 수는 있지만 스스로를 개혁할 능력과 의지는 없는 '홉스적' 세계를 만들어냈다. 이는 글로벌 특권 계급이 주도하는 형태의 자본주의로, 이 특권 계급은 자신의 이익에 부합하는, 그리고 국민이 선출한 정부와 무관하게 국민의 경제적 복리에 직접적으로 영향을 미치는 의사결정을 한다. 글로벌 불평등의 양극화는 국민의 삶의 안전과 존엄에 부정적인 영향을 미친다.

국민국가는 자국을 자유로운 시장 활동, 이윤 창출, 자본 축적에 적합한 개방적이고 세금이 낮은 지역으로 제시하기 위해 '입지 경쟁(standortkonkurrenz)' 과정, 즉 탈규제와 민영화 과정에 참여한다. 국민국가는 자국 주권의 일부를 포기하고 예산의 균형을 맞추기 위해 이미 대부분 해체된 사회국가/복지국가 설비를 폐기한다.

액체 근대세계에서 사회국가는 시장 침체를 야기하는 핵심 요인으로 간주된다. 정부는 세금을 줄이고 취약한 사회 성원에 대한 약속을 뒤로 미룰 것을 권고받는다. 사회 성원들을 빈곤으로부터 보호하는 것은 정치적 문제가 아닌 개인적인 문제로 재조명된다. 자본은 이윤 창출이 초래하는 부정적 결과로부터 사람들을 보호해야 한다는 윤리적 관심에서 해방된다. 그 결과 소비자 세계에서 쓸모없는 '잉여 인간'이 생겨난다. 이러한 상황하에서 복지급여 체계에 대한 인식도 일련의 권리에서 자기 가치 결여의 표시로 바뀌고, 빈곤과 배제는 범죄성의 지표가 된다. 바우만에 따르면, 액체 근대세계에서는 '잉여 인간'과 '범죄자' 간의 경계가 희미하다. 그리고 두 집단 모두 '불안정화(precarization)'의 추세에 휩쓸려 있고, 반사회적 의도에 의해 동기가 부여된 것으로 간주되기 때문에 안전에 위협이 되는 존재로 간주된다. 바우만에 따르면, 사회국가가 안전국가(security state)로 전환되며, 이러한 전환과 함께 위험한 계급으로 분류된 사람들이 재등장한다. 위험한 계급은 일시적인 불행에 직면한 사람들로 간주되는 것이 아니라 소비사회에 통합되는 데 적합하지 않은 영구적으로 배제된 인구 분파로 간주된다.

이처럼 액체 근대세계는 여전히 사람들이 계급 성원 자격에 준거하여 분류되는, 계급에 기초한 사회로 남아 있다. 최하층의 일원으로 기술된다는 것은 사회 밖에 있는 존재로 여겨진다는 것, 즉 사회 '안'에 있지만 그 사회'의' 완전한 성원은 아닌 것으로 간주된다는 것을 의미한다. 빈민과 배제된 사람들은 원하지도 않고 필요하지도 않은 '잉여 인구'이며, 조정되지 않는 소비주의적인 이익 중심적 사회 — 이러한 사회에서는 사회적 불평등 문제를 해결하는 것은 더 이상 정치적 의제가 되지 않는다 — 의 '부수적 피해자들'이다. 배제된 사람들은 자신들의 주변성 때문에 '부수적'인 존재로 간주되며, 그들은 변화하는 소비 트렌드와 시장의 유혹에 대응할 능력이 없기 때문에 중요하지 않은 존재로 치부된다. 따라서 부수성(collaterality)은 자신들의 문제와 관심사가 정치적 의제에서 벗어나 있는 사람들이 느끼는, 자신들이 쓰고 버려질 수 있다는 느낌에 의해 특징지어지는 주변성의 한 형태이다.

우리가 살펴본 바와 같이, 액체 근대세계에서 복지국가/사회국가는 점차 해체되고 있다. 바우만은 '사회국가'라는 용어를 선호하는데, 왜냐하면 이 용어가 단지 배제된 사람들에 대해 재정적 지원을 하는 것을 넘어 모든 사람을 하나의 국가 내에 포함시키고자 하는 공동체 내부의 동기를 반영하기 때문이다. 액체 근대세계는 사회국가가 아닌 사사화된 국가로, 그 안에서 개인들은 글로벌화의 부정적인 힘에 의해 발생하는 문제에 대한 해결책을 스스로 찾아야 한다. 바우만은 사회국가에서 안전국가로의 전환에 대해 개관한다. 바우만은 인간은 결코 자연을 지배할 수 없으며, 따라서 사람들은 항상 불안전감을 느끼고 그것을 의식하며 살아야 한다고 설명한다. 사회국가는 고용주와 동료노동자 모두의 경제적 자원을 포함하는 보호 네트워크로, 사회에서 기인하는 형태의 불행에 대해 공적 보호를 제공한다. 국가는 한 가정의 주요 임금 소득자의 사망, 만성 질환, 또는 실업과 같은 사건이 발생하여 보호와 지원이 필요한 사람들에게 급부 형태로 집단적 공적 보험을 제공했다. 경제적 재분배는 사회국가를 뒷받침했다. 국가의 탈규제와 민영화는 국가로 하여금 연대를 유지하는 일에서 물러나게 한다. 이제 버림받은 개인은 자신의 제한된 자원을 가지고 자신의 불행에 스스로 대처해야 한다.

특히 이주자들은 개인의 안전과 무사에 위협이 되는 존재로 여겨진다. 액체 근대세계에서 통치는 새로운 형태의 고압적 치안과 이민 통제를 정당화하는 '이주-범죄-안전' 연속체에 뿌리를 두고 있다. 글로벌 갈등과 '새로운 세계적 무질서'로부터 안전한 장소를 찾는 강요된 이주민과 난민은 인간성을 박탈당하고 법의 보호 밖에 위치되어 인간 이하로 취급되는, 호모 사케르(homo sacer)로 취급된다.

마지막으로, 액체 근대세계에서는 문화의 본질과 내용에서 중대한 변화가 있었다. 바우만은 '손안에 있는(zuhanden)' 것 — 개조해야 할 어떤 것으로서의 세계(즉, 계발과정)에 대한 우리의 관심 — 과 '눈앞에 있는(vorhanden)' 것 — 우리의 목적을 위해 존재하고 그 목적에 부합하는 것 — 이라는 하이데거의 개념에 의지하여, 유럽인이 된다는 것이 무엇을 의미하는지에 대한 합의는 없지만, 문화를 인간 세계가 암흑기에서 벗어나는 데 이용할 수 있는 도구 또는 활동으로 사용한 것은 유럽인이었다고 주장한다. 유럽인들은 주어진 물리적 세계로서의 자연과 사람들이 자기 발견의 여정의 일부로 개조한 세계로서의 문화를 구분했다. 유럽인들에게 세계는 하나의 관심의 대상이 되었고, '문화'는 '계발하는(culturing) 문화'가 되었으며, 문화 자체가 문화 활동의 하나의 대상이 되었다. 문화는 하나의 활동이었으며, 문화의 목적은 사물의 질서에 의문을 제기하고 그 질서를 더 나은 방향으로 변화시키는 것이었다.

바우만은 신자유주의를 액체 근대세계에서 사람들을 '세뇌'하는 이데올로기적 또는 헤게모니적인 탈규제 철학으로 정의한다. 액체 근대세계 내에서 개인화 과정은 일상생활에서 모든 사람이 악에 널리 참여하는 것을 가능하게 만들어왔다. 바우만은 액체 근대세계에서 개인은 사회적 문제에 대해 개인적으로 해결책을 찾을 것으로 기대받는다는 주장을 재검토한다. 액체 근대세계는 액체 악이 야기하는 액체 공포를 발생시킨다. 바우만은 국가 기능을 시장에 아웃소싱하거나 위탁하는 민영화는 본질적으로 국가가 정치적 문제에 대한 책임을 개인에게 전가하는 것이며, 자신이 '액체화된' 형태의 사회악으로 기술하는 것의 주요 원천을 이룬다고 주장한다. 바우만은 악은 액체 근대세계의 구조에 내장되어 있으며, 민영화는 악행을 조장하는 동시에 자신들에게 자행되는 악한 행위에 대한 사람들의 저항 능력을 저하시킨다고 주장한다. 악은 유기체를 건강한 상태로 유지시키면서도 몸에서 제거할 수 있는 종류의 암과 다르다. 오히려 이 암은 유기체가 정상적인 기능을 수행하도록 하기 위해서는 제거할 수 없다. 바우만은 액체 악을 감염으로부터 신체를 방어하는 면역 체계를 공격하는 백혈병으로, 다시 말해 사회적 몸(social body)에 이 혈액암처럼 작동하는 질병으로 기술한다. 액체 근대세계에서 악은 정당화를 필요로 하지 않는다.

액체 근대 문화는 타자의 곤경에 대한 어떠한 개인적 또는 집단적 책임 관념도 제거한 비도덕적인 문화이다. 아디아포라화는 액체 근대세계 내에 가치론적 중립화(axiological neutralisation)를 가져온다. 다시 말하면, 액체 근대세계에 사는 사람들은 사고와 행동 모두에서 윤리적으로 중립적이 된다. 액체 근대세계 내에서는 그 어떤 것도 그리고 그 누구도 특정 형태의 도덕적 또는 종교적 평가의 대상이 되지 않는다. 우리의 도덕적 행위 충동은 잠들어 버리거나 부적절한 것으로 정의된다. 빈자와 배제된 사람들은 부자에게 미움을 받는 것이 아니라 무시당하고 대수롭지 않게 취급되고 '부수적 피해자'로 치부된다. 배제된 사람들은 새로 출현하고 있는 어스테리아트(austeriat, 내핍생활자)의 일부로 정의된다. 어스테리아트란 부자들에 의해 어떤 유용한 목적에도 기여하지 않는 존재로 간주되는 소외되고 궁핍화된 비인간을 지칭한다.

레트로토피아

바우만의 마지막 저서는 2017년에 출간된 『레트로토피아(Retrotopia)』이다. 레트로토피아는 토머스 모어(Thomas More)의 유토피아 개념에서 파생된 용어로, 바우만은 이 용어를 우리 인간이 궁극적으로 완벽을 이룰 수 있다는 관념을 부정하는 데, 그리고 그 관념을 어떠한 사회적 변화도 원하지 않는 욕망으로 대체하는 데 사용한다. 사람들은 부정적인 글로벌화의 힘에 의해 자신의 삶이 쓸모없는 것으로 평가되어 자신이 프레카리아트로 내몰리지는 않을까 하여, 미래를 두려워하게 된다. 어쩌면 그들은 쓰레기 삶을 살아가는 것으로 평가받는 사람, 즉 남의 희생으로 살아가는 사람이 되고 있을 수도 있다. 사람들은 사회변화가 가져오는 문제를 집단적으로 누그러뜨릴 수 있는 능력에 대한 믿음을 잃었다. 개인은 그가 가지고 싶은 소비재에서 발견되는 것과 동일한 속성을 가지는 것으로 간주된다. 액체 근대세계는 사람을 사용 후 버리는 자원으로 간주하는 일회용 문화에 의해 특징지어진다. 액체 근대세계는 착취와 억압에 의해 특징지어지지 않으며, 배제된 사람들은 더 이상 사회의 일원이 아니라 권리를 박탈당한 버려진 아웃사이더로, 즉 그들이 없다면 사회가 더 나아질 수 있는, 우리가 원하지도 않고 필요로 하지도 않은 개인으로 간주된다.

사회변화는 안전과 자유에 대한 위협으로 인식되어 왔고, 미래에 대한 공포와 '향수 에피데믹(nostalgia epidemic)' 현상이 일고 있다. 우리는 이러한 현상을 (안정적인 고체 상태로 돌아가고 싶어 하는 욕망에 뿌리를 둔) 레트로토피아적인 감상과 관행에 기초한 우리의 유산 소비(consumption of heritage)에서 찾아볼 수 있다. 밀레니얼 세대는 자신의 미래의 사회적 지위가 부모 세대의 사회적 지위보다 더 나빠질 것임을 두려워하는 세대이다. 미래에는 사람들로 하여금 출세할 수 없게 만드는 더 큰 불평등과 새로운 형태의 박탈감, 즉 바우만이 '협상할 수 없는 운명'으로 기술한 것이 닥쳐올 것으로 가정된다. 거기에는 향수와 함께 "부족으로 회귀하고 싶어 하는" 감상이 존재한다. 즉, 사람들은 공동체로부터 혜택을 받기를 원하지만 개인의식은 잃지 않고 그렇게 하기를 원한다. 사람들은 공동체와 인간의 함께함으로부터 독립되기를 원하지만 또한 개인으로 구성된 사회에 소속되기를 갈망한다. 이처럼 많은 사람이 현재의 삶에 대해 심히 불만족하고 과거를 재현하고 싶어 한다.

액체 근대세계에서 발생하는 '부족으로의 회귀' 감상은 '이방인'과 '눈에 띄게 이국적인' 외국인에 대한 새로워진 적대감에서 배어나며, 그러한 적대감이 이웃과 지역 문화를 보호하려는 근시안적 정치를 뒷받침하고 있다. 분노의 정치는 도널드 트럼프(Donald Trump)의 미래 비전에도 반영되어 있었다. 그는 보다 안전한 인종 경계를 둘러치기 위해 벽을 쌓고 있다. 과거는 안전지대를 제공한다.

외로움, 파편화, 고립은 액체 근대세계에서 겪은 삶의 경험에 확고하게 터하고 있다. 외로움에 대한 가장 기본적인 해독제는 두 당사자로 이루어진 도덕적 집단(moral party of two)이 되는 것인데, 이 상태는 액체 근대세계에서는 낭만적 사랑이 인기를 잃고 한물갔다는 것을 뒷받침한다. 함께함은 인간이라는 것의 일부이자 인간이 함께 있지 않음을 의미한다. 외로움에 대한 공포는 우리의 삶의 경험에서 현실이 되고 있다. 사랑은 행복을 보장하지 않으며 행복을 위한 비책도 아니다. 하지만 사랑이 없으면 행복은 외국과 같은 것, 즉 당신이 친숙하지 않은 상태인 미지의 세계(terra incognita)가 된다.

액체 근대 친밀성과 성적 아디아포라

바우만은 고체 근대세계와 액체 근대세계 모두에서 섹슈얼리티는 기본적으로 개인의 생물학적 체질에 내재된 '자연적' 현상으로 이해되어야 한다고 가정한다. 이런 의미에서 섹슈얼리티는 '자연'의 영역과 도덕적 책무의 범위 내에 위치한다. 바우만은 액체 근대 섹슈얼리티를 찬양하지 않는다. 바우만은 액체 근대 섹슈얼리티도 본질적으로 아디아포라적이라고 주장한다. 바우만에 의하면, 섹스와 섹슈얼리티의 관행을 뒷받침하는 쾌락과 욕망 추구의 관행은 일부 범주의 사람을 도덕적 주체로 바라보지 않고, 따라서 그들은 도덕적으로 둔감한 것으로 취급된다. 사람들이 성적 영역에서 소비자로서 액체 근대적인 성관계를 맺을 때, 그들은 타자를 자신들의 본질적인 가치와 관련하여 바라볼 수 있는 능력을 상실한다. 액체 근대 개인들은 타자에 대한 관심을 상실해 왔다. 액체 근대 개인들은 자신이 다른 사람들과 맺는 관계를 행위의 도덕적 내용의 측면에서가 아니라 타자로부터 쾌락을 얻을 수 있는 능력의 측면에서 정의한다.

바우만은 액체 근대세계 내에서 규제받지 않는 강렬한 개인주의에 뿌리를 둔, 그리고 외적 제약이 전혀 존재하지 않는 소비 중심적인 아디아포라적 성 자유가 등장해 왔다고 주장했다. 바우만은 섹슈얼리티를 사사화되어 온 사회적 삶의 영역, 즉 국가가 규제를 철회해 온 사회적 삶의 영역의 하나로 규정했다. 섹슈얼리티 역시 비인간화를 초래하는 신자유주의의 영향하에 놓였다. 신자유주의는 정신을 좀먹는 형태의 개인주의에 뿌리를 두고 있는 모든 사람에게 성적 자유를 가져다주었다. 섹스는 매혹적인 자원, 즉 상품의 일종이 되었고, 성관계는 도덕에서 벗어나 있는 것이 되어왔다. 액체 근대 문화 내에서 성행위를 하는 유일한 동기는 그 자체로 하나의 목적으로서의 오르가즘을 더 강하고 만족스럽게 느끼고자 하는 욕망이다. 액체 근대세계에 사는 사람들은 성관계에서 얻을 수 있는 단기적인 쾌락에 집중한다. 가장 바람직한 관계는 즉각적인 만족을 제공하고 쉽게 들어가고 나갈 수 있는 관계이다. 이상적인 성적 접촉은 달콤하고 단명한 그리고 단명하기 때문에 달콤한 '탑 포켓 관계 (top pocket relationships)'로 간주된다. 그 이상으로 지속되거나 구속력이 있는 어떤 것은 잠재적으로 억압적인 것으로 간주된다. 개인은 성적 존재로서 행동할 때는 어떠한 도덕적 행위 능력도 행사할 수 없다. 우리는 더 이상 친밀해지고 싶지 않은 사람이 (새롭고 더 섹시한 휴대전화가 나왔을 때 우리의 구형 휴대전화가 불평하지 않는 것과 동일한 방식으로) 불만이나 감정 없이 우리의 거절을 조용히 받아들이기를 바라고 기대한다.

결론

요약하면, 액체 근대세계는 종래의 구조가 더 이상 유효하지 않지만 아직 새롭고 개선된 사회제도들이 고안되어 자리 잡기 이전인, 새롭지만 불확실한 역사의 시기이다. 바우만은 그람시에 의지하여 액체 근대 시기를 현대의 인터레그넘으로 규정하고, 그 상황을 살아가는 사람들이 겪는 세 가지 모습을 식별한다. 첫째, 사람들은 상황에 대한 무지로 인해 어려움을 겪는다. 이는 사람들에게 무력감을 낳는다. 즉, 사람들은 무엇을 해야 할지 또는 어떻게 해야 할지 모른다. 이러한 무력감은 부족하다는 느낌을 낳는다. 이러한 부족감은 자신감 상실과 굴욕감에 뿌리를 두고 있다. 바우만에게 인터레그넘은 과도기적 상태이다. 그는 액체 근대성의 시대에는 사람들이 현재 사회변화의 길 끝에 무엇이 있는지를 모르기 때문에 자신이 이 용어를 선택했다고 설명했다. 사람들은 액화 과정과 관련하여 자신이 무엇을 좋아하지 않는지를 알고 있고 또 무엇을 제거하고 싶은지를 알고 있지만, 우리가 그 자리에 어떤 종류의 더 나은 사회가 자리하기를 원하는지는 알지 못한다.

액체 근대세계는 관료제적 권위와 통제가 느슨해지는 것을 특징으로 한다. 즉, 합리적이고 질서정연하며 예측 가능한 사회질서가 무너지기 시작하면서 액화가 나타나기 시작했다. 사람들은 고체 근대국가가 잠재적 위협을 식별하고 그 위협에 효과적으로 대처할 수 있는 능력에 의문을 가지기 시작했다. 액화를 보여주는 첫 징후가 바로 권력과 정치의 분리였고, 고체 국민국가의 권력 대부분은 그러한 국가의 통제력 또는 심지어 영향력을 넘어서는 글로벌 흐름 속으로 '증발'했다. 가장 극적으로는, 소련의 사회공학 실험이 붕괴한 것은 바우만이 보기에 무엇보다도 고체 근대성의 종말을 알리는 신호였다.

바우만의 액체 근대성에 관한 연구에서 반복되는 테마 중 하나가 부정적인 글로벌화가 국가 주권에 영향을 미쳐 정치와 국가 권력 간의 관계를 약화시킨다는 것이다. 치외법권적 도전에 직면한 국민국가는 민영화와 탈규제를 통해 자신의 기능을 시장 세력에 '위탁'하기 시작한다. 액체 근대세계는 국가가 공동의 안전을 제공하여 개인을 보호하는 등의 모든 형태의 집합적 조치와 사회적 책임에서 이탈하는 것을 특징으로 한다. 액체 근대 문화는 몰도덕적 형태의 액체 개인화를 중심축으로 하여 진척된다. 액체 근대세계에서는 배제되어 고통받는 개인들이 거의 보호되지 않는다. 새로운 불안과 불확실성의 상태가 나타나고, 이것이 사회변화에 대한 공포와 미래에 대한 공포를 낳는다. 바우만이 볼 때, 문화를 읽어내고 이해하는 가장 좋은 방법은 언어를 통하는 것이다. 그리고 바우만은 2001년에 책으로 출간된 키스 테스터(Keith Tester)와 나눈 대담문집에서 문화를 미래를 재단하는 칼로 기술한다. 문화는 상황을 현재의 작동방식과 다르게 만드는 것, 즉 미래를 현재의 상황과 다르게 만드는 것과 관련된 것이다. 액체 근대세계에서 사람들은 두려움과 싸울 수 있는 능력을 상실해 왔다. 미래는 당연한 것으로 간주될 수 없으며, 반전된 유토피아 또는 유토피아의 전도로 이해된다. 미래에 대한 공포는 새로운 혐오와 민족주의의 정치를 낳는 데 일조한다. 사람들은 가족 및 친밀한 관계가 약화된 결과 외로움이 점점 더 증가하는 것을 경험한다. 부와 소득의 분배는 더욱 양극화된다. 그리고 국가가 '인간쓰레기' ─ 즉, 자신의 능력 부족으로 인해 빈곤과 불평등을 자초한 사람들 ─ 로 여겨지게 된 배제된 사람들의 복리에 대한 책임을 포기하기 때문에 소수자를 포함한 배제된 사람들의 지위는 점점 더 불안정해지고 있다. 바우만 자신이 액체 근대세계에서 사람들은 안전한 미래에 대한 모든 희망을 버릴 준비가 되어 있어야 한다고 독자들에게 단테식의 말투로 설명하는 것에서 볼 수 있듯이, 바우만의 액체 근대적 전환에는 일반적으로 종말론적인 논조가 자리하고 있다.

제7장

포함과 배제

바우만은 근대세계에서 사회질서를 추구한 것이 경계와 배제 관행을 창조하는 것으로 이어지고 근대성은 억압적인 사회적 관행과 연관되어 있다고 주장한다. 바우만에서 근대성은 상징적·문화적 경계 또는 질서의 생산에 관한 것이며, 질서의 유지는 원예 국가가 수행하는 중심적인 역할이다. 근대성은 '질서에 대한 의지(will to order)'를 포함하고 있으며, 따라서 근대 프로젝트는 무질서와 양가성을 근절하기 위해 노력하는 것이다. 근대성은 내부자와 외부자 사이에 경계를 그어 현지인의 정체성을 강화하는 동시에 이방인을 악마화하는 것에 관한 것이다. 바우만은 현대 사회에서 윤리를 새롭게 정립해야 한다는 호소로『근대성과 홀로코스트』를 마무리한다. 이마누엘 칸트(Immanuel Kant)가 제시한 '내 안의 도덕법칙(moral law inside me)'에 대한 가정은 바우만의 세계관에서 중심을 이룬다. 바우만은 이 가정을 인간 조건의 다른 모든 중요한 측면이 중심축으로 삼는 가장 중요한 사상으로 기술한다. 우리는 이 장에서 바우만의 윤리적 저술을 요약할 것이며, 에마뉘엘 레비나스, 크누드 아일러 뢰그스트루프(Knud Ejler Løgstrup), 마르틴 부버(Martin

Buber)가 그러한 저작에 미친 영향을 개관하는 데 초점을 맞출 것이다. 이 장은 바우만의 사회적 포함 개념에 대해서도 논의한다. 바우만의 사회적 포함 개념은 "타자와 **함께** 그리고 타자를 **위해** 존재하는(being with and for the Other)"이라는 레비나스의 개념과 '타자에 대한 책임'에 관한 뢰그스트루프의 이해에 대한 바우만의 세속적 독해에 뿌리를 두고 있다. 이 장은 바우만의 사회적 포함에 대한 이해를 뒷받침하는 관념인 '개종 충동(urge to convert)'을 개괄하는 것으로 마무리될 것이다.

바우만은 『근대성과 홀로코스트』에서 개인은 자신이 취한 행위의 결과에 대한 책임이 개인이 아니라 제도에 있다고 보기 때문에 자신은 죄가 없다고 본다고 주장한다. 아렌트가 볼 때, 아이히만의 경우에 그는 상상력을 발휘하지 못했고, 그의 초점은 도덕적 목적보다는 관료제적 목적을 달성하는 데 맞추어져 있었다. 그리고 아이히만은 자신이 관료제적 목적을 달성하는 데 성공했다는 이유로 자신을 선량한 시민으로 정의했다. 근대세계에 사는 사람들은 무관심해지고 무심해진다. 다시 말해 "우리의 관심의 대상이 아닌" 사람들의 운명에 대해 생각하지 않는다. 아렌트에게 사고한다는 것은 타자의 입장에서 세상을 바라보는 것이다. 아렌트는 아이히만과 극명하게 대조를 이루는 사례로 리투아니아에서 복무하던 독일군 하사관 안톤 슈미트(Anton Schmid)가 1942년 3월에 명령을 거부하고 유대인들에게 위조된 신분증을 제공하여 처형된 것을 제시했다.

아이히만은 자신의 행동이 효율적이고 생산적이라는 이유로 자신의 행동을 정당화했지만, 자신이 이송하는 개인에 대해서는 전혀 책임을 느끼지 않았다. 하지만 아렌트나 바우만의 관점에서 볼 때, 아이히만과 같은 괴물만이 죄인인 것은 아니었다. 헤르만 브로흐(Hermann Broch)는 오스트리아계 유대인 작가이자 문화 비평가로, 1938년 나치 체제를 탈출하여 미국으로 이주했다. 그의 중심적인 관심사는 문화의 역할과 개인과 더 넓은 사회 간의 관계에 대한 이해를 발전시키는 것이었다. 1950년에 출간된 그의 단편 소설집 『죄 없는 사람들(The Guiltless)』은 나치 시대를 소설화한 분석이다. 이 이야기에서 브로흐는 히틀러의 독일 내에서 세 부류의 중심적인 집단 — 즉, 적극적인 범죄자 나치, 적극적인 반(反)나치, 그리고 죄와 무죄라는 두 극단 사이에 서서 자신을 '죄 없는 사람'으로 여기는 사람들의 대규모 집단인 미트로이퍼(Mitläufer) — 을 확인했다. 이 미트로이퍼 집단에 속하는 인물 중 어느 누구도 이데올로기적 또는 도덕적 이유로 나치를 지지하지 않았으며, 자신들의 행위를 뒷받침하는 어떠한 정치적 동기도 가지고 있지 않았다. 이 인물들은 히틀러의 독일에서 벌어진 사건들에 대해 자신과는 관계없는 주변적인 중요성만 지니는 것으로 여겼다. 홀로코스트 희생자들의 곤경에 대한 윤리적 무관심을 뒷받침하는 것이 바로 이러한 정치적 무관심이다. 브로흐의 입장에서 볼 때, 자신이 제시하는 인물들의 사상은 "애매하고 모호하며", 나치즘의 길을 닦은 것은 바로 계발된 무지, 정치적 무관심, 그리고 이러한 '죄 없는' 죄이다. '죄 없는 사람들'이라고 해서 '무죄인' 것은 아니다. 그들은 단지 법적으로 유죄로 기소되지 않았을 뿐이다.

바우만이 에마뉘엘 레비나스의 철학에서 취한 것은, 도덕적 책임은 우리가 타자와 **함께**할 수 있기에 앞서 타자를 **위해** 존재하는 것을 포함한다는 관념이다. 이 입장은 이후 바우만의 도덕과 윤리에 관한 저술에서 중심을 차지하게 되었다. 바우만이 윤리학에 기여한 점 중 하나는 그가 윤리와 도덕을 명확하게 구분한 것이다. 도덕은 개인이 옳고 그름을 구분하는 것과 관련하여 인간의 사고, 감정, 행위가 갖는 특성과 관련되어 있다. 반면 윤리는 문화에 내장된 규칙, 규범, 기준으로 이루어진다. 바우만의 관점에서 볼 때, 사회학자들은 사회가 악을 방지하고 양가성을 없애기 위해 고안된 도덕규범을 제공한다고 잘못 가정해 왔다.

바우만은 모든 개인이 도덕적 충동을 가지고 있으며, 이 충동은 근대세계 내의 사회과정에 의해 손상되거나 제약을 받는다고 가정한다. 따라서 윤리는 그 초점을 비양가적이고 비아포리아적인(non-aporetic) 규범을 따르게 하는 것에 맞춘다. 다시 말하면, 근대세계에서 윤리는 삶을 어떻게 살아야 하는지에 대한 모호한 규범에 기초하는 것이 아니라, 어떠한 철학적 이의도 제기받지 않고 도덕적 딜레마에 대해 명확한 해결책을 제시하는 규범에 기초한다. 도덕은 전(前)사회적이며 의도나 인간의 주체적 행위 능력과 무관하게 존재한다. 바우만은 개인은 사고하기 이전에 도덕적이며, 이것이 자아가 맞이하는 최초의 현실이라고 시사한다. 바우만이 볼 때, 도덕은 포함과 배제의 문제를 중심으로 전개되며, 포함은 세상을 도덕적으로 만드는 것을 임무로 하지만, 놀랍게도 『근대성과 홀로코스트』의 중심 테제를 살펴보면, 배제 행위가 모든 사회구성체를 유지하는 데서 핵심을 차지한다.

바우만이 윤리학에 기여한 또 다른 점은 그가 근대성 비판을 출발점으로 삼았다는 것이다. 바우만은 후기 저술에서는 자신이 『근대성과 홀로코스트』에서 개관한 것과는 또 다른 수준의 의미와 중요성을 아디아포라화에 추가했다. 아디아포라화는 타자의 무관련성에 기초하여 새로운 형태의 배제의 토대를 형성한다. 이 새로운 발전에서 타자는 혐오나 분노의 대상이 아니라 (자신의 미래에 영향을 미치는 결정에 타자가 직접적으로 관여하지 않기 때문에) 무관심의 대상이 된다. 즉, 타자는 전혀 주목받지 못하고 방치된다. 타자는 정책을 설계할 때 고려되지 않고, 캠페인과 정책에서 '부수적 피해자'의 범주로 밀려난다. 바우만은 동료 인간 존재를 '부수적 피해자'로 취급하는 관념을 액체 근대적으로 '세계 속에 존재하는' 양식에 내장된 '악'의 한 형태로, 보다 구체적으로 표현하면 타자를 쓸모없는 존재로 취급하는 것을 핵심 무기로 이용하여 타자를 무시의 피해자로 만드는 형태의 악으로 기술한다.

이러한 형태의 액체 악은 탈규제, 유포, 민영화라는 세 가지 핵심적 구성 요소의 산물이며, 그러한 요소들이 하나의 맥락이 되어 모든 사람으로 하여금 그러한 악을 받아들이게끔 사회화하고 조건 짓고 있기 때문에 더 이상 정당화를 필요로 하지 않는다. 이처럼 액체 악은 신자유주의적 개인화 과정에 뿌리를 두고 있으며, 이는 결국에는 자신에 대한 관심의 사사화와 개인화로, 그리고 현대 사회적 삶의 사회조직에 내장되어 있는 타자에 대한 책무의 폐기로 이어진다.

앞서 시사했듯이, 바우만은 액체 악에 대해 이미 신체의 정상적인 기능의 일부가 되었기 때문에 사회유기체의 나머지에 큰 피해를 주지 않고는 제거할 수 없는 수술 불가능한 암과 같다는 점에서 백혈병적인 것으로 묘사한다. 액체 악은 정상적인 기능과 생존에 없어서는 안 되는 요소이다. 이 수정된 아디아포라화 개념은 강요된 이주와 관련된 배제에 대한 바우만의 이해에서, 그리고 고체 근대세계, 탈근대세계, 액체 근대세계에서 이방인이 차지하는 위치에 대한 바우만의 견해에서 핵심이 되었다.

레비나스의 철학

바우만은 자신의 윤리적 저술에서 철학자 에마뉘엘 레비나스의 저작을 출발점으로 삼는다. 레비나스에서 윤리는 개인의 중요성을 전제로 한다. 모든 개인은 독특하며 타자임(Otherness)의 특성 또는 상태를 유지하는데, 레비나스는 이를 '타자성(alterity)'이라는 용어로 표현한다. 레비나스가 말하는 타자성이란 타자가 정체성, 긍정, 부정과 같은 개념을 포함한 모든 범주와 개념을 초월한다는 것을 의미한다.

레비나스에서 윤리학은 다른 모든 철학 사상보다 앞서는 첫 번째 철학이다. 바우만은 이를 자신이 타자를 위해 존재한다는 것을 '깨닫는 것'은 자신을 깨닫는 것이며 이것이 바로 자아가 탄생하는 과정이라는 것을 의미한다고 받아들인다. 바우만의 표현을 바꿔서 표현하면, 이것 말고 나를 자각하는 다른 방법, 다시 말해 나 자신을 어떤 범주의 하나의 실례로가 아니라 독특한 나, 유일무이한 나, 다른 모든 사람과 다른 나, 대체 불가능한 나로 발견하는 다른 방법은 없다.

레비나스에 의하면, 자아가 타자와 우연히 마주칠 때 우리는 타자의 **얼굴**(Face)을 만난다. **얼굴**의 매력은 자아와 분리되어 있고 자아에서 벗어나 있다. 하지만 사회적·정치적 구조를 뒷받침하고 형이상학의 제1원리와 종교의 토대를 형성하는 것은 바로 **얼굴**과의 만남이며, 개인은 그 속에서 무한이라는 관념의 하나의 구체적인 사례로 나타난다. 우리가 아무리 타자의 본질에 대해 생각하고 타자를 이해하려고 노력해도 타자는 항상 얼마간은 우리가 알 수 없는 존재이다. 타자성은 타자와 맺는 도덕적 관계의 토대를 형성한다. 나에게는 타자에 대한 책임이 있다. 하지만 그 책임은 결코 완수될 수 없다. 그럼에도 불구하고 타자에 대한 책임을 완수하지 못하는 것은 우리로 하여금 우리의 책임을 완수하기 위해 계속해서 노력하게 한다. 레비나스는 우리가 타자의 얼굴을 마주할 때 우리가 맺는 윤리적 관계를 심한 비대칭적 관계로 묘사한다.

레비나스가 볼 때, 전통적인 철학은 그 철학이 마주하는 모든 것을 '동일자(Same)'라는 분류 체계로 범주화함으로써 세계를 이해하고자 한다. 이 분류체계 내에서 모든 사물은 다른 모든 알려진 요소와 관련하여 정의되고 위치지어진다. 사물의 가치를 결정하는 것이 바로 이러한 범주화와 위치 짓기 과정이다. 레비나스는 이를 '전체성(totality)' — 즉, 모든 것에 대한 하나의 완전하고 상호 연관된 체계적인 기술(記述) — 으로 지칭한다. 레비나스는 이 전체화 과정을 '존재론'으로 기술한다. 그리고 전체화 과정의 철학적 목적은 체계 내에서 사물이 차지하는 위치를 파악하여 그 사물을 가치 있는 것으로 정의하는 것이다. 레비나스는 전체성을 윤리적 근거에 매우 위험한 것으로 간주한다. 왜냐하면 모든 가치는 그 가치가 체계 내의 범주와 갖는 관계에 기초할 때 그리하여 체계 자체에 의해 결정될 때, 체계 자체가 도덕의 기본적 요구를 체계의 범주에 준거하여 거부할 수 있는 근거를 제공하기 때문이다. 따라서 전체성에는 타자의 타자성을 위한 자리가 없다. 왜냐하면 타자성은 항상 동일자의 바깥에, 그리고 전체성의 바깥에 위치할 것이기 때문이다.

바우만은 다시 레비나스에 의지하여 도덕의 원초적인 장면은 **대면**(Face-to-Face) 영역에서 찾을 수 있다고 주장한다. 우리는 타자를 다른 인간 존재의 적나라하고 무방비적인 얼굴로, 즉 타자성과 개성이 해체된 추상적인 **얼굴**이나 하나의 범주로서의 **얼굴**이 아니라 다른 사람의 **얼굴**로 만나게 된다. 타자와 함께 그리고 타자를 위해 존재하는 것은 사회의 산물이 아니라 자아가 맞이하는 최초의 현실이자 사회구성체의 출발점이다. 타자와의 관계에 관한 이 원칙은 우리가 타자와 관계를 맺는 데에는 또 다른 어떤 근거나 원인, 결정 요인이 존재하지 않는다는 것을 말해준다. 레비나스가 볼 때, 타자와의 개별적인 대인적 만남 내에서는 많은 것이 발견된다. 즉, 타자와의 관계는 자신의 욕구 해석을 타자에게 강요함이 없이 타자로부터 학습하는 것을 포함하는 관계이다. 윤리적 속성 또는 자아와 타자 간에 연관성을 만들어내는 것이 바로 자아가 타자와의 만남에서 발견하는 이 알려지지 않은 내용이다. 자아와 타자 간을 연결하는 데서 근접성이 중요하게 된다. 고립된 개인들로서의 우리는 타자를 위해 존재하는 상태 — 서로 함께 있는 것이 그렇지 않은 것보다 더 나은 우리-관계(we-relationship) — 에 도달한다. 우리는 나란히 있고 물리적으로 가까이 있을 때 더 좋다. 하나의 도덕적인 사람으로서 나는 타자에 대한 책임을 져야 하며, 도덕적 자아로서의 나를 만들어내는 것도 바로 타자의 시선에 의해 촉발된 이러한 책임감이다.

레비나스와 마찬가지로 바우만의 탈근대 윤리는 '사랑'과 '애무'의 윤리이다. 바우만은 애무를 도덕적 관계에 대한 하나의 은유, 즉 타자의 몸의 윤곽을 사랑스럽게 쓰다듬는 것과 같은 제스처를 나타내는 하나의 은유로 바라본다.

타자와 **함께** 존재하는 것에서 타자를 **위해** 존재하는 것으로 넘어가는 과정에는 사랑이 수반되는데, 바우만은 이를 객관화에 대해 저항하는 것 – 또는 공감과 감정을 숨기는 가면을 제거함으로써 얼굴을 자각하는 것 – 으로 기술한다. 우리는 이를 통해 타자의 적나라한 **얼굴**을 볼 수 있게 되고 (타자의 취약성과 연약함을 이해할 수 있게 해주는) 도움을 요청하는 타자의 들리지 않는 소리를 들을 수 있게 된다. 타자는 나의 책임, 즉 감정의 표적이 되며, 타자에 대한 책임과 함께 타자에 대한 권력 및 타자와 관련된 자유는 바우만에 의해 '원초적인 도덕적 장면'의 일부로 파악된다. 바우만은 도덕적으로 행동하기 위해서는 자아가 치유 불가능한 양가성으로 간주되었던 것을 받아들여야 한다고 설명한다. 그는 타자의 복리에 대한 이러한 관계와 헌신이 실제적인 측면에서 무엇을 수반하는지를 명확히 한다. 내가 타자에 대한 책임을 질 때, 그 책임에는 타자의 욕구 – 즉, 타자에게 무엇이 선이고 무엇이 악인지 – 를 정의하는 책임도 포함된다. 상대방을 진정으로 행복하게 하는 것이 무엇일지를 결정하는 것은 나의 책임이다.

실제적인 측면에서 이것이 의미하는 것은 우리가 다른 사람과 **대면**할 때에는 그 사람에게 잔인하게 대하기가 어렵다는 것이다. 이를테면 나치 관료제가 한 일은 그러한 도덕적 근접성을 깨는 것이었다. 첫째, 그 관료제적 사회조직은 행위의 잔인성과 그 결과 간의 "거리를 늘려"서 잔인한 행위의 결과가 우리의 도덕적 충격의 범위 저편에 있게 함으로써 그와 관련된 사람들의 도덕적 양심을 중화시켰다. 자신과 타자 간의 거리를 늘려서 자신과 타자 간의 관계가 더 이상 가까이에서 **대면**할 수 없게 만드는 것은 멀리 있는 타자에게 비인간적인 행위 – 타자의 얼굴을 '지워버리는' 것으로 기술되는 행위 – 를 할 수 있게 해준다.

우리가 『근대성과 홀로코스트』와 『근대성과 양가성』에 관해 논의하면서 살펴보았듯이, 아디아포라는 대리자 상태의 산물이며, 행위를 도덕적-비도덕적 축의 바깥 — 즉, 도덕적 평가의 바깥 — 에 위치시켜 개인이 스스로 참여한 행위에 대해 도덕적 판단을 하지 못하게 만드는 도식을 포함한다. 기독교의 측면에서 볼 때, 그러한 아디아포라적 행위는 행위 주체에 의해 죄로 이해되지 않는다. 따라서 사람들은 낙인과 도덕적 양심에서 벗어나서 그러한 행위를 수행할 수 있다. 바우만은 오토 올렌도르프(Otto Ohlendorf)[1941년 6월부터 1942년 6월까지 아인자츠그루펜(Einsatzgruppen) 암살대 사령관을 지낸 인물]의 발언을 언급하며 조직이 합리적일수록 우리의 행위는 더 합리적이고 비인간적이며, 우리는 편안한 마음을 유지하면서 다른 사람에게 고통을 주기가 더 쉽다고 주장한다. 바우만의 보고에 따르면, 재판에서 올렌도르프는 자신이 찬성하지 않았다고 주장한 상관의 명령에 복종한 이유를 질문받자 자신은 군인으로서 그의 명령이 도덕적인지 비도덕적인지 판단할 위치에 있다고 생각하지 않았다고 대답했다. 올렌도르프는 도덕적 양심을 포기하고 자신이 하나의 거대한 관료제라는 기계의 비교적 낮은 위치에 있는 톱니바퀴에 불과하다는 사실을 마땅히 받아들여야 한다고 생각했다.

두 당사자로 이루어진 도덕적 집단

바우만은 다시 레비나스를 출발점으로 삼아 도덕적 충동의 완전한 또는 순수한 형태는(한 개인이 스스로가 타자와 가까워지고 있음을 발견하고 서로 대면할 수 있는) "두 당사자로 이루어진 도덕적 집단"에서 발견된다고 설명한다. 하지만 '제3자'의 존재는 "두 당사자로 이루어진 도덕적 집단"을 깨뜨리고 사회적 관계를 창조한다. '제3자'의 존재는 도덕적 충동을 손상시킬 수 있다. 왜냐하면 사회적 관계는 각 개인에게 내장된 선천적인 도덕적 충동이 아니라 도덕적 규범을 이용하기 때문이다. 근대성은 타자에 대한 개인의 도덕적 책무를 제거할 수 있는 잠재성을 가지고 있다. 근대세계에서는 추상적인 '상상된 전체성' 내에서 성문화된 규칙을 강조하는 공적 공간 − 이 공간에는 어떠한 도덕적 근접성도 존재하지 않는다 − 이 만들어졌기 때문에, 그러한 상황이 발생했다.

바우만은 근대세계에서의 근접성은 '수 라투르(sous rature)'의 속성을 지니고 있다고 시사한다. 수 라투르는 원래 마르틴 하이데거가 '삭제 상태(under erasure)' − 즉, 텍스트 내에서 단어에 줄을 그어 지웠지만 지운 부분을 읽을 수 있도록 그 부분에 삭제 표시를 해놓은 상태로 인쇄하는 것 − 를 의미하기 위해 고안한 철학적 개념이다. 바우만이 수 라투르라는 용어를 사용할 때, 이 용어는 근대세계의 권력구조 내에서 어떤 관계가 갖는 의미나 개인의 역할 또는 지위에 대한 정의가 바뀌거나 재정의될 수 있다는 것을 의미한다. 근대세계 내에서는 그 어떤 것도 그리고 그 어떤 사람도 고정된 의미를 지닐 수 없으며, 모든 사람은 지워지거나 배제될 위험에 처해 있다.

근대세계에서 근접성은 두 개인 사이의 물리적 공간에 기반하지 않으며, 근접성은 사회적으로 가까이 있음을 의미하지도 않는다. 오히려 근접성은 상호 지식과 각 개인의 고유한 특성의 수용에 기초하며, 사랑과 애무에 뿌리를 두고 있다. 두 당사자로 이루어진 도덕적 집단의 만남 내에서 자아는 어떤 개인을 타자 및 하나의 본질적 또는 타고난 충동으로 식별하는데, 이것이 자아로 하여금 타자의 욕구에 대해 책임을 지게 한다. 하지만 우리 앞에 있는 독특한 개인을 타자로 식별할 때, 자아는 그 독특한 개인을 문화적으로 타자로 분류되는 사람의 범주에 속하는 것으로 식별할 수밖에 없다는 것에 유념할 필요가 있다. 레비나스의 용어로 표현하면, 바우만은 이 독특한 인간 개인 타자 (human individual Other)를 동일자 안에 위치시킨다. 자아는 자신의 내면의 본질적 충동을 따르라는, 그리고 자신의 선호에 근거하여 타자의 욕구라고 느끼는 것을 제공하라는 압박을 느낀다.

독특한 개인을 문화적으로 정의된 타자의 범주로 식별하는 것은 두 당사자로 이루어진 도덕적 집단에서 제3자를 포함하는 집단으로의 전환을 수반한다. 제3자가 등장하면, 두 당사자로 이루어진 친밀한 도덕적 집단이 사회에 자리를 내어주고, 타자에 대한 대우는 규칙 지배적이 된다.

이제 타자는 얼굴 없는 다수, 다시 말해 하나의 범주의 사람이 된다. 타자와의 관계 속에서 행위하고자 하는 본질적 또는 타고난 충동은 독특한 개인을 (자신과는 다른) 문화적으로 정의된 타자로 정의하는 것을 수반한다. 우리의 도덕적 충동은 전(前)사회적이지만, 독특한 개인을 타자로 정의하는 순간 타자와의 관계는 문화적으로 또는 사회적으로 정의된다. 타자를 정의하고 독특한 개인을 하나의 범주의 사람으로 식별하는 행위는 자신을 두 당사자로 이루어진 도덕적 집단에서 이탈하게 한다. 우리는 그러한 상황 내에서는 우리가 타자를 사회적·문화적으로 정의된 방식에 따라 대할 수밖에 없음을 발견한다. 타자에게 부여된 이러한 사회적 정의(定義)는 타자가 그 자체로 하나의 사람이 아니라 특성의 집합체로 분해된다는 점에서 자아의 사회적 행위를 도덕적으로 아디아포라화한다. 놀랍게도 바우만의 공동 저자 중 한 사람은 『액체 근대세계에서의 경영(Management in a Liquid Modern World)』에서 자아와 타자 사이의 관계를 원예 은유를 사용하여 다음과 같이 기술한다. 자아와 일반화된 타자 간의 관계에서 자아는 인정 많고 자비롭고 배려하는 정원사, 그렇지만 번성하는 무성한 장미가 인간의 발을 위해 설계된 길을 무시하고 푸른 새싹과 함께 사방으로 뻗어나가는 것을 그냥 놔두는 정원사가 된다.

정원사는 여전히 정원사로 남아 타자를 정원 설계에 맞게 고친다. 게다가 레비나스를 출발점으로 삼는 것과 관련하여 문제가 되는 것은 레비나스의 분석이 기반하고 있는 기본 개념, 특히 얼굴에 대한 그의 이해가 불분명하다는 것이다. 레비나스에서 얼굴은 어떤 때는 물리적 얼굴로 그리고 다른 때는 은유적 개념 장치로 제시된다.

바우만에서 타자와 함께 그리고 타자를 위해 존재한다는 것은 타자의 무언의 명령에 귀를 기울인다는 것을 의미한다. 그리고 그 명령이 말로 이루어져 있지 않기 때문에, 타자에게 목소리를 부여하는 것은 바로 바우만이다. 그리고 바우만은 타자의 욕구에 대한 자신의 해석에 기초하여 타자에 대한 무한 책임을 가정한다. 바우만이 분명히 하듯이, 자아가 타자와 접촉할 때, 타자의 명령에 목소리를 부여해야 하는 것은 나, 즉 자아이다. 왜냐하면 타자의 행위가 진정으로 타자에게 최선의 이익이 되는지를 확인하는 것은 우리의 도덕적 의무이기 때문이다. 바우만에서 이는 내가 타자에게 이익이 된다고 해석하는 것에 타자가 복종하게 하는 경우에도 마찬가지이다.

『신과 인간에 관하여(Of God and Man)』와 같은 후기 저술에서 바우만은 대화가 불필요하고 없어도 된다는 이유로 대화에 부여되는 중요성을 무시한다. 왜냐하면 대화가 내면의 도덕적 진리나 우리의 타고난 도덕적 충동을 저해할 수 있기 때문이다. 따라서 바우만의 윤리적 저술에서 자아와 타자 간의 관계는 타자와의 대화에 기반하지 않는다. 타자는 타자의 욕구 및 욕망에 대한 타자의 관점을 놓고 타자와 토론함으로써 이해되는 것이 아니다. 타자는 파악되고, 타자에 대한 문화적으로 정의된 적절한 행동 방식이 아무 생각 없이 적용된다. 상황 정의(definition of the situation) — 즉, 타자 범주를 다루는 방식과 관련한 **자연적 태도**(natural attitude) 또는 **전형성 규칙**(rules of typicality)을 적용한 것 — 가 바우만의 자아에 의해 의심이나 반성 없이 받아들여진다. 다시 바우만의 원에 은유에 의지하여 설명하면, 자아와 타자 간의 **대면** 관계와 일대일 관계에서 사람들은 자신을 예술가/정원사로 변환시키고 타자와의 관계를 정원으로 변환시키는 경향이 있다. 자아와 타자 간의 관계는 타자를 변화시키거나 개조하여 독특한 타자 사람(Other person)을 계획적으로 사회에서의 일반화된 자아 개념과 유사해지게 만드는 것을 포함한다. 바우만은 이를 타자를 "개종하고자 하는 충동"과 개조할 수 없는 타자를 제외하거나 거부하거나 무시하고자 하는 충동(또는 그러한 타자의 배제)으로 묘사한다.

바우만이 볼 때, 사랑은 해결할 수 없는 갈등을 그 핵심에 두고 있다는 점에서 '아포리아적(aporetic) 성격'을 지니는 반면, '애무'는 양가성에 뿌리를 두고 있으며, 양가성이 없으면 사랑도 없다. 사랑의 근저를 이루는 의도는 타자에 대한 배려이다. 사랑은 자아가 타자를 대하는 방식을 정당화한다. 타자를 자신과 더 비슷한 사람으로 만들기 위해 우리가 타자에게 하는 행위가 정당한 까닭은 그 행위가 타자에게 최선의 이익이 되기 때문이다.

앞서 살펴본 바와 같이, 근접성 윤리학(proximity ethics)의 다른 기여자들 ― 그중에서도 특히 나와 너가 상호작용하고 온전히 만날 수 있는 것은 오직 대화를 통해서일 뿐이라고 주장한 마르틴 부버 ― 과 달리, 바우만은 타자의 원망(願望), 욕구, 욕망을 이해하는 데서 타자와의 대화를 강조하지 않는다. 심지어 자아가 타자에게 사랑과 애무와 같은 행동을 할 때조차 타자와 대화를 하지 않는 것은 인간성과 개성 없이 타자를 대하는 것이다. 바우만은 타자를 하나의 독특한 개인으로 보는 것이 아니라 하나의 범주의 사람으로 바라보며, 따라서 이러한 정의와 범주화 행위는 타자를 무력화시키는 데 기여한다. 이런 상황은 어떻게 생겨났는가? 그 답은 윤리적 문제가 문화 안에서 프레임지어진다는 것, 즉 우리는 문화를 사회화함으로써 자아를 이해하고 그리하여 무엇이 옳고 그른지를 이해하는 통찰력을 얻는다는 것이다. 바우만이 설명하듯이, 우리의 도덕적 자아는 이성에 의해 또는 위로부터의 명령이나 지시에 의해 만들어지는 것이 아니라, 모든 사람은 다른 사람에게 의존하고 그리하여 사회적 연대를 유지한다는 확고부동한 사실에서 비롯된다. 두 당사자로 이루어진 도덕적 집단은 기껏해야 추상적인 개념적 장치에 불과하지만, 우리 모두는 제3자와의 사회적 합의 속에서 산다. 개인은 사회와 독립적으로 존재할 수 없고, 언어라는 사회의 자원에 의지하지 않고는 자신과도 소통할 수 없다. 그리고 타자를 위해 옳은 일을 한다는 것이 무엇을 의미하는지에 대한 우리의 이해는 문화적으로 틀 지어진다.

바우만의 저작에서 우리는 문화와 문명을 구분할 수 있다. 바우만은 증오가 무시될 수 없다는 것을 알지 못하는 역사를 (자신의 삶의 경험에 기초하여) 익히 알고 있다. 그러나 바우만이 보편적인 (그리고 거의 정신적인) 인간 자질과 능력을 강조하는 문화 서사에 의지한다는 것은 바우만이 증오에 그것이 가질수 있는 가치보다 적은 중요성을 부여한다는 것을 의미한다.

바우만의 윤리적 저술에서 도덕이 얼마나 전사회적인 것 또는 사회 이전의 것인지는 불분명하다. 도덕은 '인간 간의 함께함'에 뿌리를 두고 있지만 반드시 사람들을 관리하는 사회의 기관이나 제도에 뿌리를 두고 있지는 않다는 점에서 사회적이지만 전사회적이다. 레비나스의 용어로 표현하면, 우리는 제3자와 함께하는 삶에서 결코 탈출할 수 없다.

마르틴 부버: 나-너/나-그것

마르틴 부버가 볼 때, 인간은 본질적으로 사회적이며 고독을 극복하려는 욕망을 가지고 있다. 사회적 삶은 모든 사람이 대화에 참여하고 그리하여 서로의 입장에 전적으로 동의하지는 않더라도 서로의 입장을 이해하는 하나의 공유된 현실이어야 한다. 부버에서 사람이라는 것은 부분적으로는 **그러한 현실을 상상한다**는 것을 의미한다. 부버는 이를 다른 사람을 만나서 **대화적** 상호주관성에 참여하는 우리 모두에게서 발견되는 인간 능력으로 기술한다. 우리는 고독을 극복하는 과정에서 우리가 항상 다른 자아들(other-selves)의 존재 속에 존재한다는 것, 그리고 자아는 관계적인 한에서만 현실의 일부라는 것을 깨닫는다. 만약 자신이 다른 사람의 관점으로 '돌아서고' 다른 사람이 자신의 관점으로 '돌아선다'면 진정한 대화가 일어날 수 있다. '인간이란 무엇인가'라는 질문에 대한 전통적인 철학적 대답이 자의식이나 자유의지에 초점을 맞추는 것과 대조적으로, 부버는 인간은 타자와 마주하는 존재이며, 인간의 자아는 상호 확인(mutual confirmation)의 관계에서 창조된다고 주장한다.

부버는 자아와 타자 사이에는 근본적으로 두 가지 가능한 본질적인 관계 유형이 존재한다고 주장한다. 사람은 나-그것(I-It) 양식 아니면 나-너(I-Thou) 양식으로 외부 세계와 관계를 맺는다. 부버는 나-그것을 다양한 속성을 가진 하나의 대상으로서의 다른 사람을 포함하여 모든 것을 다루는 양식으로 기술한다. 나-너 양식에서 사람들은 타자를 특정한 한 사람으로, 즉 속성 목록에 의해 정의되는 하나의 대상이 아니라 전인적으로 통합된 존재로 간주하고 다룬다. 나-너 양식에서 사람들은 타자에 대한 자신의 지식에 바탕해서 그러한 지식을 넘어 전체 속에서 너라는 하나의 존재로서의 타자와 이야기를 한다. 나-너는 타자에 대한 개방성, '배려', '태도'를 특징으로 하는 관계 양식이며, 자아는 상호성으로 인해 자신이 관계하는 타자에 의해 영향받는다.

바우만이 볼 때, 홀로코스트는 차이 또는 인류의 다원성이 지양되어야 한다는 가정에 근거하고 있으며, 피해자의 탈인간화와 가해자의 비인간성을 뒷받침하는 것도 바로 그러한 가정이다. 연민은 타자의 입장에 서서 그들의 고통을 이해하는 것을 포함한다. 만약 당신이 타자와 어떠한 동류의식도 느끼지 않거나 그를 온전하고 정당한 인간 성원으로 보지 않는다면, 거기에 연민은 존재하지 않을 것이다. 아디아포라화는 타자를 **말살**하고, 우리가 대화에 참여할 수 있는 능력 또는 우리가 타자에 대해 느낄 수 있는 도덕적 책임에 의거하여 행위할 수 있는 능력을 저하시킨다. 부버의 용어로 표현하면, 이 경우 우리가 타자와 맺는 관계는 '나-너'의 관계가 아니라 '나-그것'의 관계가 된다.

크누드 아일러 뢰그스트루프: 윤리적 요구

여기서 윤리적 요구란 기독교인이 자신들의 삶을 어떻게 영위해야 하는지에 대한 뢰그스트루프의 견해를 말한다. 뢰그스트루프는 타자에 대한 책임이 인간 존재의 기본적인 특징이라고 주장한다. 사람들이 자신의 도덕적 삶을 발견해야 하거나 그 삶에 대해 결정해야 하는 것은 아니다. 우리가 타자를 만날때, 우리는 자신들의 삶에 관심을 가져달라는 급진적인 요구를 받는다. 책임감과 죄책감은 구체적인 상황에서 실제 사람들 간의 개인적인 관계와 연결되어 있다. '윤리적 요구'는 타자를 돌보라는 요구이지만, 동시에 그 요구는 실현 불가능한 요구이기도 하다. 또한 신뢰는 우리가 어떠한 통제도 하지 못하는 자발적 대인관계를 특징짓는 특징 중 하나이다.

뢰그스트루프는 인간은 책임을 지는 위치에 있다는 마르틴 루터(Martin Luther)의 신학을 출발점으로 삼아 그러한 종교 사상을 현상학적으로 분석할 수 있다고 가정한다. 또한 뢰그스트루프는 인간의 얼굴과 '상상적 이해'의 역할에 관한 한스 립스(Hans Lipps)의 분석에도 의지한다. 뢰그스트루프는 윤리적 요구를 뒷받침하는 '일차적인 윤리적 현상'과 규범, 이상, 도덕적 추론으로 구성된 '일상의 도덕'을 구분한다. 뢰그스트루프는 '윤리적'이라는 용어를 우리를 신뢰하는 다른 사람들을 위해 비이기적으로 행동해야 한다는 요구를 지칭하기 위해 사용한다. 뢰그스트루프의 철학은 다른 사람과의 관계에 대한 예수의 종교적 가르침에 담겨 있는 설명을 엄격하게 인간의 측면에서 제시하려는 시도이다. 뢰그스트루프에서 예수의 말이 갖는 의미와 중요성을 이해해야 하는 까닭은, 그가 이해 없는 믿음은 믿음이 아니라 강요이며 개인과 신의 관계는 전적으로 개인이 이웃과 어떻게 관계를 맺기로 선택하는지에 따라 결정된다고 주장하기 때문이다.

우리가 누구이며 어떻게 사는지는 우리가 다른 사람과 맺는 관계에 달려 있다. 인간의 삶은 공동체 생활이다. 사람 대 사람의 관계는 우리 삶에서 가장 중요하다. 우리는 다른 사람들에게 의존하고 있으며, 우리의 삶은 다른 사람들의 삶과 얽혀 있다. 우리는 우리의 행위를 통해 서로의 삶에 차이를 만들어낸다. 만약 우리가 다른 사람을 실망시키면, 우리는 자신도 실망시킨다. 서로에 대한 우리의 태도가 서로의 세상과 우리 각자가 누리는 삶의 질을 틀 짓는다. 이웃에 대한 우리의 태도가 우리의 삶을 풍요롭거나 지루하게 만들고, 위험하거나 안전하게 만든다. 개인은 뢰그스트루프가 '삶의 주권적 표현(the sovereign expressions of life)'이라고 부르는 것에 따라 행동할 때 윤리적 요구를 충족시킬 수 있다. 이 일차적이지만 기본적인 개념이 바로 일단의 전(前)도덕적 개념(특히 타자에 대한 신뢰, 자비, 개방성과 성실성 등), 즉 도덕적으로 행동하려는 동기이다.

바우만이 볼 때, 신자에게는 자신과 이웃의 관계를 세속적으로 이해하는 것이 필요하다. 그렇다면 뢰그스트루프의 주장이 그 어떤 구체적인 기독교적 전제 없이도 독자적으로 성립할 수 있을지가 의심스러울 수 있다. 비신자로서 우리는 바우만이 사회 분석 속에서 신학적 담론이 약화되는 것을 반가워하고, 신학적 관행이 쇠퇴하는 것을 환영하고, 개인이 이제 종교적 교리로부터 자유로워지는 것을 축하할 것이라고 예상할 수 있다. 루터식의 세계관은 뢰그스트루프의 윤리적 입장 ― 특히 신이 창조 행사에서 모든 사람에게 자비(misericordia)의 미덕을 부여했다는 것 ― 에서 중심을 이룬다. '윤리적'이라는 것은 비이기적으로 행동하고 신이 우리에게 부여한 타인 배려 충동을 받아들여 함께하는 삶을 살아가는 것이다. 뢰그스트루프는 타자에 대한 우리의 책임과 관련된 권리와 가치는 인간 본성에 내재되어 있으며 인간의 이성을 통해 보편적으로 이해될 수 있다고 본다. 사람들이 자신의 도덕적 삶을 발견해야 하거나 그 삶에 대해 결정해야 하는 것은 아니다. 윤리적 요구는 타자를 돌보라는 요구이다. 뢰그스트루프가 볼 때, 선한 사마리아인은 부상당한 유대인 여행자의 요구에 응하고, 하나의 목적으로서의 자비를 입증한다. 사마리아인은 의무를 실행하거나 신에게 자신의 선함을 보여주기 위해서가 아니라 타자를 돕기 위해 피해자의 요구에만 초점을 맞춘다. 독자가 뢰그스트루프의 구체적인 기독교적 전제를 받아들이지 않고서도 윤리에 대한 뢰그스트루프의 접근방식이 독자적으로 성립할 수 있는가라는 의문을 제기할 수 있는 구체적인 이유 중 하나는 뢰그스트루프가 자신의 윤리적 관점에 영혼을 통합하려고 시도하기 때문이다. 뢰그스트루프가 볼 때, 영혼은 모든 인간의 핵심에 자리하며 역사를 초월하는 자아의 본질적인 차원 중 하나이다.

바우만은 뢰그스트루프의 구두(口頭) 요구와 무언의 요구 간의 구분을 받아들인다. 무언의 요구는 타자에 대한 공감에 뿌리를 두고 있으며, 어떠한 지침이나 방향도 제시하지 않는다. 우리는 타자를 맞이하여 보편적인 규칙이 적용되지 않는 곳으로 데려간다. 비록 우리가 올바른 방식으로 행동했는지를 완전히 알 수는 없지만, 우리는 사랑에 대한 요구, 즉 타자의 독특함과 존엄성에만 초점을 맞추어 타자를 돌보라는 요구를 충족시키기 위해 행동한다. 구두 요구는 따라야 할 규칙이나 지시의 형태를 띠며, 따라서 우리는 다른 사람의 요구를 제시받는 것이 아니라 감정적으로 헌신할 필요 없는 명령을 수행하라는 요구를 받는다. 규칙을 따르는 것은 아무런 관심 없이 그리고 아무 생각 없이 하는 행동이다.

카를 야스퍼스(Karl Jaspers)는 도덕적 죄(moral guilt)와 형이상학적 죄(metaphysical guilt)를 구분했다. 도덕적 죄는 한 사람이 다른 사람에게 직접적으로 그리고 고의로 가한 구체적인 잔혹 행위를 가리킨다. 이와 대조적으로 형이상학적 죄는 개인이 가해자와 상황을 공유하지만 스스로는 죄가 없다고 느끼고 스스로를 (잔혹 행위와 거리를 두거나 그러한 행위를 못 본 척하는) 책임 없는 방관자로 규정하기로 결정하는 상황에 적용된다. 이는 윤리적 요구는 말로 이루어지지 않을 수도 있지만 만약 개인이 그 요구에 대해 성찰하기로 선택할 경우 그 명령의 메시지는 여전히 분명하게 전해질 수 있다는 것을 의미한다. 바우만은 뢰그스트루프가 형이상학적 죄를 그의 윤리 이론에 통합시켰어야 한다고 시사한다.

성격과 운명

바우만은 성격(character)과 운명(fate)이라는 개념을 통해 주체적 행위 능력(agency)과 맥락(context) 간의 상호작용을 논의한다. 바우만은 운명을 우리 자신이 선택하거나 우리 자신이 만들어내지 않고 우리에게 일어났거나 일어나고 있거나 일어날 모든 것에 대한 집합적 이름이라고 기술한다. 이와 대조적으로 성격은 우리가 영향을 미치는 우리 자신의 측면들로 구성된다. 운명은 우리에게 열려 있는 현실적인 선택지를 규제하고 통제하며, 성격은 다양한 선택지에 직면했을 때 우리가 내리는 선택을 틀 짓는다. 바우만이 볼 때, 개인은 문화에 참여함으로써 자신이 누구이고 자신의 삶은 어떤 의미를 지니는지를 알게 된다. 문화는 우리가 어느 정도 이행해야 할 책무를 지니는 것으로 여기는 일단의 규범이다.

바우만은 자신을 개인의 '내면성'과 동기를 이해하려고 노력하기보다는 주로 사회적 환경에 관심이 있는 사회학자로 묘사한다. 바우만이 볼 때, 주어진 맥락 내에서 개인이 가진 의도는 항상 숨겨져 있고 내밀하고 미스터리하다. 하지만 개인이 자신을 발견하는 맥락과 그 맥락이 개인의 행동에 미치는 영향은 '불가해'하거나 '신비한' 것이 아니다.

바우만은 또한 '운명'과 '성격' 간의 구분에 의지하여, 운명을 바꾸거나 없어지기를 바랄 수 없는, 그리고 개인이 어떠한 영향도 미칠 수 없는 일단의 상황으로 기술한다. 운명은 내면화된 성향과 선호로 구성된 하나의 힘처럼 작용하며 개인을 주어진 행위 경로에 가두어둔다. 반면 '성격'은 '주체적 행위 능력'이 아니라 자신의 운명을 성찰할 수 있는 개인의 능력이다. 바우만은 개별 인간의 생생한 경험을 묘사하거나 분석하려 하지 않으며, 개인의 생생한 주관성에 접근할 수 있다고 주장하지도 않는다. 오히려 그는 개인의 직접적인 경험을 기술하지 않은 채 동기와 의도를 설명하기 위해 일단의 분석적 개념을 사용한다. 바우만은 1인칭 시점이나 자기 인식에 전혀 의거하지 않은 채 개인이 처한 맥락 내에서 개인에 외재하는 사회적 힘을 살펴봄으로써 사회적 행위를 객관적으로 이해하고자 한다.

바우만의 윤리적 분석에서 주체적 행위 능력은 그 어떤 분명한 설명적 역할도 가지지 않는데, 이는 무엇보다도 특히 홀로코스트와 관련된 '괴물 가설'(악행에 대한 개인적 책임)을 거부한 데서 드러난다. 오히려 바우만은 악의 사회적 기원을 찾는 데 관심이 있다. 바우만이 볼 때, "누가 그런 짓을 했는가?"와 "누가 그것에 책임이 있는가?"와 같은 질문은 부적절하다. 바우만이 보기에, 적절한 질문은 "어떤 외부의 사회적 과정이 사람들로 하여금 자신의 행위가 악하다는 것을 인식하지 못하게 만들었는가?" 또는 "무엇이 인과적 연결고리인가?"이다. 아디아포라는 특정한 행위를 수행하는 데 관여된 사람들로 하여금 그 행위와 사건이 가진 도덕적 또는 윤리적 의미를 이해하지 못하게 한다. 아디아포라는 자아에 결정론적인 비주체적 행위 능력 관념을 도입한다. 이 개념은 우리는 부도덕한 행동을 스스로 자아에 귀속시키지 않고 자아 외부의 무언가에 귀속시킬 수 있다는 것을 의미한다. 행위 또는 경험의 윤리적 내용은 이제 경험의 각자성(experiential mineness)을 포함하는 일인칭 행위의 특성을 가지지 않는다.

바우만은 성격이 개인에게 도덕적 수용 가능성을 판단하는 기준을 제공한다고 기술한다. 하지만 바우만에서 성격은 주체적 행위 능력이 아니라 자연적으로 획득되어 우리의 독특한 퍼스낼리티를 구성하는 우리의 기질, 특성, 성향의 총체를 기술하는 개념이다. 바우만에 따르면, 분명한 개인이 된다는 것은 그 자체로 선택의 문제가 아니라 운명의 명령이며, 개인으로서의 우리는 개인의 지적 및 실제적 이해를 완전히 벗어난 상태에서 우리의 주체적 행위 능력을 행사하고 우리의 삶을 선택할 수밖에 없다. 개인에 외재하는 조건은 인간의 주체적 행위 능력을 가로막아 우리 개인의 운명이 비인격적인 운명의 자비 아래 놓이게 한다. 운명은 개인의 통제권 너머에 있으며, 우리로 하여금 특정한 선택지를 다른 선택지보다 더 선택하게 한다. 운명은 사람들이 거의 어떻게 할 수 없는 것이다.

근접성은 왜 도덕적인가?

바우만이 볼 때, 근접성은 타자와의 관계에서 자아가 내리는 의사결정을 틀 짓는다. 자아는 도덕적인 주체적 행위 능력을 행사하려는 자아에 의해 도덕적이 되기로 적극적으로 선택되는 것이 아니라, 근접성이 타고난 도덕적 충동에 미치는 영향 때문에 도덕적이 되기로 선택한다. 레비나스의 용어로 표현하면, 근접성이 중요한 까닭은 자아가 타자의 얼굴에서 자신의 어떤 것을 관찰하는 동시에, 신이 자신의 형상을 본떠 타자를 만들었기 때문에 타자의 **얼굴**에서 신의 **얼굴**의 어떤 것을 보기 때문이다. 레비나스가 보기에, 전통적인 철학에서 존재론은 모든 철학이 기초하는 인간/존재 간의 관계이다. 우리는 존재론을 정신이 알고 있는 하나의 사실로 이해한다. 즉, 존재론은 우리가 현실이 무엇으로 구성되어 있는지를 이해하는 데서 중심을 차지한다. 레비나스는 전통적인 존재론에 의문을 제기하고 존재론이 하나의 사실은 아니지만 존재론은 하나의 실제의 또는 세속적 존재로 보이는 것에 관한 하나의 사실성(facticity)을 가지는 것으로 제시하고 싶어 한다.

전통적인 존재론은 전체성을 이용하여 특수한 것을 읽어낸다는 점에서 우리를 혼란스럽게 한다. 다시 말해 우리는 타자를 동일자라는 전체성 내에서 우리에게 제시된 하나의 범주로 보고 이해함으로써 주어진 개인의 독특한 특성을 오해한다. 존재론은 타자에게서 독립성과 독특성을 박탈한다. 존재론은 우리의 상상력, 의도, 또는 이해 과정 너머에 있는 하나의 사실로 경험된다.

전통적인 철학에서 타자를 이해한다는 것은 우리가 보편적인 것에 대한 지식에 의지하여 타자를 넘어서서 그 타자를 하나의 '존재의 지평' 위에 위치시키는 것을 포함한다. 다시 말해 우리는 타자를 이해하지만, 우리가 타자에게 독특한 것이 무엇인지 또는 무엇이 타자를 독특한 개인으로 만드는지를 찾아내어 타자를 이해하는 것이 아니다. 우리는 타자를 하나의 특정한 사람으로 이해하는 것이 아니라 우리가 타자의 범주에 위치시키는 사람들인 '그들'와 유사한 사람으로 이해한다. 따라서 우리는 타자와 이야기를 하기 전에 타자를 이해한다고 믿지만, 실제로는 그렇지 않다. 우리는 우리가 타자에게 붙인 꼬리표만 이해할 뿐이다. 이와는 대조적으로 레비나스가 볼 때, 타자와의 관계는 타자의 **얼굴**을 주의 깊게 살핌으로써 우리 내면의 도덕적 핵심에 호소하는 것을 포함해야 한다.

하나의 지평 위의 타자

비록 레비나스가 종교가 근대 의식(意識) 내에서 그것이 가졌던 규제 역할을 상실했다는 것을 인정하기는 하지만, 레비나스가 볼 때 신 없이는 전체는 불완전하다. 죄와 무죄에 대한 우리의 이해는 신의 존재로부터 파생된다. 레비나스가 볼 때, 죄와 무죄의 구분은 자유로운 개인이 다른 개인에게 상처를 입힐 수 있고 자신이 저지른 잘못의 결과로 고통받을 수 있다는 것을 전제로 한다.

용서는 보편성에 저항하는 형태의 사회, 즉 서로 함께 있기로 선택했기 때문에 서로 같이 있는 개인들의 사회, 다시 말해 두 사람이 배제된 제3자와 함께하는 사회에서만 가능하다. 그 이유는, 우리가 이미 제시한 바와 같이, 제3자가 존재할 경우 그의 존재가 일대일의 도덕적 근접성과 친밀성을 방해하기 때문이다. 이 제3자가 상징하는 것이 바로 사회적 관계의 본질이다. 게다가 레비나스가 볼 때, 사회 또는 전체는 폭력과 부패에 기반하고 그것들을 축으로 하여 조직된다. 하지만 레비나스가 또한 분명하게 밝히고 있듯이, 일상생활 속에서 사람들은 자신이 우연히 마주치는 사람들에게 마치 그 또는 그녀가 세상에서 유일한 사람인 것처럼 다가갈 수 없다. 제3자가 존재하는 상황에서 사랑, 정의, 정당한 판단이 가능한 경우는 신이 전체 속에 포함되어 있을 때뿐이다. 왜냐하면 신이 용서의 무한한 원천이기 때문이다. 도덕적 의식을 제공하는 것은 바로 신이다. 즉, 타자의 얼굴이 우리를 향하게 만드는 것은 바로 신이다. 전체성이 타자에게 비인격적인 이성을 강요하고 그들의 독특한 자질을 억압할 것이기 때문에, 신 없이 사람 대 사람의 상호작용은 불가능할 것이다. 레비나스가 볼 때, 타자에게 비인격적 이성을 부과하는 것은 타자를 하나의 '개념'으로, 그리고 '얼굴이 없는' 것으로 취급하는 것이다.

레비나스에서 신의 겸손은 인간의 주체성을 구성하는 데서 필수적이다. 레비나스는 우리와 타자의 관계 속에 신이 실제로 존재한다고 설명한다. 신은 대면적 근접성 속에서 자신을 비천하고 가난하고 박해받는 존재로, 다시 말해 절대적 타자이자 도덕적 가치의 원천으로 제시한다. 그리고 신은 타자의 **얼굴**에서 식별되고 찬양된다. 레비나스가 볼 때, 신과 박해받는 사람들 사이에는 하나의 맹약이 존재하며, 신의 존재가 우리의 주체성에 도덕을 새겨 넣는다. 게다가 타자의 얼굴에서 신을 본다는 것은 레비나스에서 은유가 아니라 사실이다. 신은 타자를 통해 나를 깨우쳐준다. 깨우침은 어떤 보편적 원리에 기초하는 것이 아니라 타자를 동료 인간 존재로 인식함으로써 일어난다. 깨우침은 동일자에 대해 의문을 제기하는 것을 포함하며, 우리 모두 안에 신이 있다는 관념에 의해 이루어진다.

타자의 고통과 내 안의 고통(또는 나 자신의 고통 경험) 간에는 차이가 있다. 우리의 관심이 타자의 고통에 있을 때, 그러한 관심이 자아와 타자를 연결시켜 주고, 그러한 결합이 타자 돕기 책무라는 절대적인 윤리적 원리의 토대를 형성한다.

제3자와의 관계를 도덕적으로 만드는 데서 신이 수행하는 중심적인 역할은 레비나스에서 반복되는 테마이며, 이는 불가지론자인 바우만이 보기에는 문제가 있다[바우만은 2015년 오비렉(Obirek)과 공동 저술한 『신과 인간에 관하여』의 첫 페이지에서 자신의 불가지론적 입장을 분명히 밝히고 있다]. 레비나스가 볼 때, 자아와 타자 간의 일대일의 **대면적인** 친밀한 관계는 신을 자신의 삶 속으로 받아들이지 않는 사람에게는 실제로 불가능하다. 왜냐하면 신 없이는 모든 관계가 제3자와 함께하는 사회적 관계이며, 동일자의 문화에 의해 매개되기 때문이다.

바우만이 볼 때, 포함은 세상을 도덕적으로 만드는 작업이지만, 배제 행위 또한 도덕적이다. 그리고 이 두 가지 과정 모두는 모든 사회구성체를 유지하는 데서 핵심적이다. 바우만은 사회적 자본이 사회적 유대의 지속성과 사람들 간의 상호 신뢰를 규정하는, 사회조직의 보편적인 빌딩 블록이라고 설명한다. 바우만은 퍼트넘(Putnam)을 출발점으로 삼아 사회적 자본을 이용하는 두 가지 방식 ─ 바우만이 '연결하기(bridging)'와 '결속하기(bonding)'라고 지칭하는 ─ 을 구분한다. 연결하기는 사회적 진보를 이루기 위한 노력의 측면에서 바라볼 수 있으며, 연결하기의 부재는 사회적 퇴보를 낳는 요인으로 인식될 수 있다. 결속하기는 사회적 자본을 사용하여 집단을 공고히 하고 상속받거나 획득한 지위를 견고하게 다지는 것으로, 집단에 "외부자가 접근하는 것을 제한하며", 침입자를 배제하거나 집단의 성원에게 부여되는 자유로운 선택권을 제한한다.

사회적 자본은 우리가 타자를 포함시키기도 하고 배제하기도 하는 자원이다. 바우만에서 사회적 자본은 타자가 진입하는 것을 막는 장벽을 쌓는 데서만큼이나 타자에게 사회를 개방하는 데서도 중요하다. 사회적 자본은 이 두 가지 목적 모두에서 사용될 수 있다. 게다가 모든 사회집단은 통합과 분리 사이에서, 그리고 포함과 배제 사이에서 균형을 이룸으로써 자신의 생존 능력을 확보한다. 연결하기와 결속하기, 포함과 배제는 바우만이 같은 동전의 양면으로 기술하는 것으로, 포함을 뒷받침하는 것이 타자를 "개종하고자 하는 충동"이고, 배제를 뒷받침하는 것이 타자를 제외하거나 거부하거나 무시하고자 하는 충동이다.

결론

바우만이 볼 때, 사회학은 근대세계 이전에는 존재하지 않았던 것으로 추정되는 문명의 형태를 창조하고 고체 근대세계에서 창조된 문명의 형태를 유지하는 논거를 개발하는, 그간 오랫동안 확립되어 온 지적 전통을 계속해서 이어왔다. 사회학자들은 문명으로서의 문화가 연대를 위한 도덕적 근거를 제공한다고 가정한다. 바우만은 근대성을 뒷받침하는 문명화 과정이 각 개인 내에 존재하는 내적인 폭력적인 힘을 통제하고 조정하는 힘으로 작용한다는 엘리아스의 견해와 거리를 둔다. 대부분의 사회학자는, 도덕적 세계는 규제받는 질서 있는 세계이며 사회생활은 자기 규제를 통제하고 제한하는 규정과 금지로 이루어진 일련의 도덕적 원칙에 기반을 두고 있다고 주장한다.

바우만에 따르면, 문화는 두 가지 서로 다른 형태로 자신을 드러낸다. 그 첫째 형태의 문화는 18세기의 문명 개념을 재정의한 것으로, 도덕적 및 법적 규약에 제시되어 있는 사회적 관계의 의미를 기술하는 것이다. 둘째로, 문화는 사회 세계에 대해 숙고하는 행위를 하는 데, 즉 사람들로 하여금 사회 세계를 이해할 수 있게 해주는 관념, 주장, 원리를 성찰하는 데 이용된다. 전자의 문화 개념이 후자를 제한한다. 즉, 문명으로서의 문화는 우리가 세상에 대해 상상하는 능력을 제한하여, 우리의 내적인 도덕적 충동을 중화시킬 수 있다. 홀로코스트를 가능하게 했던 도덕적 중화가 일어난 것은 문명으로서의 문화가 상상력으로서의 문화를 성공적으로 제한하는 데 성공했기 때문이었다.

제8장

타자에 대한 배려

사회의 인정받은 성원이라는 것은 개인에게 의미가 있다. 하지만 바우만은 '포함적인 공동체(inclusive community)' 같은 것이 존재하는지에 대해 의문을 제기한다. 왜냐하면 사회질서를 뒷받침하는 형태의 결합은 항상 어떤 다른 개인 또는 개인들의 범주가 "우리 중의 하나가 아닌" 것으로, 즉 배제된 이방인으로 간주될 것을 요구하기 때문이다. 따라서 사회적 배제는 통합과 사회적 결속을 유지하는 데 중요하며, 낙인은 이방인이라는 달갑지 않은 모호성에 맞서는 무기로 이용된다.

앞 장에서 우리는 『탈근대적 윤리(Postmodern Ethics)』와 『파편 속의 삶(Life in Fragments)』을 요약했고, 에마뉘엘 레비나스, 크누드 아일러 뢰그스트루프, 마르틴 부버가 바우만의 윤리적 저술에 미친 영향을 개괄하는 데 초점을 맞추었다. 도덕은 비인격적인 윤리적 규칙 체계에 근거해야 한다는 견해와 대조적으로, 레비나스에서 도덕은 다른 모든 철학적 원리에 선행한다. 바우만의 해석 속에서 도덕은 타자와 **함께** 그리고 타자를 **위해** 존재한다는 것에 바탕하는 무한 책임에 뿌리를 두고 있는 전사회적인 힘이다. 책임감은 모든 도덕적 행위를 구성하고 조직하는 데서 중심을 이루며, 우리와 타자의 근접성에서 비롯된다. 바우만이 볼 때, 우리는 타자의 독특함을 인정해야 하고 우리가 타자에 대해 책임이 있다는 것을 인식해야 한다. 이 장은 '타자에 대한 책임'에 대한 뢰그스트루프의 이해와 "타자와 **함께** 그리고 타자를 **위해** 존재하는"이라는 레비나스의 개념에 대한 바우만의 세속적 독해에 뿌리를 둔 바우만의 사회적 포함 개념에 대한 논의로 마무리된다. 우리는 바우만의 주장이 개인이 어떻게 타고난 도덕적 주체성을 가지는지에 초점을 맞추고 있다는 것을 살펴보았다. 개인의 이러한 도덕적 주체성은 타자와의 근접성에 의해 활성화되며 타자가 내부 지향적이지 않고 외부의 제약을 받을 때 사라진다. 이 장은 배제와 강요된 이주에 관한 바우만의 후기 저술에 의지하는 앞 장의 논의 위에서 전개된다. 후기 텍스트는 특히 이방인에, 그리고 이방인이 어째서 나머지 사람들보다 배제되고 달갑지 않은 타자로 취급될 가능성이 훨씬 더 큰지에 초점을 맞추고 있다. 이방인은 물리적으로는 가깝지만 인지적으로는 행위의 주체로서의 우리와 거리가 있고 멀리 떨어져 있는 존재일 수 있다.

우리가 『근대성과 홀로코스트』에 대해 논의하면서 살펴보았듯이, 바우만은 자신의 원예 국가 개념에 의거하여 고체 근대세계에서 이방인이 차지하는 위치에 대해 논의한다. 나치 독일의 경우 유대인을 해충이나 박테리아에 비유하여 오염된 타자로 바라보고 질병의 매개체로 판단했다. 고체 근대세계에서 국가는 오염된 타자라는 관념을 안정성을 제공하는, 그리고 모호함이나 양가성의 감정에 대응하는 자원으로 효과적으로 이용했다. 고체 근대세계에서 국가는 질서와 혼돈을 날카롭게 구분하고 모든 사람을 이방인으로 만들어낼 수 있는 형태의 질서를 창조하려는 야망을 가지고 있었다.

탈근대세계에 사는 사람들은 스스로를 타자성(차이)의 감정을 수용하고 즐기는 쾌락 추구적 소비자로 정의한다. 행복은 세계 속에 존재한다는 것의 중심적인 측면의 하나이다. 미국 독립 선언문의 저자들, 그중에서도 특히 토머스 제퍼슨(Thomas Jefferson)은 행복 추구라는 개념을 미국 시민의 보편적 권리에 포함시켰다. 제퍼슨은 『도덕과 자연 종교의 원리에 관한 에세이(Essays on the Principles of Morality and Natural-Religion)』를 쓴 케임스 경(Lord Kames)을 포함한 스코틀랜드의 도덕 철학자와 1690년에 행복 추구의 필요성이 자유의 기초라고 쓴 영국 철학자 존 로크(John Locke)에 의지하여, 행복을 양도할 수 없는 자연권으로 정의했다. 바우만이 볼 때, 비록 인간은 다양하지만, 행복은 모든 사람이 원하는 것이기 때문에, 행복은 인류를 하나로 통합할 수 있다. 행복의 존재는 우리에게 상황이 현재와 같지 않을 수도 있고 또 현재의 세계가 바뀔 수 있다는 것을 상기시켜 주기 때문에 행복은 현실 비판의 토대를 형성할 수도 있다. 고통, 굴욕, 아픔을 용서할 수 없는 것으로 볼 수 있게 해주는 것도 바로 행복에 대한 이해이다. 액체 근대세계에서 행복 추구는 개인의 측면에서 재정의되어 왔으며, 현재 사적인 일로 추구되고 있다. 그러한 세계에서 다른 사람의 행복은 자신의 행복을 보장하는 데서 중요하지 않다. 액체 근대세계에 사는 사람들은 행복으로 가는 길도 돈으로 살 수 있는 물질적인 것으로 바라본다.

바우만은 한 사람의 소비자가 된다는 것은 하나의 상품 라이프스타일(commodity lifestyle) ― 즉, 잘못된 선택을 하게 하는 불확실성과 불안에 대처하는 스킬 ― 을 채택하는 것이라고 주장한다. 이용할 수 있는 온갖 상품 가운데서 적절한 물품을 찾는 일은 그 자체로 새로운 두려움과 잠재적 당혹감을 불러일으킬 수 있다. 이처럼 탈근대세계에서는 고체 근대세계의 중심적인 특징이었던 차이와 관련한 불안 및 정상과 비정상 간의 엄격한 구분과 관련한 불안이 덜하다. 그 결과 이방인은 더 이상 본질적으로 바뀌거나 고쳐야 하는 비정상적인 존재로 여겨지지 않았고, 더 이상 부정적으로 정의되어 따로 떼어 놓이지도 않았다. 하지만 탈근대 소비자들은 '더러운' 것에 대한 공포를 여전히 가지고 있었다.

탈근대 상태에 있는 사람들은 자신의 삶을 통제하기를 원했고, 소비 능력과 최신 트렌드와 유행을 선도하는 것으로 보일 수 있는 능력이 탈근대적 정체성에서 중심을 차지했다. 탈근대 상태는 소비의 미학에 의해 지배되었고, '가난하다'거나 '결함 있는 소비자'라는 상태는 개인의 실패를 반영하는 것이었다. 빈곤과 불평등은 개인이 소비 시장을 즐길 수 있는 스킬, 능력, 자원을 결여한 데서 기인하는 것으로 가정되었다. 탈근대 소비자에게서 소비를 할 수 없다는 것은 개인적 실패를 의미했고, 이는 궁핍, 역경, 불결함을 낳는다. 결함이 있는 소비자라는 것은 자신과 다른 사람 모두를 분개하게 했다. 어떤 사람이 불결한 것으로 인식될수록 그 타자성(차이)의 형태는 절연해야 할 어떤 것이 될 것이며, 탈근대적인 여성과 남성은 불결한 사람들을 배제하기 위해 더욱 기를 쓸 것이다. 삶의 거의 모든 측면에서 나타나는 개인화와 차이가 탈근대 상태에서 수용되었지만, 타자에 대한 배려 및 빈곤과 불평등에 대한 공동체적 대응은 탈근대 상태에서 매우 낮은 우선순위를 부여받았다.

고체 근대세계에서 사회적 배제는 일시적인 조건으로 여겨졌다. 풀타임 유급 고용은 공동체의 모든 신체 건강한 성인에게 정상적인 상태로 여겨졌다. 고체 근대세계에서의 국가는 실업자와 배제된 사람들을 지원하는 제도를 마련하여 경제가 회복되어 그들이 일터로 돌아갈 수 있을 때까지 건강을 유지할 수 있는 자원을 제공했다. 실업자는 노동력의 예비군으로 간주되었다. 고체 근대세계에서 복지국가 또는 사회국가는 사람들이 가장 필요할 때 의지할 수 있는 공동체의 자원이었다. 이와 대조적으로 액체 근대세계는 연민이 감소하는 것을 특징으로 하며, 국가는 더 이상 건강 악화, 실업, 빈곤으로부터 자국 시민을 보호하기 위한 보험을 제공하지 않는다. 빈자와 배제된 사람들은 더 이상 상황의 희생자로 여겨지지 않으며, 더 이상 '공동체'의 책임이 아니라 개인의 실패, 무지, 무력감의 산물로 간주된다. 액체 근대세계에서 복지국가 또는 는 사회국가는 실패하기를 선택한 사람들인 '그들'에게 주어지는 '우리'의 돈과 자원으로 간주된다.

고체 근대국가는 혼돈과 양가성이 부재하는 견고하고 튼튼한 형태의 사회 질서를 창조하겠다는 야망을 가지고 있었다. 이방인은 교정되거나 고쳐야 하는 하나의 비정상으로, 즉 국민국가 건설의 원치 않는 부작용으로 간주되었다. 사회질서의 조화를 해치는 존재는 누구든 이방인으로 간주될 수 있다. 이방인은 "제자리에 있지 않고" 순수성을 결여하고 있으며 사회질서에 동화되어야 하거나 아니면 사회질서에서 배제되어야 하는 더러운 존재로 여겨진다. 동화한다는 것은 창조된 사회적 조화에 이방인이 부합할 수 있도록 이방인이 가지고 있는 다른 점을 바꾸려고 시도하는 것이다. 만약 동화가 불가능하다면, 이방인은 배제될 것이다.

액체 근대세계에서 살아가는 우리의 삶은 만연한 개인화를 특징으로 하고 소비의 매력에 의해 지배되는데, 이는 빈자와 배제된 사람들에 대한 불관용에서 그대로 나타난다. 실업자라는 것은 결함이 있는 소비자라는 것, 즉 단순히 현재 일자리가 없는 사람이 아니라 하나의 잉여 인간 ─ 보다 구체적으로 말하면, 스킬과 능력이 부족하고 개선의 가능성이 없는 것으로 특징지어지는, 사회에서 유용한 기능을 하지 못하는 사람 ─ 이라는 것을 의미한다. 액체 근대세계에서 무력함은 개인적 실패로, 비참함과 '불결함'을 낳는 것으로 간주되지만, 차이는 여전히 찬양되어야 하는 어떤 것이다. 액체 근대세계에서 사람들은 자신의 삶을 통제할 수 있는 능력이 적을수록 자신과 다른 사람들 모두에 의해 더 많은 원망을 받게 된다.

액화 과정은 포함적인 공동체라는 복지국가 모델에서 '병영국가(garrison state)' ─ 즉, '형사 사법'과 배제된 사람들에 대한 더 심한 '형벌 통제'에 초점을 맞추는 '배제적' 국가 ─ 로의 전환을 동반한다. 바우만은 현대 사회에서 "국가의 사명이 재정의"되었다는 로익 바캉(Loic Wacquant)의 주장에 의지한다. 국가가 경제를 규제할 수 없게 되어 국가의 경제적 역할이 위축됨에 따라, 국가는 자신의 사회적 역할을 축소하는 한편 자신의 형사 개입 역할은 강화하고 확대한다. 장기 실업자는 경찰의 더 많은 감시를 필요로 하는, '범주상으로 열등한' 존재로 간주되는 사람들인 '최하층' — 즉, '잉여 인간'과 ('사회적으로 부적합'하고 '반사회적인' 사람들인) 범죄 '최하층' — 으로 여겨지게 된다. 배제된 사람들은 '재교육되'거나 '재활되'거나 또는 '지역사회로 복귀되는' 사람들의 범위 밖에 존재한다. 빈자와 배제된 사람들은 영구적으로 주변화되고 시장의 힘에 의해 공공 주택 — 보다 구체적으로는 어빙 고프먼(Erving Goffman)이 제시한 전체주의적 기관(total institution)의 이상형과 많은 공통점을 지닌 '하이퍼 게토(hyper ghetto)' 공동체의 형태를 띠는 공공 주택 — 에 거주할 수밖에 없게 된다.

주디스 버틀러(Judith Butler)는 하나의 사회적·존재론적 현상으로서의 불안정성에 대해 저술하고, '자의적 폭력'에 취약하고 영향받는 정도가 사회마다 그리고 사회 간에 다르게 분포하는 방식에 대해 논의한다. 바우만은 버틀러와 유사하게 액체 근대세계에서 사람들은 (자신감 상실과 굴욕감에 뿌리를 두고 있는) 무력감과 자신이 그 세계에 부적절하다는 느낌으로 괴로워한다고 바라본다. 바우만은 현대의 삶을 취약성의 상태, 다시 말해 프레카리티(precarity)에 있는 것으로 묘사하는데, 왜냐하면 액체 근대세계에서의 삶은 자주 불안정한 것으로 경험되고 사람들은 지속적인 불확실성의 상태에서 삶을 살아가기 때문이다.

주디스 버틀러의 저작은 프레카리티에 관한 문헌에서 중요한 부분을 차지한다. 버틀러가 볼 때, 프레카리티는 부정적인 글로벌화와 탈산업화가 낳은 신자유주의의 산물인, 자본주의 발전의 새로운 독특한 시기를 특징짓는다. 프레카리티는 취약성, 탈구, 무력감을 유발하는 자아의 생체정치(biopolitics)로 이해된다. 버틀러는 '불안정성(precariousness)'과 '프레카리티(precarity)'를 구분한다. 불안정성은 모든 인간은 서로에게 상호의존하며 그렇기 때문에 모든 사람은 취약하다는 사실에서 비롯되는 일반화된 인간 조건으로 이해된다. 프레카리티는 불안정성이 불평등하게 배분되어 있는 상태이기 때문에 프레카리티의 관념은 불안정성과 다르다. 주변화되고 가난하며 권리를 박탈당한 사람들은 더 큰 경제적 불안전, 부상, 폭력, 강요된 이주에 노출되기 때문에 더 큰 프레카리티를 경험한다. 어떤 생명과 신체에는 더 큰 가치가 부여되는 반면 다른 생명과 신체에는 그만큼의 가치가 부여되지 않으며, 어떤 생명은 불안정성으로부터 보호되는 반면 다른 생명은 그렇지 않다. 버틀러가 볼 때, 주변화된 사람들을 결집시키는 인종차별주의적이고 반이민적인 운동 및 정당을 유발하는 것도 이 불안정성의 상태이다.

또한 액체 근대세계에서 이방인으로 전락한 사람들은 불안정한 삶을 살 가능성이 훨씬 크다. 바우만은 『액체 근대성』에서 액체 근대 시대의 삶의 중심적인 특징으로 덧없음, 일시성, 취약성, 미래에 대한 공포를 열거한다. 이 액체 근대 시대에 유일한 안정적인 요소는 변화라는 상태가 사회적 삶에서 유일하게 변화하지 않는 측면이라는 예상, 그리고 불확실하다는 것이 유일하게 확실한 것이라는 예상이 증가하고 있다는 것이다. 이러한 변화가 초래한 전반적인 결과는 액체 근대세계에서는 삶이 대부분의 사람에게서 잠재적으로 더 불안정해졌다는 것이다. 버틀러는 에마뉘엘 레비나스의 저작에 의지하여 불안정성을 하나의 실존적인 범주로 정의한다. 즉, 단순히 추상적인 철학적 개념이 아니라 실제로 존재하고 감정적이고 살아있는 사람의 삶의 경험에 대한 하나의 설명이라고 정의한다. 우리는 이 불안정성이라는 범주를 통해 다른 사람을 하나의 존재로 인식하고 다른 사람에 의해 하나의 존재로 인식 받으며, 다른 사람의 취약한 신체와 불가피하게 마주하고 그 신체에 대해 윤리적 책임을 지게 된다. 버틀러는 공식 담론에서 무시되고 법의 보호에서 배제되어 사회적·법적 보호를 받지 못하는 다양한 개인과 집단에 초점을 맞추고 있다.

가이 스탠딩(Guy Standing)은 프레카리티를 프레카리아트 ─ 제약받지 않는 글로벌 자본주의의 부정적인 힘에 의해 발생하는 불확실한 상태에서 출현하는 새로운 노동계급 — 의 핵심적인 특징으로 기술한다. 프레카리아트는 사회에서 중가하는 불평등의 산물로, 그러한 불평등 속에서 사람들은 심각한 박탈을 경험하지만 국가의 도움이나 지원을 거의 받지 못하고, 따라서 빈곤(또는 프레카리티)의 함정에 빠질 위험에 더 크게 직면한다.

프레카리화(precarisation) 과정은 자본주의 사회에서 사람들이 당연하게 여겼던 다양한 시민적·문화적·사회적·경제적·정치적 권리를 상실하고 있다고 느끼는 계급을 산출해 왔다. 프레카리아트는 이전 세대의 사람들보다 삶이 더 큰 불안전, 불확실성, 부채, 굴욕에 의해 점점 더 지배당하고 있는 사람들을 말한다. 그러한 상태는 개인으로 하여금 자신이 삶의 방향을 실제로 통제하고 있다는 느낌을 가지지 못하게 하기 때문에 사회변화를 우울하게 경험하는 프레카리화된 정신을 유발한다. 바우만에 따르면, 국가는 액화를 "불확실성" 또는 프레카리화를 "제조하는" 데서 하나의 정치적 통제의 도구로 이용한다.

프레카리화는 아감벤(Agamben)의 호모 사케르(homo sacer) 및 **벌거벗은 삶**(bare life)이라는 개념과 연관되어 있다. 라틴어에서 사케르(sacer)는 금기의 범주이며, 호모 사케르는 버림받은 사람, 즉 자신을 더럽히지 않고는 만질 수 없는 피해야 하고 위험한 사람으로 간주되는 사람을 의미한다. 바우만과 마찬가지로 아감벤도 주권 개념 내에서 비일관성을 확인한다. 아감벤은 조지 부시 2세(George Bush Jr)와 관타나모만 수용소, 그리고 히틀러와 죽음의 수용소의 사례에 의지하여 주권자가 사법 질서의 내부와 외부에 동시에 존재한다는 사실을 확인한다. 예외 상태(state of exception)를 선언할 수 있는 권력, 다시 말해 법질서의 효력을 정지시킬 수 있는 권력을 가진 것은 바로 주권자이다. 헌법을 정지할지를 결정하는 것은 주권자이기 때문에 주권자는 사법 질서 외부에 있다. 주권자는 사법 질서를 정지하는 최종 결정권을 독점한다.

새크리드한 것(the sacred)과 관련한 에밀 뒤르켐의 양가성 이론과 비슷하게, 호모 사케르의 경우에도 새크리드니스(sacredness)라는 단어와 관련된 양가성이 존재한다[라틴어 '사케르(sacer)'는 '성스러운'이라는 뜻도 있지만 '저주받은'이라는 뜻도 지닌, 양가적 의미를 가지는 단어이다. 따라서 로마인들은 'sacer esto(사케르 에스토; 사케르하다)'라는 말로 저주를 나타냈고, 이 문구는 로마인들의 단죄 양식이 되었다_옮긴이]. 호모 사케르는 희생된 사람으로, 이미 유죄로 판결을 받은 사람, 즉 누구에 의해서도 죽임을 당할 수 있지만 그 목숨이 너무 하찮아서 인간 제물로 쓰일 수 없는 사람을 의미한다. '사케르 에스토'는 저주를 뜻하고, 호모 사케르는 저주받은 사람이다. 저주를 받았다는 것은 그 사람을 버림받고 피해야 하고 위험하고 법의 보호에서 배제된 사람으로 만들며, 그 사람에게 인간과 동물이 구별되지 않는 영역에서 살도록 강요한다. 이미 암시했듯이, 호모 사케르를 죽이는 것은 살인으로 간주되지 않는다. 왜냐하면 그 사람은 인간의 법과 신의 법 모두의 바깥에 존재하기 때문이다. 하지만 가장 중요한 것은 주권자와의 관계에서 모든 사람은 잠재적 호모 사케르이며 누구든지 호모 사케르로 간주될 수 있다는 것이다.

조지 오웰(George Orwell)이나 올더스 헉슬리(Aldous Huxley)의 미래 사회에 대한 디스토피아적 비전과 유사한 방식으로, 바우만은 고체 근대세계를 세상을 관리 가능하게 만드는 체계로 제시했으며, 그 체계는 구조, 문화, 목적이라는 세 가지 요소를 포함하는 것으로 보았다. 구조는 그 사회의 성원들의 자유와 선택에 한계를 설정하여 그 성원들을 외부로부터 규제한다. 문화는 자유의지를 규제하여 공통의 규범과 행동 패턴을 생성함으로써 사람들의 동기를 조작하는 것, 즉 시간이 지나도 고체 근대국가가 안정성을 유지할 수 있도록 순응을 유도하는 것과 관련되어 있었다. 구조와 문화는 사회를 규제하고 행동 패턴을 유지하며 우연성이나 무작위성의 가능성이나 위협을 제거한다는 공통의 목적을 가진 상호 보완적인 도구였다.

바우만은 막스 베버의 영향을 받아 고체 근대국가를 사회의 현 상태를 변화시키기 위해 폭력과 강제력을 합법적으로 사용하는 권한의 독점권을 주장하는 제도로 정의했다. 고체 근대국가는 필요한 경우 무력이나 강제력의 위협을 통해 사회적 삶을 수용 가능한 형태로 조각하는 조각가 역할을 했다. 폭력의 위협은 고체 근대국가의 주권을 뒷받침했다. 국가는 법의 내용을 결정할 뿐만 아니라 법의 보호를 받을 사람과 받지 않을 사람도 결정했다. 다시 말해 국가는 누구를 포함시키고 누구를 배제할지를 결정했다. 국경을 지키는 것은 고체 근대국가의 중심적 기능 중 하나였다. 하지만 글로벌화 과정에 대한 고체 근대국가의 부적절한 대응은 사람, 돈, 상품이 유동적으로 이동하는 세계에서 국가가 이제 더 이상 사회 현실을 관리하거나 관리할 수 없을 정도로 국가의 주권을 약화시켰다. 고체 근대국가는 경제·사회·문화 분야에서 자신이 이전에 지녔던 규제 기능을 탈규제된 시장 세력에 '아웃소싱'해야 하는 상황에 자신이 처해 있다는 것을 발견했다. 글로벌 흐름은 대체로 국가의 합리적 관리 통제를 벗어나 있는 '치외법권 공간'에서 일어난다. 고체 근대세계에서 액체 근대세계로의 대변환은 국가의 사회공학적 야망이 좌절되었다는 것을 반영한다. 이제 국가는 노동 인구에게 더 많은 유연성을 요구하고, 시장의 힘에 더 많이 순응하며, 국가의 규제를 줄인다. 한편으로는 글로벌 시장의 힘에 의해 초래되고 다른 한편으로는 국가가 시민의 삶을 규제할 수 없음으로 인해 초래되는 이러한 상황이 사회적 배제와 액체 근대세계에서의 불안정한 사람들의 출현을 야기하는 핵심 요인이다.

액체 근대세계는 하나의 전체가 아니라 몽타주(montage) ─ 즉, 사람들이 타자에 대한 그 어떤 헌신에서도 벗어나 있다고 느끼는 상태에서 개인적·개별적·불연속적으로 추구하는 것들의 혼합체 ─ 이다. 따라서 바우만에게 글로벌화는 하나의 윤리적 도전이다. 우리 모두는 액체 근대세계에 사는 개인이지만, 우리가 개인이 되기로 선택한 것은 아니었다. 액체 근대세계에서 사람들은 개인화를 강요받는다. 액체 사회 상태에서 사람들은 그러한 상태를 자신의 이익과 이해관계에 적합하게 새로 고치고 싶은 유혹을 받는다. 비록 우리가 글로벌화가 우리 모두를 서로에게 의존하게 만든다는 점을 인정하기는 하지만, 우리는 우리가 느끼는 개인적인 무력감을 부정하고 타자에 대해 책임질 필요를 느끼지 않는다. 액체 근대세계에서는 집단적인 목적, 운명, 행위를 통한 연대 가능성이 크게 약화된다. 액체 근대세계에서 사람은 개인이 이익을 얻는 데 쓸 수 있는 일회용 물건이나 자원으로 간주된다. 사람을 이처럼 일회용으로 취급하는 태도는 액체 근대세계의 대중문화, 이를테면 <더 위키스트 링크(The Weakest Link)> 같은 프로그램에서 나타난다.

바우만에 따르면, 고체 근대세계는 모든 사람을 자신의 목적을 달성할 수 있도록 구체적으로 설계된 적절한 장소에 배치하는 공간 배열에 기초한다. 바우만은 그러한 세계는 대체로 '정주'사회('sedentary' society)였다고 주장한다. 그에 따르면, 그 세계는 명확하게 정의된 주어진 영토 내에 고착되어 있는, 활기 없고 비이동적인 사람들로 이루어져 있었고, 그곳 주민들은 땅에 결박되어 있는 존재(adscripti glebae) — 다시 말하면, 봉건 시대에 땅의 주인을 섬기던 노예와 유사하게 자신이 일하고 있는 토지처럼 전유되었다가 사업체의 주인이 바뀌면 새로운 고용주에게 넘어가는 존재 — 로 묘사되는 정체성을 가지고 있었다. 반면 액체 근대세계에서 사람들은 하나의 프로젝트 또는 단기 계약에서 다른 프로젝트 또는 다른 단기 계약으로 옮겨가는 삶을 살아가고, 그러면서 참여할 새로운 프로젝트를 계속해서 찾아 나선다. 액체 근대세계는 구속력 있는 규범이 전혀 존재하지 않는 윤리적으로 비어 있는 공간이다. 그곳은 경제 세력들이 어떤 공동체의 유의미한 통제 밖에서 자유롭게 활동하는 공간이다.

주권은 전통적으로 영토와 관련되어 있었다. 출생은 여전히 국가와 시민권에 자연적으로 그리고 합법적으로 진입하는 유일한 길로 간주된다. 다른 사람들은 우리의 문을 두드릴 수 있고, 만약 우리가 그들의 진입을 허용하기로 결정할 경우 그들이 받아들여지는 과정의 첫 번째 단계는 '사회적 벌거벗음(social nakedness)' — 비공간에서 이루어지는 검역의 한 형태 — 을 받아들이는 것이다. 다시 말해 외부인이 포함되기 위해서는 자신이 이전 삶의 모든 측면을 벗어버렸음을 입증해야 하는 형태의 배제를 경험해야 한다.

액체 근대세계에서 도시는 '무국적자'나 인간쓰레기, 그리고 그들의 존재가 불러일으키는 공포를 쏟아버리는 장소가 되었다. 액체 근대 사회에서 경험하는 도시에서의 삶은 글로벌화라는 탈안정화 과정 때문에 본질적으로 불확실하거나 양가적일 수밖에 없다. 바우만에 따르면, 도시 주민은 불안정감을 느낀다. 좀 더 구체적으로 설명하면 동일한 사람에게서 공존하는 것으로 밝혀지곤 하는 믹소필리아(mixophilia)와 믹소포비아(mixophobia)라는 두 가지 모순된 감정에 의해 촉발되는 극심한 불확실성과 양가성을 느낀다. 믹소포비아는 라틴어에서 유래한 단어로, '믹시스(mixis)'(혼합)와 '포보스(phobos)'(공포)가 합쳐진 단어이다. 믹소포비아는 개인의 안전과 집단의 순수성을 위협하는 것으로 인식되는 타자에 대한 무조건적인 공포와 악마화를 기술하기 위해 사용하는 용어이다. 믹소필리아는 원래는 자신이나 다른 사람이 성행위를 하는 것을 지켜보는 페티시를 식별하는 의학 용어였지만, 바우만은 색다르다고 간주되는 타자의 삶과 활동을 관찰하는 것에 매력을 느끼는 것을 기술하기 위해 이 용어를 사용했다.

난민에 대하여

바우만은 『액체 사랑(Liquid Love)』의 후반부에서 '너의 이웃을 너 자신처럼 사랑하라'라는 어려운 문제를 다룬다. 바우만은 이웃을 자기 자신처럼 사랑하는 것이 문명화된 삶을 영위하는 중심 원칙 내지 지침의 하나라는 프로이트(Freud)의 논평으로부터 자신의 분석을 시작한다. 도시에 인간쓰레기로 도착하는 무국적자는 기존의 본토 주민들이 윤리적 책임 의식을 전혀 느끼지 않는 개인으로 간주된다. 우리가 자아와 타자 사이에 그리는 경계는 인간과 비인간, 시민과 외국인 간의 구분에 대해 보다 깊이 이해한 것에 바탕한다. 합법적으로 경계 안에 있는 사람은 가치 있는 사람으로 간주되고, 경계 밖에 있는 사람은 가치가 없는 비인간으로 간주된다. 경계 너머에는 어디에도 없는 호모 사케르의 땅이 있다. 하지만 너의 이웃을 너 자신처럼 사랑하라는 관념은 거의 실천되지 않으며, 만약 사람들이 그것을 믿는다면 그러한 믿음은 바우만이 크레데레 퀴아 압부르둠(Credere quia absurdum) — 이 표현은 "불합리하기 때문에 믿는다"라는 의미의 라틴어 구절로, 원래 가톨릭에 반대하는 근대 초기 프로테스탄트 수사학에서 나온 것이다 — 으로 묘사한 것이다.

우리가 살펴보아 왔듯이, 바우만의 고체 근대 이방인은 타자로 간주되지만 그들이 꼭 '외국인'인 것은 아니며, 사회질서를 어지럽히는 사람은 누구나 이방인이 될 수 있다. 바우만은 『근대성과 홀로코스트』에서 배제된 타자로서의 유대인에 초점을 맞추고서 유대인이 독일 시민권과 국가 정체성을 박탈당한 과정을 설명하면서, 사회질서를 어지럽히는 것으로 간주되어 배제의 대상이 되어 수용소에서 살아야 했던 또 다른 무리인 집시, 동성애자 및 여타 주변화된 집단에 대해서도 대략 언급했다. 바우만은 수감자들이 더 이상 독일 시민이 아니라는 이유로 어떻게 수용소 내에서 법치가 적용되지 않았는지, 그리고 그들의 삶이 어떻게 (신체 파괴를 포함하여) 완전한 신체적·생물학적 통제의 대상이 되었는지를 설명한다.

고체 근대세계에서 국민국가의 국경 내에서 태어나고 살고 일하는 사람들은 권리, 의무, 책임을 가지는 시민으로 간주되었다. 한 사람이 '인권'을 가지는 것은 그 사람이 인간으로 식별되기 때문이 아니다. 한 사람이 자신에게 부여되는 권리를 가지는 것은 오히려 그 사람이 특정 국가의 문서화된 시민으로 간주되기 때문이고, 따라서 '외국인'으로 간주되지 않고 어떤 '곳'에 속한다고 합법적으로 주장할 수 있기 때문이다. 한 사람의 시민권을 박탈하고 그 사람을 그 나라에서 강제로 추방하는 것은 그 사람을 법의 보호 밖에 두는 것이다.

게다가 우리가 또한 고체 근대세계에서 살펴보았듯이, 이방인은 본질적으로 교정되거나 고쳐야 할 비정상으로 간주되었다. 그리고 국가는 이방인과 외국인을 포함한 타자를 전체 사회의 설계도 내에 동화시키고자 했다. 바우만의 액체 근대 저술들에서 난민과 강요된 이주자는 타자이자 이방인으로서 바우만의 관심의 초점이 되었다. 액체 근대세계에서 이방인과 외국인으로 정의된 타자는 안보화(securitisation) 과정 ─ 즉, 국경을 넘어 사회로 진입하는 것을 막는 과정 ─ 의 대상이 된다.

고체 근대세계에서 여권, 국경 통제, 출입국 비자는 통치 기구의 일부였으며, 이는 바우만의 액체 근대 저술들에서도 그대로 유지된다. 액체 근대세계 내에서는 이주의 안보화가 통치의 핵심 목표 가운데 하나가 되었다. 액체 근대세계 내에서 인간의 이주는 많은 사람이 느끼는 불안전감과 밀접하게 연관 지어져 왔다. 2011년 시리아에서 분쟁이 발발한 이후, 그리고 특히 9/11 테러 이후 강요된 이주가 크게 증가하면서 이주는 테러리즘과 연관 지어져 왔다. 액체 근대세계 내에서 '이주자'와 '난민'이라는 단어는 동의어, 즉 하나의 익명화된 단일한 타자로 균질화된 단어가 되었다. 안보화는 사회적으로 구성되는 일체화와 차별의 과정이며, 안보화의 언어는 이주민의 잠재적 위협을 프레임 짓는 방식 및 어떤 이주민을 보호할 가치가 있는 사람과 그렇지 않은 사람, '우리'와 같은 사람과 그렇지 않은 사람으로 분류하거나 범주화하는 방식을 규정하는 데서 중심적인 역할을 한다. 국가가 이주에 대한 안보화를 점점 더 강화하는 것과 함께 이주민은 국가 안보에 하나의 위협으로 간주될 가능성이 커지고, 망명 신청자에 대한 공포는 이주 경험을 더욱 안보화하게 해왔다. 안보화 정책은 서구에서 사람들로 하여금 이주민의 곤경에 대해 무고한 방관자 역할을 취할 수 있게 해준다. 이주민들이 여전히 **우리의 문의 저쪽 편**에 있고 대면 접촉이 가능하지 않은 거리에 떨어져 있기 때문에, 우리는 그들의 곤경에 대해 아무런 양심의 가책을 느끼지 않는다. 바우만은 그러한 도덕적 평가의 부재를 이주민 문제에 대한 '아디아포라화'라고 칭한다. 바우만이 설명하듯이, 소통을 회피할 때 신뢰는 필연적으로 상실되고 타자의 낯섦은 더 깊어지고 더 어두워지고 더 불길해진다.

액체 근대세계를 특징짓는 부정적인 글로벌화의 불길한 측면 중 하나가 전쟁과 분쟁의 탈규제이다. 그러한 갈등은 액체 근대세계 내의 국경을 쉽게 빠져나갈 수는 있지만 진입하는 것은 막는 '비대칭적인 막'으로 바꾸어놓는다. 어딘가 다른 곳에서 더 나은 삶을 찾아 자발적으로 고향을 떠나는 '경제적 이주자' 외에도 많은 사람이 자신이 원하지도 않았고 연루되기를 바라지도 않았던 분쟁의 한가운데서 부정적인 글로벌화의 '부수적인 피해자'가 되고 있다. 그들은 종종 자신의 고향에서 쫓겨나 고국의 국경 밖에서 '안전한 피난처'라는 이름이 붙은 '영구 임시 수용소'에서 안식처를 찾을 수밖에 없는 자신을 발견한다. 하지만 사람들이 본국을 떠날 수밖에 없음을 깨달을 때, 그들은 '무국적자'가 되어 법의 테두리 밖에 놓이게 되고, 시민이라면 당연한 것으로 간주할 일상적인 것들에 대한 접근을 거부당한다.

그러한 탈규제된 분쟁으로부터 도피한 망명 신청자는 고향을 잃은 탈정상화된 사람이 된다. 다시 말해 고향을 잃은 사람으로서의 난민은 지구상에서 자신이 있을 정당한 장소를 잃고 '비장소(non-place)'에 있는 자신을 발견한다. '영구 임시 수용소'는 한 영토 '안'에 있지만 그 영토에 '속해' 있지는 않다. 바우만에 따르면, 난민 수용소는 그곳 거주자들을 일반 주민과 떼어놓기 위해 철조망과 경비병에 의해 분리된, 어빙 고프먼이 말하는 '전체주의적 기관'과 많은 공통점을 가지는 미시세계이다.

난민 또는 강요된 이주민은 고국에서 벌어지는 분쟁에서 탈출함으로써 이전의 정체성을 제거당하고 영구적으로 불안정한 상태로 살아가는 '한계 표류(liminal drift)'를 경험한다. 그들은 지금은 오직 정처 없는 여정 중에 있는 '밀

입국 난민(paper-less refugees)'으로 낙인찍혀, '생체 격리(bio-segregation)'의 대상이 되고, 달갑지 않은 사람으로 언제나 떠날 것을 기대받는다. 바우만은, 철학자 이마누엘 칸트의 1784년 논평에 의지하여, 지구는 하나의 구체(球體)이기 때문에 달갑지 않은 이주민들은 하나의 냉대하는 장소에서 다른 냉대하는 장소로 영구히 떠밀리는 자신들을 발견한다고 지적한다. 달갑지 않은 이주민이 옮겨가는 곳은 그곳이 어디든 현지인과 고향을 잃은 사람들 사이의 변경 지대가 된다. 바우만은 난민을 '인간쓰레기'의 화신, 즉 도착한 곳에서 수행할 목적이나 기능이 없는 개인으로 간주되는 사람으로 묘사한다. 난민으로 정의 된다는 것은 오직 그가 이주자 신분으로만 정의되고 이전에 자신을 규정하던 다름, 성취, 자아는 무시되거나 지워진다는 것을 의미한다. 국가에 의해 통합이나 동화에 부적합한 것으로 간주되는 외부인과 이방인으로서의 난민은 자주 공포와 불안의 가시적 대상이 되고 현지 주민들이 자신들의 잉여 분노를 분출하는 대상이 된다.

9/11 테러 이후 미국인과 유럽인들은 글로벌화된 세계에서의 보호는 '합법적인 시민'인 '우리'를 세계의 나머지 사람들로부터 떼어놓는 것과 타자의 곤경을 무시하는 것을 포함해야 한다고 재빨리 결론 내렸다. 난민은 우리의 도움과 지원이 필요한 사람들이 아니라 안보 위협으로 재조명되었다. 심지어는 난민 처우에 관한 국제법을 위반하는 것으로 보일 때에도 자주 이주의 안보화가 일어난다. 많은 나라가 개인의 난민 지위를 무시하고, 1951년 유엔이 승인한 난민 협약(Refugee Convention)에 따라 국제 사회가 합의한 내용, 즉 난민에게 권리와 보호를 자동으로 부여하기를 거부하고 있다. 이를테면 2001년 8월에 호주 정부의 명령을 받은 호주 특수부대는 공해상에서 구조된 난민 433명을 태우고 있던 노르웨이 선박 탬파(Tampa)호가 호주 영해에 입항하는 것을 거부했다. 호주 정부는 국경 보호 법안(Border Protection Bill)을 도입하면서 이 법안이 호주의 주권을 확인하고 호주에 입국하여 거주할 수 있는 사

람을 결정하는 데 필요하다고 주장했다. 2001년 사건 이후, 해상으로 호주에 도착하고자 하는 난민들은 나우루(Nauru)섬으로 이송되었고, 그곳에서 난민 지위 신청 절차가 진행되었다.

바우만은 국경과 경계의 기원을 클로드 레비-스트로스(Claude Levi-Strauss) 의 근친상간에 대한 논의에서 찾을 수 있다고 설명한다. 바우만이 볼 때, 어떤 여성은 성교에 적합하고 성관계가 가능한 것으로 분류하고 다른 여성은 신체적으로 성교에 적합하더라도 성관계가 가능하지 않은 것으로 분류하는 것은 인간이 서로에게 부과하기로 결정한 최초의 인위적 구분이었다. 국경 또는 경계의 역할은 차이를 표시하고 만들고 구조를 부과하는 것이다. 국경은 어떤 것 또는 어떤 사람이 '적절한' 장소에 있는지를 식별한다. 왜냐하면 어떤 사람이 적소에 있지 않은 것으로 보인다는 것은 그 개인의 존재를 바람직하지 않고 불법적이며 허용되지 않는 것으로 정의하는 것이기 때문이다. 국경의 주요한 역할은 구역을 나누고 표시하여 알지 못하는 존재와 불확실한 존재를 차단하는 것으로 가정된다. 하지만 바우만은 국경이 차이를 연결하고 결합할 수 있는 접점이 될 수 있다고 제시한다. 국경은 외부인이 들어올 수 있는 문, 입구, 기회를 발견하는 곳이다.

바우만은 글로벌 이주의 서로 다른 단계에 대해 폭넓게 개관한다. 그는 이주의 첫 단계를 19세기 부유한 유럽 국가에서 저개발 지역으로 '쓰레기가 된 인간'을 수출한 것에서 찾는다. 이러한 '쓰레기가 된 인간'들로는 영국과 같은 부유한 국가에서 호주와 같은 곳으로 추방된 죄수나 새로운 기회를 찾아 자발적으로 떠나 '정착민'이 된 빈민과 실업자를 들 수 있다. 이주의 두 번째 단계는 식민지 제국이 해체되고 난 후의 시기로, 이 단계의 이주자들은 주로 부유한 서구에서 경제 향상을 꾀한 옛 식민지 거주자들이다. 이주의 현재 단계는 디아스포라(diaspora)의 시대 — 즉, 사람들이 전 세계로 흩어져서 이전의 고국과 공통의 유산이나 가족 관계의 측면을 공유하는 시대 — 로서의 액체 근대세계를 반영한다. 이주 동기는 식민지 과거의 산물이 아니다. 이러한 디아스포라라는 그러한 사람들에게 세계를 가로지르는 이동을 강요하거나 장려하는 광범위하고 다양한 글로벌 힘의 산물이다. 모든 국가는 잠재적으로 이주의 정착지가 될 수 있다. 액체 근대의 맥락에서 이주는 정체성, 시민권, 장소 간의 연결고리에 관한 고체 근대적 개념에 의문을 제기하는 치외법권적 요소를 가지고 있다.

이주민들이 자신이 유민임을 발견하는 글로벌 공간은 변경 지역 — 즉, 일시성의 상태가 지속되는 비장소 또는 빈터(spatial void) — 이 된다. 그리고 그곳에서는 이제 쫓겨나고 억압받는 이주민들을 환영하는 자유의 여신상을 더 이상 찾아볼 수 없다. 바우만은『우리 문 앞의 이방인들 속에서(In Strangers at Our Door)』에서 유럽 전역에서 난민 위기로 인해 일고 있는 불안에 대해 살펴본다. 바우만은 프란치스코(Francis) 교황이 2013년 7월 시칠리아 람페두사(Lampedusa)섬을 방문해서 했던 연설에 의지한다. 바우만이 볼 때, 난민 위기의 핵심 측면은 유럽연합이 이주민과의 대화를 거부하고 그들의 곤경에 침묵하고 있다는 것이다. 이는 유럽연합이 이주민의 곤경에 대해 관심을 가지지 않는다는 사실에서 비롯된다. 프란치스코 교황은 유럽연합 각국 정부가 이주민들로 인해 직면한 문제들과 거리를 두려 하는 방식에 이의를 제기했다. 바우만은 이주 위기의 결과에서 손을 뗀 본디오 빌라도(Pontius Pilate)의 사례를 따르는 것이 초래할 위험에 대해 우리에게 경고하는 몇 안 되는 공인 중 한 명으로 프란치스코 교황을 기술했다. 바우만은 유럽에서 '무관심의 글로벌화(globalization of indifference)'가 나타나 왔다는 교황의 논평을 지적한다. 바우만은 프란치스코 교황을 크게 존경했고, 2016년 9월에는 아씨시(Assisi)에서 열린 산테지디오(Sant'Egidio) 공동체 회의에 초청받아 프란치스코 교황과 개인적인 만남을 가졌다.

바우만의 책『우리 문 앞의 이방인들 속에서』는 게오르크 짐멜의 다리와

문에 대한 설명을 출발점으로 삼고 있다. 문이라는 은유는 이주민을 액체 근대세계에서의 이방인으로 바라보는 바우만의 이해에서 중심을 차지한다. 짐멜이 볼 때, 물리적 세계에서는 두 물체가 동일한 물리적 위치를 차지할 수 없다. 더군다나 자연 세계에서는 모든 것이 다른 모든 것과 어떤 형태로든 관계를 맺고 있는 것으로 볼 수 있다. 자연계의 사물은 서로 연결되어 있지 않지만 동시에 우주 안에서 서로 연결되어 있다. 게다가 어떤 사물은 주어진 공간에서 제거되어 다른 곳에 배치되는 것도 상상해 볼 수 있다. 사회 세계에서 사람들은 사물과 사건을 연결하고 분리하는 자신들의 능력을 당연한 것으로 간주한다. 추상적으로 그리고 실제로 사물과 사건을 연결하고 분리하는 인간 능력을 뒷받침하는 것이 바로 인간이 가지고 있는 경계 설정 성향이다. 짐멜에 따르면, 우리는 연결하는, 그러나 분리하지 않고는 연결할 수 없는, 연결하는 피조물이다. 우리는 사물들이 그 자체로 독립적으로 존재할 수 있다고 가정할 때만 사물 간의 연관성을 밝힐 수 있으며, 동시에 우리는 사물들이 연결될 수 있다고 가정할 때만 사물을 분리할 수 있다. 길과 다리를 건설하는 우리의 능력을 뒷받침하는 것이 바로 이전에는 연결되지 않았던 사물을 연결하는 우리의 추론 능력이다. 인간은 연결을 가능하게 하기 위해 길을 만들고 다리를 건설한다. 다리는 고정된 지점을 식별하고 연결한다. 하지만 다리를 따라 이동하는 방향은 행위의 의미의 측면에서 차이를 만들어내지 않는다. 이와 대조적으로 문은 내부와 외부를 연결하는 고리를 형성한다. 문은 내부와 외부를 초월하며 분리와 연결 모두를 나타낸다. 그리고 문은 우리를 분리시켜 주고 하나의 경계를 상징한다. 다리는 하나의 유한한 장소와 다른 유한한 장소 간에 방향을 제시하는 반면, 문은 안전은 제공하지만 방향은 제시하지 않는다. 내부와 외부를 초월한다는 측면에서 훨씬 적은 중요성을 갖는 창문과 달리, 삶은 열린 문을 통해 어느 방향으로든 흐른다. 문은 삶이 내부에서 외부로, 그리고 외부에서 내부로 이동하는 것을 상징한다.

유럽과 미국 사회에서 이주민을 생명에 대한 위협으로 인식하는 것은 난민과 이주민의 프레카리티를 증가시키고 우파의 공포와 증오의 정치를 강화해 왔으며, 비백인 유럽인의 어려운 처지에도 크게 영향을 미쳤다. 하지만 바우만은 태초부터 사람들이 전쟁과 박해를 피해 도망쳐 왔다는 사실을 정확하게 지적한다. 그런 사람들은 항상 이방인으로 간주되었다. 그럼에도 불구하고 액체 근대세계에서 사람들은 공동체적 유대를 부식시키는 개인화의 증가에 의해 초래되는 '실존적 불안전(existential insecurity)'감을 자주 경험한다. 사회적 삶은 개인의 사회적 지위와 정체성을 점점 더 취약하게 느끼게 만드는 새로운 프레카리티 의식에 의해 특징지어진다. 안보화는 정부가 효과적으로 대처할 수 없는 많은 문제를 다루는 것과 관련한 불안을 거버넌스의 실패에서 이민을 통제하고 국경을 보호하는 문제로 전환하는 것을 포함한다. 안보화는 '이주 문제'를 개인 및 국가 안보의 문제로 정의함으로써 국경 내의 사람들로 하여금 자신의 문제에 대한 책임을 이주민에게 돌리게 하고 국경 밖에서 일어나는 사건이나 인적 비용에 대해 아무런 책임을 느끼지 않게 한다. 액체 근대 사회에서 이주민들은 자신들이 부정적인 글로벌 힘의 희생자라는 것을 자주 발견한다. 글로벌화는 이주민들을 취약하고 공격받기 쉬운 존재들로 만들고, 자신의 삶이 점점 더 불안정해지고 사회 밑바닥으로 밀려나는 것을 두려워하는 호스트 사회의 많은 사람은 이주민을 '나쁜 소식의 전조'로 간주한다. 게다가 이주민들이 모여드는 도시 지역에서는 '믹소필리아' — 즉, 이방인이 보여주는 차이에 대해 매력을 느끼는 것 — 와 '믹소포비아' — 즉, 이방인과 함께 유입되는 미지의 것에 대해 두려움을 느끼는 것 — 라는 상반된 욕구가 발생한다. 안보화는 국경 내 많은 사람들로 하여금 타자 또는 이방인과 대면적 만남을 가지는 것을 줄이게 하는데, 이는 이주민이 직면하는 낙인의 동학을 변화시키고 타자를 격퇴하거나 쫓아내고자 하는 욕망을 강화하는 전략의 하나이다.

바우만은 다시 에마뉘엘 레비나스와 한나 아렌트에 의지하여 타자의 위치에 대해 논의한다. 바우만이 볼 때, 현대 세계에서 도덕성과 관련하여 가장 불안한 위험은 인간관계 내에서 널리 확산되고 있는 기만적인 아디아포라화 — 다시 말해 특정 범주의 사람을 우리의 도덕적 책임과 인도적 대우에서 배제하는 것 — 이다. 그중에서도 특히 주목할 만한 것이 이주민들을 배제하는 길을 만들어주는, 이주민의 비인간화이다. 바우만은 이러한 감상이 케이티 홉킨스(Katie Hopkins)가 이주민을 '바퀴벌레'와 '야생 인간'으로 정의한 것에 반영되어 있다고 주장한다. 결국 바우만이 볼 때, 윤리는 공통 가치, 습관, 매너의 집합체가 아니라 개인이 선과 악의 차이를 알고 악보다 선을 적극적으로 증진하는 것에 관한 것이다.

제9장

바우만의 유산

사회적 고통은 바우만의 사회학에서 오랫동안 다루어온 테마였다. 바우만에서 고통받는다는 것은 사회 환경 내에서 비인격적인 힘 — 즉, 무정형적이고 글로벌하고 무엇보다도 본질적으로 아디아포라화하는 힘 — 의 희생양이 되는 것이다. 바우만의 연구는 '고통의 사회학'에 기여하는 것으로 독해될 수 있다. 바우만이 고통의 사회학에 대한 기여를 통해 꾀한 전반적인 목적은 (공익을 달성하는 서로 다른 방법을 인정하는) 정의(正義)에 대한 이해에 기초하여 공동의 인류를 구성하는 데 도움을 주는 것이었다. 사회구성체는 급속도로 크게 변화했지만, 사회적 고통의 형태는 여전히 남아 있다. 수년에 걸쳐 바우만은 사회적 고통에 대한 자신의 관심을 노동계급, 유대인, 이방인, 타자, 난민, 강요된 이주자에 집중해 왔다. 하지만 바우만의 고통에 대한 해석은 항상 개인의 경험보다는 사람들의 범주에 초점을 맞추어왔다. 게다가 고통에 대한 바우만의 설명은 항상 수동태로 표현되는데, 바우만이 사용하는 언어는 고통 초래에 책임이 있는 사람이나 행위 주체를 감추기 때문에 묘사된 고통에 대한 책임 배분을 피할 수 있다. 그럼에도 불구하고 바우만은 항상 인간의 가능성과 책임과 관련하여 고통을 바라본다.

　바우만에서 포함은 사회적으로 함께하는 따뜻한 집단을 만드는 것을 포함한다. 그러나 사회적 함께함(social togetherness)에 대한 어떠한 이해도 모순을 낳는데, 왜냐하면 어떤 개인을 포함한다는 것 자체가 타자가 특정한 형태의 배제 대상이 되는 사람들의 범주라는 것을 의미하기 때문이다. 바우만에게서 고체 근대세계에서 액체 근대세계로의 전환은 근본적인 사회적 변화이며, 이 액화 과정이 바우만의 기본 분석 틀이 된 것은 2000년경이었다. 액체 근대세계는 인간의 진정한 개인적 자율성과 자기 정의를 방해하고 기회를 제한하는 형태의 불평등에 기반을 두고 있다. 신자유주의의 액체성에 대한 이러한 비판은 현대 자본주의의 조건 내에서 시장 질서의 정당화가 정당한 경계를 넘어서 이루어지고 있다는 가정에 기초한다. 시장 내에서 자신을 표현하는 것이 개인의 자기 가치의 유일한 원천이 되어서는 안 된다. 인간의 주체적 행위 능력에 대한 바우만의 이해와 관련하여 여러 비판이 제기되고 있기는 하지만, 바우만은 개인은 주어진 상황 내에서 자신의 자기 가치에 대해 의문을 제기할 수 있고, 낙인을 피하고자 할 수 있고, 취향과 유행의 변화에 대응하여 자신의 자아 표현을 수정할 의지가 없거나 수정할 수 없는 사람들을 낙인찍을 수 있다고 주장했다. 규칙에 의해 지배되는 사회질서는 그 본질상 도덕적이거나 윤리적이지 않다. 우리의 도덕적 능력은 타자와의 근접성 및 준(準)무의식에 의해 촉발되는 타고나는 것으로, 모든 인간에게 깊이 내장되어 있다. 하지만 액체 근대세계에서 이러한 능력은 이기적인 탐욕에 가려져 있다.

　바우만의 수많은 저서의 뒤표지에서는 바우만을 우리 시대의 가장 지각 있고 통찰력 있고 독창적인 사람이자 존경받고 훌륭하고 영향력 있는 사회사상가 중 한 사람으로, 즉 오늘날 저술 중인 세계 최고의 사회사상가 가운데 한 사람으로 소개하고 있다. 바우만의 저서는 아주 명쾌하고 자극적이며 예리하고 뛰어나다고 묘사되며, 우리가 현대 세계에 대해 생각하는 방식을 바꾸어놓았다. 이 장에서 우리는 바우만의 학문적 정체성의 셀럽화(celebrification) 과정, 즉 그가 지적인 유명인사로 여겨지게 된 과정을 살펴본다. 바우만의 유산은 그가 지식인으로서 독자들에게 무엇을 제공했는지에 기초하여 평가될 것이다. 유산을 남기기 위해서는 성공적인 학문적 제도화가 필요하다. 즉, 전문 학술지에서 인정받는 것, 다시 말해 자신의 연구가 정식 출판물로 인정받고 동료들로부터 인정을 받는 것이 필요하다. 이 장에서 우리는 액체 근대성 개념이 하나의 이론적 브랜드 또는 트레이드마크로 제도적으로 확산되는 과정과 그 과정이 세 가지 요인에 의해 촉진되는 방식을 살펴볼 것이다. 그 첫째 요인은 종종 모호하지만 적응할 수 있는 바우만의 지적인 글쓰기와 논증 스타일이고, 둘째 요인은 바우만이 포스트모더니즘을 공개적으로 수용하지 않은 채로 근대성을 사회적 악의 한 형태로 비판을 하고 있는 것에 뿌리를 둔 학문적인 호소력이며, 셋째 요인은 바우만이 자신을 '분별력 있는(wise)' 존재로 표현한 것이다(자신에 대한 이러한 표현은 사회정의의 실현을 바라는 마음과 현재의 비인간적인 사회적·정치적 맥락에서 힘없는 사람들에게 목소리를 제공하고자 하는 욕망에서 비롯되었다). 바우만이 표현하고 있는 자신의 자아는 영원한 이방인 또는 짐멜이 말하는 지식인으로서의 이방인, 좀 더 구체적으로 말하면 우리 내부자가 당연한 것으로 간주하는 동일한 가정을 하지 않으며 따라서 그 이유만으로도 우리가 갖지 못한 통찰력을 가지고 있는 외부인이다. 이 장에서 나는 바우만이 어째서 자신의 저작을 현대 사회의 근본적인 사회적·정치적 문제에 대해 중요한 진단을 내리는 것으로 묘사하는지를 살펴볼 것이다. 그리고 나는 바우만의 유산을 뒷받침하는 저작이 바로 『근대성과 홀로코스트』라고 결론 내릴 것이다. 나는 바우만이 『근대성과 홀로코스트』에서 제시하는 주장이 앞으로도 오랫동안 논의될 것으로 예상한다. 하지만 나는 바우만의 액체 근대성 개념이 그만큼 영향력이 있을 것이라고는 확신하지 못한다. 마이크 새비지(Mike Savage)에 따르면, 사회학자들은 '시대주의적 사고(epochalist thinking)'

를 즐긴다. 하지만 탈근대성, 하이퍼리얼리티(hyperreality), 역사의 종말, 성찰적 근대성, 탈결핍사회(post-scarcity society), 위험 사회, 정보 사회, 네트워크 사회, 이벤트 사회[체험사회(Erlebnisgesellschaft)] 등 현대를 이전과 다르게 만드는 시대적 변화와 급진적 사회변화를 새로운 방식으로 이론화하려는 우리의 열정은 항상 단명한다. 그러한 시대적 사고방식 모두는 새롭고 더 흥미로운 것으로 인식되는 어떤 것에 의해 대체되었으며 왔다가 사라졌다.

시대주의

1980년대 이후 바우만의 연구는 시대주의(epochalism)의 한 형태로 묘사할 수 있다. 시대주의는 사회변화를 진화나 점진적인 사회변화의 측면에서가 아니라 뚜렷한 불연속성의 측면에서 이해하는 양식이다. 개념적으로 시대주의는 이론가들이 사회를 개념적 수준에서 실증하거나 재정의하여 새롭게 구성된 세계 개념 안에 위치 짓고자 하는 시도를 포함한다. 이 입장은 그러한 사회에 사회이동과 계급불평등의 측면에서 큰 변화가 없었다고 주장한 몇몇 사회학자, 특히 존 골드소프(John Goldthorpe)와 대조적이다. 과거 사회에서 사물이 존재하는 방식과 현대 사회에서 사물이 존재하는 방식 간의 날카로운 대비에 기초하는 이해의 한 형태인 시대주의는 사회학적 상상력의 논리에 깊이 내장된 일반적인 관행이 되었다. 마이크 새비지가 볼 때, 1958년에 하버드 경제학자 존 케네스 갤브레이스(John Kenneth Galbraith)가 '풍요한 사회(affluent society)'라는 개념을 도입한 이래, 시대적 설명은 사회학에서 가장 시장성 있는 브랜드 중 하나임이 입증되어 왔다.

사회학자들은 10년 정도마다 '새로운' 사회구성체 또는 새로운 형태의 근대성이 도래했음을 공포하는데, 이는 일단의 새로운 조건에 기반한 새로운 시대가 시작되었음을 알리는 것이다. '새로운' 사회구성체를 뒷받침하는 것이 식별되고 논의되고 논쟁된다. 그런 다음 10년 이내에 그것은 시대에 관한 더 새로운 일단의 주장으로 대체된다. 새비지에 따르면, 거의 모든 형태의 시대주의는 새로운 사회구성체를 창조하는 데서 풍요가 미치는 영향과 관련하여 갤브레이스의 주장이 만들어낸 논점을 순진하게 재가공한다. 시대주의적인 이론화 방식은 자신의 유산을 강화하는 진부한 전략이다. 새로운 형태의 사회구성체나 위기를 정의하고 그것을 유행시킴으로써 시대주의에 성공적으로 합류할 경우, 향후 10년 동안 저자의 지위를 확고히 굳힐 수 있다. 이 접근방식은 데이터 수집을 피하고 다른 이론가의 주장, 관찰 및 데이터에 의지한다.

　1980년대에 바우만은 그에 대한 주요 논평가 중 한 명인 피터 베일하르츠(Peter Beilharz)를 비롯한 많은 사람에게서 포스트모던 사회학자 중 가장 흥미롭고 일관성 있는 학자로 여겨졌다. 하지만 바우만의 경력이 너무나 길었던 나머지 우리가 탈근대 상태/사회에 살고 있다는 그의 1980년대 후반의 주장은 2000년경에 유행에 뒤처졌다. 이로 인해 바우만은 침묵하거나, 우리가 지금 더 새로운 종류의 근대성, 즉 탈-탈근대성의 형태에 살고 있다고 주장하거나, 아니면 인류 역사상 유례없고 특별한 시기를 의미하며 이전의 고체 근대세계 및 탈근대세계와는 근본적으로 다른 '액체' 근대세계에 살고 있다고 주장해야 하는 선택의 기로에 놓이게 되었다. 액체 근대세계에서는 국가는 자신에게 개인의 욕구를 보호할 책임이 있다고 더 이상 생각하지 않는다. 그리고 액체 근대세계는 또한 고체 근대세계의 낡은 관료제적 합리성도 거부해왔다. 공산주의, 사회주의, 사회민주주의, 자유민주주의, 나치즘 등 서로 다른 매우 다양한 형태를 띠는 고체 근대세계는 합리적인 관료제적 조직이 지닌 부정성의 단순하고 사악한 그리고 추상적인 집합으로 축소된다. 액체 근대성은 근대성의 역사에 더 새로운 탈근대적 시대라는 새로운 시대 도식을 부과하려는 바우만의 시도에 기반하고 있고 그러한 시도를 반영하는 하나의 수사학적 장치이지만, 여전히 논쟁의 조건을 미리 규정하는 이분법적 논리에 기초하고 있다.

바우만의 접근방식은 '회고적 사실주의(retrospective realism)'로 묘사할 수 있는 것에 정확히 들어맞는다. 회고적 사실주의는 '역사적 병치', 대위법 또는 비교를 포함하는 논증 구축 방식으로, 먼저 과거를 협소한 일단의 추상적 특성들로 축소하고(이것의 역할은 현재의 배경으로 작용하는 것이다), 그런 다음 새로 등장하는 사회 시대와 정반대되는 현실을 경험적으로 묘사하는 것으로 고체 근대성의 이상형을 매우 추상적으로 제시한다. 우리는 이러한 추론의 좋은 사례를 바우만의 책 『소비자 세계에 윤리가 자리할 가능성이 있는가?(Does Ethics Have a Chance in a World of Consumers?)』의 뒤표지에서 찾을 수 있다. 그 뒤표지는 독자들에게 그 책에서 바우만이 우리에게 새롭게 유연하고 새롭게 도전적인 근대세계에 대해 새로운 방식으로 사고할 것을 촉구한다고 알린다. 『액체 감시』의 뒤표지에도 바우만이 그 책에서 액체 근대세계를 통찰력 있게 해부하고 있다고 유사하게 진술하고 있다.

2004년경 바우만이 '액체 근대성'에 대한 대안을 찾고 있었다는 것을 보여주는 증거가 몇 가지 있다(이를테면 바우만이 자신의 논문 「문화와 경영(Culture and Management)」에서 액체 근대성을 과거형으로 사용한 것을 보라). 바우만의 접근방식에서 액체 근대성을 대체할 수 있는 것이 무엇일지는 단지 추측할 수 있을 뿐인데, 아마도 탈액체 근대세계는 발포 사회(Effervescent society) — 더 이상 단순한 액체 형태의 근대성이 아니라 거품이 이는 프로세코를 동력으로 하는(Prosecco-driven) 방종한 형태의 근대성에 기초하는 사회 — 가 되거나, 아니면 파티스리 사회(The Pâtisserie Society) — 과도한 소비문화를 찬양하고 자주 마리 앙투아네트(Marie Antoinette)가 한 말로 추정되는 유명한 인용구 "그들에게 케이크를 먹게 하자"에 담겨 있는 비전을 수용하는 사회로, 배제된 자를 제외한 모든 사람이 원하는 모든 것을 가지는 형태의 근대성에 기반한다 — 가 될 것이다.

셀럽은 액체 근대세계의 본질적인 특징 중 하나이다. 학술 출판사에서조차 자사의 저자를 지식인 셀럽으로 홍보할 정도로 스타덤 문화가 액체 근대세계를 지배하고 있다. 액체 근대세계에서 셀럽 정체성 ― 셀럽 지식인 정체성을 포함하여 ― 을 생산하는 것은 다양한 기관과 조직에 의해 지원되고 매개되는 마케팅 관행만큼이나 수행적인 관행이다. 대학이 더욱 상품화됨에 따라 바우만의 자아 표현도 고등 교육 기관이 처한 신자유주의적 환경을 점점 더 반영하고 있다. 대학의 상품화에서 지식인 셀럽이 수행하는 역할은 소비 공중에게 자신을 하나의 상품으로 판매하여 시장에서 교육을 하나의 '제품'으로 판매하는 대학의 중심 역할을 홍보하는 것이다.

액체 근대세계에서 지식의 본질적인 가치는 의심받아 왔다. 바우만은 시장에서 성공할 수 있는 출판물을 생산하라는 오늘날 고등 교육계에서 일고 있는 끊임없는 요구에 잘 부응하는 것으로 보인다. 2000년 이후 바우만은 상업 세계와 학문 세계의 경계를 거듭 넘나드는 학술 서적 기계가 되었고, 그의 텍스트는 사용 가치(그 자체의 내재적 가치)와 시장에서의 교환 가치를 모두 지니게 되었다. 따라서 바우만은 더할 나위 없는 액체 근대 학자로 제시될 수 있다. 바우만은 자신의 적응 능력을 통해 동시대성을 유지해 왔다. 토니 블랙쇼(Tony Blackshaw)와 맷 도슨(Matt Dawson)과 같은 바우만에 동조적인 논평가들은 바우만이 탈근대성의 사회학과 액체 근대로의 전환 저술 내에서 제기한 기본적인 주장과 가정이 동일하다고 주장한다. 탈근대 사회질서에서 액체 근대 사회질서로 이동하는 것은 하나의 사회 유형에서 다른 사회 유형으로 이동하는 것이 아니다. 바우만의 저작에서 탈근대성에서 액체 근대성으로 전환하는 경우는 전혀 없다. 액화는 탈·탈근대화 과정이 아니다. 액화는 현대 사회에서 일어나는 급격한 사회변화에 대한 일단의 동일한 관념과 주장을 반영하는 이상형을 재브랜드화한 것이다. 이는 2000년에 바우만이 단행한 액체 전환이 인식론적 단절이나 그의 이론적 방향 전환에 대해 재고하는 것이라기보다는 판매 증진을 위한 마케팅 활동에 가깝다는 것을 시사한다. 또한 바우만은 자신의 액체 전환 출판물마다 자신의 생각과 주장을 조금씩 다른 방식으로 재생산하는 경향이 있는데, 이는 그의 일차적 의도가 비판적이고 창조적인 학술활동을 통해 지식에 새로운 기여를 하는 텍스트를 생산한다는 본질적 가치를 추구하기보다 시장에 침투하는 데 있음을 시사한다.

'포켓' 북, 특히 키스 테스터(Keith Tester), 데이비드 라이언(David Lyon), 레오니다스 돈키스(Leonidas Donskis), 미카엘 흐비드 야콥센(Michael Hviid Jacobsen), 카를로 보르도니(Carlo Bordoni), 라인 라우드(Rein Raud), 이레나 바우만(Irena Bauman), 제르지 코시아츠키에비치(Jerzy Kociatkiewicz), 모니카 코스테라(Monika Kostera), 스타니스와프 오비렉(Stanisław Obirek), 에지오 마우로(Ezio Mauro), 그리고 토마스 레온치니(Thomas Leoncini)와 이메일 교환을 하여 저술된 작은 책들은 확실히 소비주의적이며, 바우만이라는 셀럽을 홍보하는 데서, 그리고 유대인으로서 반이스라엘 성향을 유지하면서도 스탈린주의, 반유대주의, 망명을 극복한 현명하고 선견지명 있고 박식한 인물로 **바우만이라는 브랜드**를 구축하는 데서 중요한 역할을 해왔다. 바우만의 손자는 인권 변호사 마이클 스파드(Michael Sfard)이다. 홀로코스트 생존자이자 저널리스트인 로만 프리스터(Roman Frister)에 따르면, 2011년 9월에 폴란드 주간지 ≪폴리티카(Polityka)≫와의 인터뷰에서 바우만은 이스라엘 웨스트뱅크(West Bank) 장벽을 바르샤바 게토의 장벽과 비교하면서 이스라엘은 팔레스타인과의 평화에는 관심이 없으며 이스라엘 국가가 홀로코스트를 불합리한 행위를 정당화하는 데 이용하고 있다고 주장했다. 이 모든 요소는 바우만이 특별한 재능이나 자질을 지니고 있음을, 그리고 그가 액체 근대세계의 공적 영역에서 발생하는 다양한 사회적·윤리적·정치적 문제에 대해 말할 수 있는 자격을 갖추었음을 보여준다. 이메일 교환 출판물은 독자들에게 바우만의 사적인 생각에 접근할 수 있게 해줄 것 같은 느낌을 준다. 이메일 교환 책들의 어조는 바우만에게 매우 경의를 표하는 형태를 띠며, 그 책에서 자신의 분야에서 저명한 학자들은 바우만에게 이의를 제기하거나 질문하지 않고 세계에 대한 바우만의 이해와 관찰을 공유해 줄 것을 요청한다. 이는 바우만으로 하여금 자신이 아르키메데스식의 절대적 전지성의 관점에서 현대 사회의 비인간성을 유발하는 것으로 인식한 것을 공정한 이해에 근거한 절대적 깨달음과 자각에 기반하는 것으로 서술할 수 있게 해준다.

바우만은 도덕적 등가성(moral equivalence)의 옹호자로 제시되며, 자기 스스로도 짓밟히고 착취당하고 억압받는 사람들을 대변한다고 주장한다. 사회비판을 통해 성공적인 경력을 쌓은 다른 모든 교수와 마찬가지로, 바우만은 대부분의 사람에게는 대체로 폐쇄되어 있는 엘리트 기관(대학) 내에 존재하는 직업을 가지고 있다. 그리고 학계의 엘리트주의는 바우만이 비난하는 사회경제적 불평등을 유지하는 요인 중 하나이다.

어떤 학문 분야에서 정당한 참여자로 정의되는 사람 그리고 스스로를 정당한 참여자라고 정의하는 사람에 의해 어떤 이론, 어떤 책, 또는 어떤 다른 문화적 산물이 무시되어서는 안 될 것으로 정의되기 위해서는 어떤 조건이 필요한가? 특정 사회이론은 그 이론 자체가 가진 실제 가치를 통해서만 수용되고 정당화되는 것이 아니다. 이론은 그 이론이 구조화된 문화적·제도적 체계 내에 성공적으로 자리 잡은 결과 수용되고 정당화되기도 한다. 촉탁 편집자(commissioning editor), 학술지의 서평 편집자, 해당 분야의 저명인사, 국제적으로 인정받는 학술지의 편집위원회, 연구기관 등과 같은 지적 영역을 규제하는 사람들이 해당 이론을 중요한 것으로 인정할 경우, 그 이론의 저자가 신문 서평이나 주류 저널리즘에 언급됨에 따라 공중이 그 이론을 중요한 것으로 인식하게 되고, 따라서 그 이론은 공적 영역에서 더 큰 영향력을 행사하는 것으로 여겨지게 된다. 바우만의 경우에 저서와 학술지 논문 외에도 2011년의 영국 폭동, 9/11, 도널드 트럼프의 대통령직, 영국 EU 국민투표 결과, 교육, 불평등, 강요된 이주, 유럽에서의 포퓰리즘 정당의 부상 등을 포함하여 당시 호소력을 지니는 다양한 뉴스 주제에 대해 2011년부터 2016년까지 ≪소셜 유럽(Social Europe)≫ 및 유사한 출판물들에 많은 저널리즘적인 글을 썼다. 또한 어떤 이론이 공중의 상상력을 사로잡기 위해서는 독자가 주장의 구조나 내용에 관한 세부 지식에 아주 정통하지 않더라도 쉽게 이해할 수 있는 단순한 슬로건 형태(이를테면 액체 근대성)로 요약되고 반복되는 형식을 취해야 한다.

바우만은 미디어로 포화된 사회에서 높은 인지도를 성공적으로 유지해 왔다. 이런 점에서 소셜 미디어에서의 저자의 존재감, 트위터 활동, TED 강연에서의 언급, 유튜브에서의 존재감은 모두 중요하다. 또한 수상 후보가 되는 것도 공중의 마음속에 어떤 이론가에 대한 인지도를 높이는 데 중요하다. 바우만은 1992년에 유럽 사회학 및 사회과학을 위한 아말피상(European Amalfi Prize for Sociology and Social Sciences), 1998년에 테오도르 아도르노상(Theodor Adorno Award), 2010년에는 알랭 투렌(Alain Touraine)과 공동으로 커뮤니케이션 및 인문학 부문 아스투리아스 왕세자상(Príncipe de Asturias Prize for Communication and the Humanities)을 수상했다. 한 이론가의 저작이 해당 학문 내의 논쟁과 다양한 학문에 적용할 수 있다는 것은 서로 다른 시장과 청중에게서 그 저작의 매력을 높여준다.

은유와 '액체' 용어의 가치

동료 학자들은 바우만의 글쓰기 스타일을 중요한 의미를 지니는 것으로 인식해 왔다. 저자들은 언어를 사용하여 세계에 대한 자신의 해석을 표현하고 공유한다. 은유는 바우만의 사회학적 접근방식에서 두드러진 특징이다. 바우만은 이를테면 자신의 저서 『쓰레기가 된 삶: 근대성과 그 추방자들(Wasted Lives: Modernity and Its Outcasts)』과 『소비자 세계에 윤리가 자리할 가능성이 있는가?』에서 액체 근대세계에서의 정체성 구성 방식을 기술하기 위한 은유로 피트 몬드리안(Piet Mondrian)의 그림 <빅토리 부기-우기(Victory boogie-woogie)>와 비교한다. 그렇다면 문제는 사회과학적 설명 구축에서 은유적 분석의 타당성과 정당성은 무엇인가 하는 것이다. 연구자들은 세계를 이해하고 자신의 경험을 설명하기 위해 자주 기존의 지식과 관행에 의지한다. 은유의 역할은 익숙한 어떤 것에 대한 정보를 덜 익숙한 어떤 것과 연결할 수 있게 하는 것이다. 익숙한 것과 덜 익숙한 것을 비교하는 과정에서 새로운 의미가 만들어지고 새로운 인식이 이루어진다.

바우만은 은유가 '인지적 역할'을 통해 우리의 사고를 돕는다고 설명했다. 은유의 역할은 불명확한 것과 명확한 것을 대비시키는 것이다. 은유는 명확한 것과 불명확한 것 간의 유사성, 닮음, 또는 상응성을 시사한다. 그리고 은유는 독자가 어떤 면에서 불명확한 '저기'가 명확한 '여기'와 다르지 않다는 것을 식별하는 것을 돕고, 그리하여 '여기'를 더 의미 있게 만들어준다. 하지만 바우만 연구소(Bauman Institute)의 소장인 마크 데이비스(Mark Davis)조차도 바우만의 접근방식이 갖는 설명적 가치에 의문을 제기해 왔다. 이를테면 방랑자, 호모 사케르 또는 플레이어와 같은 은유가 누구를 지칭하는 것인지가 명확하지 않다. 에이드리언 파벨(Adrian Favell)은 2015년 사회학과 사회이론(Sociology and Social Theory)학과의 학과장이 되기 전에 『포위된 사회(Society Under Siege)』에 대한 서평에서 바우만의 저작을 "어떤 기준에서 보더라도 수치스러운 학술적 저작"이며 "어설프고 과도하고 사변적인 사회학적 논평"에 불과한 것으로 묘사했다. 바우만의 방법론적 접근방식은 다른 사람의 경험적 연구 결과에 부여된 새로운 전문 용어를 "잘라내고 붙여 넣기 하여" 종합한 것으로 묘사된다. 파벨에 따르면, 그러한 식의 작업이 가능했던 까닭은 폴리티 출판사(Polity press)가 바우만에게 "동료 평가나 출판사의 최종 편집으로부터 자유로운 제약 없는 출판 천국"이 되어주었기 때문이다. 다시 말해 폴리티가 그 자체로 "자족적인 논쟁물"을 출판하는 데 몰두했기 때문이다.

언어학자 페르디낭 드 소쉬르(Ferdinand de Saussure)는 바우만이 언어와 문화를 이해하는 데서 커다란 영향을 미쳤다. 소쉬르에서 언어는 기표(signifier)와 기의(signified)가 의미를 구성하는 기호 체계이다. 기표는 의미의 전달자 역할을 하는 단어이다. 기의는 그 단어가 가리키는 대상이다. 기표와 기의가 모여 기호를 구성하고, 기표와 기의를 연결하여 기호를 생성하는 과정을 기표화(signification)라고 한다. 만약 내가 나의 개는 날카로운 이빨을 가지고 있다고 말한다면, '개'라는 단어는 네 발로 걷고 짖는 소리를 내는 길들여진 개과 생물을 식별하기 위해 사용하는 단어로 쓰이는 것이다. 소쉬르는 기표와 기의 간의 관계를 자의적이자 관례적인 관계라고 말한다. 다시 말해 기표와 기의 간에는 어떤 자연적인 연결 고리가 존재하지 않는다는 것이다. 개에게는 그것을 개라고 불러야 한다고 제안할 만한 개와 관련한 그 어떤 것도, 즉 개가 소유한 어떤 구체적인 특성도 존재하지 않는다. 우리는 네 발로 걷고 짖는 소리를 내는 길들여진 개과 생물을 '개'로 묘사하고 정의하게 된 문화 속에 살고 있다. 기표화는 문화 속으로 사회화되는 과정을 통해 이루어진다. 즉, 기표화는 집단 학습의 한 형태이다.

화자나 저자가 문자로 서술하는 대신 은유를 이용하는 까닭은 청자나 독자에게 은유가 나타내는 속성과 특성을 성찰해 볼 것을 요청함으로써 의미를 더잘 이해할 수 있게 하기 위해서이다. 그다음에 독자는 저자가 자신이 비교하는 두 용어 사이의 연결 고리에 제시되어 있는 것으로 가정한 의미를 찾아야한다. 은유는 독자 또는 청자가 자신의 창의적이고 독특한 주관적인 지각 자질을 활용하여 의미에 도달하는 것을 포함한다. 은유는 결코 기표와 기의 간을 연결 짓는, 문자로 서술한 진술이 아니다. 바우만의 독자는 액화 과정과 같이 사용된 단어의 정의와 관련된 속성뿐만 아니라 사용된 은유와 관련된 속성도 파악해야 하고 그러한 특성을 사회변화 과정에 적용해야 한다. 이 과정은 바우만과 독자 간에 공동의 의미 창조 행위를 요구한다.

바우만의 분석에서 그가 다루는 문제의 중요한 핵심적 특징을 정의하는 것은 은유이다. 은유는 바우만이 자신의 설명을 구축하는 데서 토대를 이룬다. **액화** 은유는 의미의 '원천 영역(source domain)'으로 기술될 수 있다. 그리고 사회변화는 의미의 '토대 영역(base domain)'이다. 내가 '의미의 원천 영역'이라는 말로 뜻하는 것은 액체라는 은유가 독자에게 명확한 의미를 갖는다는 것이다. 우리 모두는 액체의 움직임과 액화 과정을 이해한다. 의미의 '원천 영역'과 의미의 '토대 영역'을 연결시키는 것은 바우만뿐만이 아니다. 이 두 영역은 독자에 의해서도 연결된다. 독자들이 바우만에게서 설득력을 발견하는 까닭은 여러 문자적 정의를 가질 수 있는 바우만의 은유와 비문자적 차원의 현실 세계 간을 설득력 있게 연결하는 그들의 창의적 능력 때문이다. 다시 말해 어떤 것이 은유적으로 두드러지거나 의미 있는지를 판단해야 하는 것은 바로 바우만의 독자이다. 독자가 바우만의 은유를 이해할 수 있어야 한다.

여기서 내가 개진하는 주장은 텍스트에 대한 독자의 해석이 텍스트를 확장한다는 것이다. 바우만이 데리다(Derrida) 저작의 매력을 자신의 독자에게 설명하는 것과 동일한 방식으로, 바우만의 은유는 독자에 의해 서로 다르게 해석되고 자신의 경험에 적용되는데, 이는 텍스트의 의미가 해석 속에서 결코 고갈되지 않는다는 것을 시사한다. 바우만은 광고에서 발견되는 언어의 수사적 힘에 의지하여 자신의 주장이 갖는 진정성을 역설한다.

액체 근대세계에서 학술 텍스트는 시장에서 출판되며, 따라서 학문이 '문화 산업'에 통합되는 것과 함께 자본주의적 지식 조직의 일부가 된다. 액체 근대성은 스타덤의 문화이며, 이미 언급했듯이 학술 출판사조차도 저자가 자신의 직업 속에서 자신의 학문적 가치와 명성을 증진시키기를 원한다. 그리고 공공 영역의 타블로이드화가 점점 더 증가함에 따라 학문적 정당화는 셀럽화와 함수관계를 가지게 되었다.

"그리고 수상자는……"

주요 학술상 및 문학상은 개인주의와 경쟁을 찬양하는 장르의 일부로, 액체 근대세계 내의 셀럽화 문화에 아주 잘 부합한다. 그리고 바우만은 여러 차례 수상했다. 학술상을 수여하는 이유는 무엇인가? 대부분의 시상 기관은 시상의 목적이 탁월한 사상가의 지적 공적을 인정하고 보상하며 해당 개인에게 존경을 표하기 위한 것이라고 설명한다. 하지만 이미 잘 알려진 학자가 상을 받으면 상을 주는 사람의 위세와 영향력 또한 높아질 수 있다. 지난 20년 동안 학술상의 총수, 업적의 범위, 수상 빈도가 크게 증가한 것도 바로 이러한 이유 때문일 것이다.

그밖에도 여러 명예 학위를 받은 바우만은 1992년 『근대성과 홀로코스트』로 유럽 사회학 및 사회과학을 위한 아말피상을 수상했다. 아말피상은 1987년에 제정되어 지난 2년 동안 유럽 국가에서 출판된 책이나 논문 가운데서 사회과학 학문의 발전, 유럽 문화의 발전, '경제 이니셔티브 장려'에 중요한 공헌을 한 책이나 논문에 수여하는 상이다. 아말피상은 유럽 전역에서 초청된 사회학자들의 투표를 거쳐 이탈리아 사회학회 회장에 의해 수여되었다. 투표에 초대받는 것 또한 영광이었다. 아말피상의 역대 수상자는 노르베르트 엘리아스, 찰스 틸리(Charles Tilly), 레몽 부동(Raymond Boudon), 니클라스 루만(Niklas Luhmann), 알랭 투렌, 리처드 세넷(Richard Sennett) 등 모두 이미 매우 성공한 학자였다. 이 상은 2011년 이후 중단되었다.

상을 받고 수락 강연을 하는 것은 수상자를 곤란한 입장에 처하게 할 수도 있다. 그렇다면 수상자는 어떻게 대응해야 하는가? 바우만은 아말피상 수락 강연에서 자신은 자신을 위해서 상을 받는 것이 아니라 책을 대신해서 상을 받는 것이며 책을 쓰는 것은 강박이자 도덕적 의무라고 설명하면서 자신의 논평을 시작했다. 이 점에서 볼 때, 그는 상에 대해 존경심을 표하면서도 자신의 업적을 축하하는 것에 대해서는 공개적으로 기뻐하지는 않았다. 오스카상 수상자들이 수상소감에서 자신을 수상으로 이끈 연기에 도움을 준 무대 뒤의 사람들, 동료 배우, 감독 등의 이름을 거명하고 감사를 표하며 일정 정도 겸손함을 드러내고자 하는 것과 동일한 방식으로, 바우만은 자신의 공헌을 대단하지 않은 것으로 생각하고 먼저 리즈 대학교의 동료들과 폴란드에서의 옛 동료들, 아내 야니나에게 감사를 표하며 그녀의 자서전 『아침 속의 겨울』이 가지는 의미를 밝혔다. 또한 바우만은 아말피 투표에서 『근대성과 홀로코스트』에 담긴 주장과 도덕적 메시지를 지지하여 그 책에 투표한 사람들을 치켜세웠으며, 새로운 사회 세계를 위한 새로운 도덕적 기반을 구축하려는 바우만의 비전을 지지한 아말피의 가치에 찬사를 보냈다.

1998년에 바우만은 테오도르 아도르노상을 수상했다. 테오도르 아도르노상은 프랑크푸르트 대학교에서 오랫동안 학생들을 가르쳤던 테오도르 아도르노를 기리고 기념하기 위해 1977년에 프랑크푸르트시가 제정한 상이다. 이 상은 철학, 연극, 영화, 음악 분야에서 뛰어난 업적을 이룬 사람에게 수여하는 상이다. 이 상은 3년마다 아도르노의 생일(9월 11일)에 수여된다. 역대 수상자에는 노르베르트 엘리아스, 위르겐 하버마스(Jürgen Habermas), 귄터 안데르스(Günther Anders)가 포함되어 있다. 이 상은 두 차례에 걸쳐 논란이 일기도 했는데, 2012년에 주디스 버틀러가 수상했을 때와 2001년에 자크 데리다가 수상했을 때였다. 1998년의 상금은 5만 유로였다.

2006년에 바우만은 다그마르와 바츨라프 하벨 재단(Dagmar and Václav

Havel Foundation)의 VIZE[비전] 97상을 수상했다. 바츨라프 하벨은 체코의 작가이자 반체제 인사로, 1992년 체코슬로바키아가 해체된 후 1993년부터 2003년까지 체코 공화국의 초대 대통령을 지냈다. VIZE 97상은 "인간의 지평을 넓히고, 잘 알려지지 않은 현상과 맥락을 강조하며, 과학을 일반 문화와 인간의 세계관과 우주관 그리고 존재의 기본 문제에 대한 견해에 통합하는 데 기여한" 인물에게 매년 수여된다. 수상자에게는 상장과 함께 997년 사망할 때까지 프라하의 주교이자 체코 공화국의 수호성인이었던 세인트 보이테흐 (Saint Vojtěch)[프라하의 세인트 아달베르트(Saint Adalbert of Prague)]의 매우 큰 기념 지팡이가 수여된다. 역대 수상자로는 움베르토 에코(Umberto Eco, 2000년 수상), 필립 짐바르도(Philip Zimbardo, 2005년 수상), 줄리아 크리스테바(Julia Kristeva, 2008년 수상) 등이 있다. 바우만은 수락 연설에서 청중에게 고체 근대성은 아주 질서정연하고 완벽하게 계획된 사회를 계획하고 창조하는 것 및 그러한 근대화 과정에서 초래되는 위험과 관련되어 있다는 주장을 청중에게 상기시켰다. 바우만은 또한 1968년 프라하의 봄에 ― 즉, 알렉산드르 둡체크(Alexander Dubček)가 이끌던 체코 정부가 도입하고 있던 개혁을 저지하기 위해 소련과 바르샤바 조약기구의 다른 회원국이 체코슬로바키아를 침공했을 때 ― 바츨라프 하벨이 보여준 비전과 용기, 그리고 그의 역할에 찬사를 보냈다. 바우만은 또한 하벨이 공산주의가 몰락하는 데서 적극적인 역할을 한 것에 대해서도 찬사를 보냈다.

2010년에 바우만은 알랭 투렌과 공동으로 아스투리아스 왕세자상을 수상했다. 이 상은 과학, 인문학, 공무(公務) 등 여러 부문으로 나뉘어 각 분야에서 주목할 만한 업적을 남기고 인류의 보편적인 유산을 뒷받침하는 과학적·문화적·인문학적 가치를 증진하는 데 기여한 전 세계 개인 또는 단체에 수여된다. 흥미롭게도 바우만의 수상은 사회과학 부문이 아닌 커뮤니케이션 및 인문학 부문에서 이루어졌다. 그해에 사회과학 부문에서는 8,000개의 테라코타 조각상인 시안 전사(Warriors of Xi'an)를 발굴한 고고학 팀이 수상했다. 또한 2010년에 바우만은 85세 생일을 맞아 바르샤바에 초청되어 폴란드 문화부 장관 보그단 즈로예프스키(Bogdan Zdrojewski)로부터 금메달인 '글로리아 아르티스(Gloria Artis)'를 수여받았다.

2011년에 바우만은 동료 사회학자들에 의해 그의 연구가 사회학적 탐구에 미친 영향을 인정받아 로즈메리 크롬프턴(Rosemary Crompton), 데니스 워윅(Dennis Warwick) 등 여러 학자와 함께 영국사회학회로부터 평생 공로상을 수상했다. 시상식에는 참석하지 못했지만, 몇 주 후에 그는 키스 테스터와 미카엘 흐비드 야콥슨과 인터뷰를 가졌다(이 인터뷰는 2013년에 책으로 출간되었다). 바우만은 그 인터뷰에서 자신에게서 사회학자의 두 가지 역할은 익숙한 것을 낯설게 하고 낯선 것을 익숙하게 (길들여서 관리 가능하게) 만드는 형태의 대화에 참여하는 것이라고 설명했다.

테스터와 흐비드 야콥슨은 바우만에게 '지적 지도자', '학문적 슈퍼스타', '세계적으로 유명한 사회학자'로서의 그의 위상에 대해, 그리고 사람들이 왜 그와 같은 개별 사회사상가를 우상화한다고 생각하는지에 대해 물었다. 바우만은 그러한 우상화 경향은 액체 근대성의 산물이지 사회학이나 학문적인 삶에 특유한 것은 아니라고 답했다. 테스터와 흐비드 야콥슨은 프랑스 지식인의 역사 및 그들의 지위가 교사에서 작가로, 그리고 점점 더 셀럽으로 변화해온 과정을 탐구한 레지스 드브레이(Regis Debray)의 저서 『교사, 작가, 셀럽(Teachers, Writers, Celebrities)』에 의지하여 바우만에게 더 완전한 답변을 해 달라고 압박했다. 그들은 바우만이 여러 편의 영화의 주제가 되었고, 그의 강의는 유튜브에서 널리 이용 가능하며, 그가 여러 국제적인 상을 수상했다는 점을 지적했다. 바우만은 아스투리아스 왕세자상을 수상한 것을 되돌아보는 답변에서 자신의 사인을 받기 위해 입구에서 기다리는 군중을 피하기 위해 자신이 자발적으로 자신을 자신의 호텔 방에 감금했다고 설명했다. 하지만 스페인 축구 국가대표팀이 또 다른 상을 받기 위해 도착하면서 바우만으로부터 관심이 옮겨졌고, 따라서 그는 '방해받지 않고' 타운을 자유롭게 돌아다닐 수 있게 되었다. 바우만은 또한 '보이는 것(being seen)'과 '들리는 것(being listened to)'을 구분한다. [이를테면 보이는 존재인_옮긴이] 셀럽은 유명한 사람으로 알려져 있지만 셀럽은 자신을 알고 있는 사람들의 생각과 행동에 아무런 영향을 미치지 않는 경우가 많다. 즉, 바우만이 볼 때, 레지스 드브레이는 '미디오크라시(mediocracy; 평범한 사람들의 지배)'의 한 형태 ─ 즉, 미디어가 추동하는 형태의 '미디오크라시'[드브레이의 표현으로는 미디어크라시(mediacracy)_옮긴이] ─ 로서의 셀럽 관념을 진전시키고 있었다. 바우만이 여기서 시사하는 것은 셀럽의 지위가 반드시 하나의 유산을 남기는 것을 보장하지는 않는다는 것이다. 한 개인의 저작이 인상적인 한 마디의 슬로건 이상으로 이목을 끌지 못할 경우, 그의 평판은 유행, 즉 '생각 없는' 변덕스러운 소비자와 시장의 힘에 의해 좌우된다. 이에 부합하는 좋은 예가 에리히 프롬(Erich Fromm)이다. 프롬은 1950년대와 1960년대에는 지식인 셀럽이었지만 1970년대 중반에 이르러 유명세의 많은 것을 잃었고, 지금은 학술 텍스트나 대중 언론에서 거의 인용되지 않는다.

바우만 연구소

리즈 대학교는 2010년 9월에 사회학 및 사회정책학부 내에 '바우만 연구소'를 설립했다. 2010년 11월 3일 ≪가디언≫지는 리즈 대학교가 바우만 연구소를 개소했을 때 바우만의 연설을 듣기 위해 전 세계에서 200명이 넘는 대표자가 날아올 정도로 바우만의 '스타 파워'가 대단했다고 보도했다. 바우만 연구소의 설립자인 마크 데이비스에 따르면, 연구소의 임무는 단순히 '바우만 연구'만 하는 것이 아니라 바우만의 저술에서 얻는 비판적 사고의 산실이 되는 것이다. 21세기의 기존 및 새로운 도전에 바탕하여 권력과 불평등에 대한 바우만의 사상과 주장을 글로벌 맥락에서 구축하고 재평가하는 것을 목적으로 하는 연구에 종사함으로써 액체 근대성에 대한 바우만의 주장을 계속해서 제도적으로 확산하고 바우만의 유산을 유지하는 것이 그 연구소가 명시한 목표 중 일부이다.

대학 내에 연구소를 설립하는 것은 대학이 볼 때 기존 대학 구조에서는 성취할 수 없는, 전통적인 학문적 경계를 가로지르는 연구 이니셔티브가 존재하기 때문에 흔히 있는 일이다. 대학이 특정 학자의 이름을 따서 연구소의 이름을 짓는 것이 정당화될 수 있는 것은 그 사람이 사회에 커다란 영향을 미쳤고 그 영향이 대학 자체의 가치와 연관되어 있기 때문일 것이다. 동시에 연구소를 설립하는 것은 대학을 홍보하고 시장에서의 입지를 확고히 해주기 때문에 명명된 학자와 친화성을 느끼는 연구생을 유치하는 데도 도움이 된다.

2018년에 리즈 대학교의 바우만 연구소와 문화분석·이론·역사연구소 (Centre for Cultural Analysis, Theory and History)는 바우만의 사상을 발전시키고 그의 사상을 페미니즘 이론, 퀴어 이론, 탈식민 이론과 같은 영역에 적용하기 위한 초학문적 연구 프로그램을 시작했다. 이 프로젝트의 목표 중 하나는 알리 라탄시(Ali Rattansi)가 바우만에 관한 자신의 최근 저서에서 개진한 주장, 즉 바우만이 '제국주의적 시선(imperialist gaze)'으로 세상을 바라본 '백인 유럽인' 이론가로서 인종화 문제에 눈을 감고 인종과 탈식민주의 문제를 대체로 무시했다는 주장에 의문을 제기하는 것이다. 라탄시는 또한 바우만의 저작에 젠더가 부재하는 것에 대해서도 논의한다. 라탄시는 바우만이 독자들에게 자신이 『근대성과 홀로코스트』를 쓰도록 영감을 준 것이 바로 나치로부터 도망친 야니나의 전시 경험이었다고 설명한 것을 감안할 때, 홀로코스트에서 생존자이자 가해자로서의 여성의 위치가 무시되고 있다는 것은 놀라운 일이라고 주장한다. 또한 페미니스트가 윤리에 기여한 점도 무시되었다. 그리고 일반적으로 말하면, 바우만은 페미니스트가 지식에 기여한 바에 대해 논의하지 않는다.

결론

고체 근대성, 탈근대성, 액체 근대성과 같은 바우만의 인기 있는 시대주의 수사(修辭)들은 대체로 단기간에 바우만의 명성을 높이기 위해 개발되었다. 바우만이 탈근대성에서 액체 근대성으로 개념적으로 전환한 것은 독자들에게 새로운 관념과 주장을 제시하기 위한 것이 아니라 판매를 유지하기 위한 것이었다. 하지만 그러한 수사를 뒷받침하는 것은 **권력구조**에 대한 일관된 개념적 이해이며, 바우만의 유산이 터하고 있는 것도 바로 이 개념이다. 권력구조 개념은 바우만의 모든 저작에서 사회적 배제에 대한 그의 인식을 뒷받침하는 핵심 논거 중 하나로, 1956년 이후의 바우만의 폴란드어 저작에서부터 그의 액체 근대적 전환에 이르기까지 바우만의 저작에는 어떠한 인식론적 단절도 존재하지 않는다는 주장을 뒷받침한다. 우리가 첫 장에서 논의했듯이, 바우만이 보기에 체계의 정상적인 기능을 유지하는 것은 '권력구조'이다. 1956년 이후 바우만은 권력구조 관념을 '인간주의적인' 사회주의 개념과 연결시켰으며, 이 관념은 여전히 그의 작업에서 윤리의 핵심에 자리하고 있다. 바우만의 비전은 인간이 존엄성과 자율성을 가진 존재로 대우받아야 하며, 다른 사람의 사적 목적을 충족시키기 위한 단순한 수단이 되어서는 안 된다는 가정에 기초했다. 특히 『근대성과 홀로코스트』는 권력구조에 대해 가장 명확하게 진술하고 있는 저작으로 꼽힌다. 하지만 바우만이 나치, 반유대주의, 또는 홀로코스트에 대해 논의한 최초의 사회학자는 아니었다. 탤컷 파슨스(Talcott Parsons)는 1940년대에 이미 이에 대해 논의한 바 있다. 게다가 관료제적 합리성에 대한 관념도 새롭거나 독창적이지 않다. 이 주장은 이를테면 1970년대에 에리히 프롬에 의해 탐구되었으며, 대리자 상태와 아디아포라에 대한 바우만의 주장에 담겨 있는 비사고에 대한 개념 역시 한나 아렌트의 저작에서 발견된다. 권력구조는 이러한 요소들을 한데 모은 개념으로, 이는 개인의 실천 의식을 억압하는 것― 이는 개인으로 하여금 세계에 대해 도덕적 견해를 가지는 것을 중지하게 하여 특정 타자에게 행해지는 잔혹 행위를 무시하게 하거나 심지어 직접 그러한 행위를 할 수 있게 한다 ― 에 뿌리를 둔 특정한 형태의 배제를 시사한다. 권력구조는 배제의 맥락이 바뀌어도 '과거의' 행동 패턴이 현재에 반복되고 실증되고 재생산될 수 있게 하는 메커니즘이다.

　권력구조는 사회의 상징 네트워크를 적극적으로 유지하는 메커니즘이다. 이 상징 네트워크가 일단의 과정을 통해 개인의 주체성을 '구성'하고, 이 과정에서 개인의 정체성이 '재구성'된다. 폴란드와 소련에 존재했던 기존 사회주의나 나치 독일의 파시즘과 같은 고체 근대세계는 개인의 정체성 의식을 '재구성'하는 책임을 국가가 지는 사회였다. 이와 대조적으로 신자유주의적인 탈근대성과 액체 근대성 상태하에서는 국가는 이 기능을 사사화하고 상업 부문은 시장의 유혹을 개인의 정체성을 '재구성하는' (그리고 개인의 정체성 의식을 틀 짓는 데 일조하고 또한 잔혹 행위와 배제의 중심 메커니즘으로 작용하는) 대리자로 이용한다.

　하지만 결국 바우만은 보다 포함적인 사회 ― 즉, 나르시시즘의 문화와 다른 사람보다 앞서가고자 하는 문화를 거부하는 사회 ― 를 바랐다. 바우만은 가다머의 '지평의 융합(fusion of horizons)'에 뿌리를 둔 형태의 연대 ― 사람들이 공유하기, 진정한 친밀감, 협동, 상호작용 등의 스킬을 이용하여 이방인과 타자를 극복하는 형태의 사회적 연대, 다시 말해 아무도 외롭지 않고 무시당하지 않고 부적절한 존재라는 이유로 버려지지 않는 세상 ― 를 원했다. 액체 근대세계에 사는 사람들은 의문을 제기하는 데서 '학습된 무능력'을 가지고 있다는 것, 그리고 그들이 1980년대에 대처(Thatcher)와 레이건(Reagan)이 처음 제시한 '대안은 없다'라는 신자유주의적 슬로건을 받아들였다는 것, 그리하여 고통과 배제, 불평등이 지속되고 있다는 것은 분명 바우만을 슬프게 했다.

부록1

지그문트 바우만의 저작 목록

지그문트 바우만은 다작을 한 작가로 주로 영어와 폴란드어로 글을 썼다. 그의 출판물이 워낙 방대하기 때문에 완전한 저작 목록을 편찬하는 일은 어려운 작업이다. 2017년에 지그문트 바우만이 사망한 이후 리즈 대학교 특별 컬렉션 팀이 바우만의 논문과 서신, 플로피디스크와 USB 스틱을 수집하여 그의 저작에 대한 완전한 저작 목록을 만들려고 노력해 왔다. 이 작업은 계속되고 있다. 최근의 한 논문[Palmer, Brzezinski and Campbell(2020), Sixty-three years of thinking sociologically: Compiling the bibliography of Zygmunt Bauman, *Thesis Eleven*, 156(1), 118-133]에서 그 논문의 저자들은 야니나 바우만과 지그문트 바우만 논문에 의지하여 지그문트 바우만의 완전한 저작 목록을 편찬하는 데 따르는 문제와 쟁점에 대해 논의한다. 아래 목록은 내가 나 자신이 수행하는 연구를 위해 파악했던 지그문트 바우만의 출판물을 전부 기록한 것이다.

B1. 1967. In memory of Julian Hochfeld, *The Polish Sociological Bulletin*, 2, 5-7.

B2. 1967. Modern times, modern Marxism, *Social Research*, 3, 399-415. Also published as 1969. Modern times: modern Marxism. In *Marxism and Sociology: Views from Eastern Europe*, Ed. P. L. Berger, pp. 1-17, New York, Appleton-Century-Crofts.

B3. 1967. Image of man in modern sociology, *The Polish Sociological Bulletin*, 1, 12-21.

B4. 1967. Some problems in contemporary education, *International Social Science Journal*, 3, 325-337.

B5. 1967. Polish youth and politics, *Polish Round Table*, 1, 69-77.

B6. 1968. Semiotics and the function of culture, *Social Science Information*, 3, 19-34.

B7. 1968. Marx and the contemporary theory of culture, *Social Science Information*, 3, 69-80.

B8. 1968. *Macrosociology and Social Research in Contemporary Poland, The Social Sciences: Problems and Orientations, Selected Studies*, pp. 169-177, The Hague, Mouton/ UNESCO.

B9. 1969. The end of Polish Jewry: a sociological review, *Bulletin on Soviet and East European Jewish Affairs*, 3, 3-8.

B10. 1971. Social dissent in the East European political system, *Archives Européennes de Sociologie*, 1, 25-51.

B11. 1971. Use of information: when social information becomes desired, *Annals of the American Academy of Political and Social Science*, 1, 20-31.

B12. 1971. 20 Years after: crisis of Soviet-type systems, *Problems of Communism*, 6, 45-53.

B13. 1972. *Between Class and Elite. The Evolution of the British Labour Movement. A*

Sociological Study, Manchester, Manchester University Press.

B14. 1972. The second generation socialism. A review of sociocultural trends in contemporary Polish society. In *Political Oppositions in One-Party States*, Ed. L. Shapiro, pp. 217–240, London, Macmillan.

B15. 1972. Praxis: the controversial culture-society paradigm. In *Rules of the Game: Cross-Disciplinary Essays in Scholarly Thought*, Ed. T. Shanin, pp. 303–321, London, Tavistock.

B16. 1972. Culture, values and science of society, *The University of Leeds Review*, 2, 185–203.

B17. 1973. *Culture as Praxis*, London, Routledge & Kegan Paul. [Republished in 1999 with a new foreword.]

B18. 1973. The structuralist promise, *The British Journal of Sociology*, 1, 67–83.

B19. 1973. On the philosophical status of ethnomethodology, *Social Review*, 1, 5–23.

B20. 1973. Between state and society, *International Journal of Contemporary Sociology*, 1, 9–25.

B21. 1974. Officialdom and class: bases of inequality in socialist society. In *The Social Analysis of Class Structure*, Ed. F. Parkin, pp. 129–148, London, Tavistock.

B22. 1976. The party in the system management phase: change and continuity. In *Authoritarian Politics in Communist Europe: Uniformity and Diversity in One-Party States*, Ed. A. C. Janos, pp. 81–108, Berkeley, CA, Institute of International Studies, University of California.

B23. 1976. East Europe and Soviet social science: a case study in stimulus diffusion. In *The Influence of East Europe and the Soviet West on the USSR*, Ed. R. Szporluk, pp. 91–116, New York, NY, Praeger.

B24. 1976. *Socialism: The Active Utopia*, London, George Allen & Unwin Ltd.

B25. 1976. *Towards a Critical Sociology: An Essay on Common-Sense and Emancipation*, London, Routledge & Kegan Paul.

B26. 1978. *Hermeneutics and Social Science: Approaches to Understanding*, London, Hutchinson.

B27. 1979. Comment on Eastern Europe by Zygmunt Bauman, *Studies in Comparative Communism*, 2–3, 184–189.

B28. 1981. On the maturation of socialism, *Telos*, 47, 48–54.

B29. 1982. *Memories of Class: The Pre-History and After-Life of Class*, London, Routledge & Kegan Paul.

B30. 1983. Ideology and the 'Weltanschauung' of the intellectuals, *Canadian Journal of Political and Social Theory*, 1–2, 104–117.

B31. 1983. Industrialism, consumerism and power, *Theory, Culture & Society*, 3, 32–43.

B32. 1984. Symposium, *Telos*, 60, 173–178.

B33. 1985. On the origins of civilisation: a historical note, *Theory, Culture & Society*, 3, 7–14.

B34. 1985. Stalin and the peasant revolution: a case study in the dialectics of master and slave, *Leeds Occasional Papers in Sociology*, 19, 1–54.

B35. 1986. *Hidden Economy, East and West*, pp. 1–58, Berkeley, CA, University of California. 이 논문은 1980년 1월 워싱턴 D.C.에 있는 케넌 러시아학연구소(Kennan Institute of the Advanced Russian Studies)에서 열린 소비에트 제2경제 회의(Conference on the

Soviet Second Economy)에서 발표된 논문을 바탕으로 작성되었다.

B36. 1986. Symposium on Soviet peasants (a contribution to the debate), *Telos*, 68, 124‒127.

B37. 1986‒1987. The Left as the counter-culture of modernity, *Telos*, 70, 81‒93.

B38. 1987. *Legislators and Interpreters: On Modernity, Postmodernity and Intellectuals*, Cambridge, Polity Press.

B39. 1987. The importance of being a Marxist. In *Social Theory and Social Criticism: Essays from Tom Bottomore*, Eds W. Outhwaite and M. Mulkay, pp. 1‒9, Oxford, Basil Blackwell.

B40. 1987. Intellectuals in East-Central Europe: continuity and change, *East European Politics and Societies*, 2, 162‒186.

B41. 1987. Freedom at a price: postmodernism and consumerism. Unstately pleasure dome, *New Statesman*, 25 September, pp. 20‒21.

B42. 1987. From here to modernity: redefining the project of the Left. Fighting the wrong shadow, *New Statesman*, 23 October, pp. 20‒22.

B43. 1988. *Freedom*, Milton Keynes, Open University Press.

B44. 1988. On immoral reason and illogical morality, *Polin*, 3, 294‒330.

B45. 1988. Exit visas and entry tickets: paradoxes of Jewish assimilation, *Telos*, 77, 45‒77.

B46. 1988. The twisted road to Perestroika, *The Jewish Quarterly*, 3, 9‒15.

B47. 1988. Sociology after the Holocaust, *The British Journal of Sociology*, 4, 469‒497. Polish version.

B48. 1988. Viewpoint: sociology and postmodernity, *Sociological Review*, 4, 790‒813.

B49. 1988. Britain's exit from politics, *New Statesman & Society*, 8, 34‒38.

B50. 1988. Is there a postmodern sociology? *Theory, Culture & Society*, 5(2‒3), 217‒237.

B51. 1988‒1989. Strangers: the social construction of universality and particularity, *Telos*, 78, 7‒42.

B52. 1989. Legislators and interpreters: culture as ideology of intellectuals. In *Social Structure and Culture*, Ed. H. Haferkamp, pp. 313‒332, Berlin, Walter de Gruyter.

B53. 1989. Hermeneutics and modern social theory. In *Social Theory of Modern Societies: Giddens and His Critics*, Eds D. Held and J. B. Thompson, pp. 34‒55, Cambridge, Cambridge University Press.

B54. 1989. Poland: on its own, *Telos*, 79, 47‒68.

B55. 1989. Sociology and postmodernity, *The Polish Sociological Bulletin*, 3‒4, 81‒98.

B56. 1989. Sociological responses to postmodernity, *Thesis Eleven*, 23, 35‒63.

B57. 1989. Making Polish‒Jewish history, *The Jewish Quarterly*, 2, 26‒31.

B58. 1989. The homecoming of unwelcome strangers, *The Jewish Quarterly*, 3, 14‒23.

B59. 1989. The war against forgetfulness, *The Jewish Quarterly*, 4, 44‒47.

B60. 1989. *Modernity and the Holocaust*, Cambridge, Polity Press.

B61. 1990. *Thinking Sociologically*, Oxford, Basil Blackwell.

B62. 1990. *Paradoxes of Assimilation*, New Brunswick, Transaction Publishers.

B63. 1990. From pillars to post, *Marxism Today*, 34, 20‒25.

B64. 1990. Effacing the face: on the social management of moral proximity, *Theory, Culture & Society*, 1, 5‒38.

B65. 1990. Assimilation and enlightenment, *Society*, 6, 71–81.

B66. 1990. Philosophical affinities of postmodern sociology, *Sociological Review*, 3, 441–454.

B67. 1990. Modernity and ambivalence, *Theory, Culture & Society*, 2–3, 143–169.

B68. 1990. The twilight of the new politics, *Canadian Journal of Political and Social Theory*, 1 –3, 230–232.

B69. 1990–1991. Communism: a post-mortem. *Praxis International*, 3–4, 185–192.

B70. 1991. Critical theory. In *The Renaissance of Social Theory: Classical and Contemporary*, Eds H. Etzkowitz and R. M. Glassman, pp. 277–303, Itasca, IL, F. E. Peacock.

B71. 1991. The social manipulation of morality, moralizing actors, adiaphorizing action, *Theory, Culture & Society*, 1, 139–153.

B72. 1991. A sociological theory of postmodernity, *Thesis Eleven*, 29, 33–46.

B73. 1991. Living without an alternative, *Political Quarterly*, 1, 35–44.

B74. 1991. Jacek Tarkowski: in memoriam, *Telos*, 89, 102.

B75. 1991. Adolf Rudnicki: the Jew and the Polish writer, *The Jewish Quarterly*, 4, 39–45.

B76. 1991. *Modernity and Ambivalence*, Cambridge, Polity Press.

B77. 1991. *Postmodernity: Chance or Menace?* Lancaster, Centre for the Study of Cultural Values.

B78. 1992. The Polish predicament: a model in search of class interests, *Telos*, 92, 113–130.

B79. 1992. Soil, blood and identity, *Sociological Review*, 4, 675–701.

B80. 1992. Love in adversity: on the state and the intellectuals, and the state of the intellectuals, *Thesis Eleven*, 31, 81–104.

B81. 1992. Survival as a social construct, *Theory, Culture & Society*, 1, 1–36.

B82. 1992. Simmel ou l'éclosion de l'expérience postmoderne [Simmel or the emergence of the postmodern experience], *Sociétes: Revue des Sciences Humaines et Sociales*, 35, 3–16.

B83. 1992. Life-world and expertise: social production of dependency. In *The Culture and Power of Knowledge*, Eds N. Stehr and R. V. Ericson, pp. 81–106, Berlin, Walter de Gruyter.

B84. 1992. Foreword. In *Social Action and Power*, Ed. F. Crespi, pp. vii–x, Oxford, Blackwell.

B85. 1993. The sweet scent of decomposition. In *Forget Baudrillard?* Eds C. Rojek and B. S. Turner, pp. 22–46, London, Routledge.

B86. 1993. A postmodern revolution? In *From a One Party State to Democracy: Transition in Eastern Europe, Poznań Studies in the Philosophy of Science and Humanities*, Ed. J. Frentzel-Zagórska, Vol. 32, pp. 3–19, Amsterdam, Edition Rodopi.

B87. 1992. *Intimations of Postmodernity*, London, Routledge.

B88. 1992. *Mortality, Immortality and Other Life Strategies*, Cambridge, Polity Press.

B89. 1993. *Postmodern Ethics*, Oxford, Basil Blackwell.

B90. 1993. Dismantling a patronage state. In *From a One Party State to Democracy: Transition in Eastern Europe, Poznań Sudies in the Philosophy of Science and Humanities*, Ed. J. Frentzel-Zagórska, Vol. 32, pp. 139–154, Amsterdam, Edition Rodopi.

B91. 1993. Europe of the tribes: on regional identities and the fear of difference – Europa der Stämme: Über Regionale Identitäten und den Schrecken der Uneindedutigkeit, *Perspektiven*, 15, 3–8.

B92. 1993. The scandal of death, *New Statesman & Society*, 6, 20–22.

B93. 1993. Modernity. In *The Oxford Companion to Politics of the World*, Ed. J. Krieger, pp. 592–596, Oxford, Oxford University Press.

B94. 1993. (with D. Vital, C. Bermant and J. Neusner), At the crossroad of history: is there a future for the Jewish people? *The Jewish Quarterly*, 2, 26–41.

B95. 1993. The Holocaust: fifty years later. In *The Holocaust Fifty Years Later*, Ed. D. Grinberg, pp. 23–33, Warsaw, Wydawnictwo DiG/Jewish Historical Institute of Warsaw.

B96. 1993. Europe of nations, Europe of tribes. In *Sociologisk Rapportserie*, Vol. 2, pp. 2–17, Copenhagen, Department of Sociology, University of Copenhagen.

B97. 1993. Racism, anti-racism, and moral progress, *Arena Journal*, 1, 9–21.

B98. 1993. Walter Benjamin, the intellectual, *New Formations*, 20, 47–58. Reprinted as a chapter in (1998) *The Actuality of Walter Benjamin*, Eds L. Marcus and L. Nead, pp. 72–84, London, Lawrence and Mishart.

B99. 1994. Desert spectacular. In *The Flâneur*, Ed. K. Tester, pp. 138–158, London, Routledge.

B100. 1994. The exorcist and the omen, or modern and postmodern limits of knowledge. In *The Polity Reader in Cultural Theory*, Eds. A. Giddens, D. Held, D. Hubert, D. Seymour, and D. Thompson, pp. 289–296, Cambridge, Polity Press.

B101. 1994. Morality without ethics, *Theory, Culture & Society*, 4, 1–34.

B102. 1994. A revolution in the theory of revolutions? *International Political Science Review*, 1, 15–24.

B103. 1994. Deceiving the 20th century, *New Statesman & Society*, 7, 24–25.

B104. 1994. Narrating modernity. In *The Social Philosophy of Agnes Heller, Poznań Studies in the Philosophy of Science and Humanities*, Ed. J. Burnheim, Vol. 37, pp. 97–120, Amsterdam, Editions Rodopi.

B105. 1994. After the patronage state: a model in search of class interests. In *The New Great Transformation Change and Continuity in East-Central Europe*, Eds C. Bryant and E. Mokrzycki, pp. 14–35, London, Routledge.

B106. 1995. *Life in Fragments. Essays in Postmodern Morality*, Oxford, Basil Blackwell.

B107. 1995. Searching for a centre that holds. In *Global Modernities*, Eds M. Featherstone, S. Lash and R. Robertson, pp. 140–154, London, Sage.

B108. 1995. Making and unmaking of strangers, *Thesis Eleven*, 43, 1–16.

B109. 1995. Communitarianism, freedom, and the nationstate, *Critical Review*, 4, 539–553. [Polish version: 1996, O komunitaryzmie i wolności, czyli o kwadraturze koła. *Sprawy narodowościowe*, 2, 9–23.]

B110. 1995. Age of extremes, *New Statesman & Society*, 8, 18–20.

B111. 1995. Modernity's inner demons, *Tikkun*, 4, 40–42.

B112. 1995. Dream of purity, *Theoria*, 86, 49–60.

B113. 1996. From pilgrim to tourist-or a short story of identity. In *Questions of Cultural Identity*, Eds S. Hall and P. Du Gay, pp. 18–36, London, Sage.

B114. 1996. Morality in the age of contingency. In *Detraditionalization*, Eds P. Heelas, S. Lash and P. Morris, pp. 49–58, Oxford, Blackwell.

B115. 1996. Foreword. In *The Troubles with Postmodernism*, Ed. S. Morawski, pp. 7–11, London, Routledge.

B116. 1996. The moth seek out the lamp, *New Statesman & Society*, 125, 21–24.

B117. 1996. Assimilation into exile: the Jew as a Polish writer, *Poetics Today*, 4, 569–598.

B118. 1996. On communitarians and human freedom or, how to square the circle, *Theory, Culture & Society*, 2, 79–90.

B119. 1997. *Postmodernity and Its Discontents*, Cambridge, Polity Press.

B120. 1997. Morality begins at home; or, can there be a Levinasian macro-ethics? In *Closeness – An Ethics*, Eds J. Harald and A. J. Vetlesen, pp. 218–245, Oslo, Scandinavian University Press.

B121. 1997. Some thoughts on exile and thinking in exile, *Acta Sueco-Polonica*, 6, 157–160.

B122. 1997. *The Poor – Unneeded, Unwanted and Forsaken*, Vol. 87, pp. 1–13, Stensilserien, Department of Criminology, University of Oslo.

B123. 1997. Responses: long live the monarchy! *New Statesman*, p. 10.

B124. 1997. The haunted house, *New Internationalist*, 289, 24–26.

B125. 1997. Unelectable, irreplaceable fun, *New Statesman & Society*, 126, 32.

B126. 1997. The camps: eastern, western, modern, *Studies in Contemporary Jewry*, 13, 30–40.

B127. 1997. The age of arrogance, the age of humility, *2B Journal*, 11–12, 30–34.

B128. 1997. Modernity and clarity: the story of a failed romance. In *Ambivalenz: Studien zum kulturtheoretischen und empirischen Gehalt einer Kategorie der Erschließung des Unbestimmten*, Eds H. O. Luthel and R. E. Wiedenmann, pp. 109–122, Opladen, VS Verlag für Sozialwissenschaften.

B129. 1997. The work ethic and the prospects for the new poor, *Arena Journal*, 9, 57–76.

B130. 1998. Identity – then, now, what for? *Polish Sociological Review*, 3, 205–216.

B131. 1998. Sociological enlightenment: for whom, about what? *Dansk Sociologi*, 9(Special Issue), 43–54.

B132. 1998. *Work, Consumerism and the New Poor*, Milton Keynes, Open University Press.

B133. 1998. *Globalization: The Human Consequences*, Cambridge, Polity Press.

B134. 1998. Urban space wars: on destructive order and creative chaos, *Space and Culture*, 2(3), 109–123.

B135. 1998. What prospects of morality in times of uncertainty? *Theory, Culture & Society*, 1, 11–22.

B136. 1998. The holocaust's life as a ghost, *Tikkun*, 4, 33–38. B137. 1998. Assimilation into exile: the Jew as a Polish writer, *Poetics Today*. In *Exile and Creativity: Signposts, Travelers, Outsiders, Backward Glances*, Ed. S. R. Suleiman, pp. 321–352, Durham, NC, Duke University Press.

B138. 1998. On postmodern uses of sex, *Theory, Culture & Society*, 3–4, 19–33.

B139. 1998. On glocalization: or globalization for some, localization for some others, *Thesis Eleven*, 54, 37–49. 원래는 1997년에 폴란드어로 출판되었다. 앞을 보라.

B140. 1998. *Europe of Strangers, Transnational Communities Programme*, Oxford, University of Oxford.

B141. 1998. What chances of morality in times of uncertainty? *Associations*, 2, 161–173.

B142. 1998. Postmodern adventures of life and death. In *Modernity, Medicine and Health: Medical Sociology Towards 2000*, Eds G. Scamber and P. Higgs, pp. 216–231, London, Routledge.

B143. 1998. On art, death and postmodernity: and what they do to each other. In *Stopping the Process: Contemporary View on Art and Exhibition*, Ed. M. Hannula, pp. 21–34, Helsinki, Nordic Institute for Contemporary Art.

B144. 1998. Time and class, *Arena Journal*, 10, 69–84.

B145. 1998. Time and class: new dimensions of stratification. In *Sociologisk Rapportserie*, Vol. 7, Copenhagen, Sociologisk Institut, Křbenhavns Universitet.

B146. 1998. Allosemitism: premodern, modern and postmodern. In *Modernity, Culture and 'The Jew'*, Eds B. Cheyette and L. Marcus, pp. 143–156, Cambridge, Polity Press.

B147. 1998. Postmodern religion? In *Religion, Modernity and Postmodernity*, Ed. P. Heelas, pp. 55–78, Oxford, Blackwell.

B148. 1999. *In Search of Politics*, Cambridge, Polity Press.

B149. 1999. The self in a consumer society, *The Hedgehog Review*, p. 1

B150. 1999. Societies of instant gratification in different cultures. Europe and North America. In *Faith in a Society of Instant Gratification (Concilium)*, Eds M. Junker-Kenny and M. Tomka, Vol. 4, pp. 3–9, London, SCM.

B151. 1999. On universal morality and moral universalism. In *Development and Rights: Negotiating Justice in Changing Societies*, Ed. C. Lund, pp. 7–18, London, Frank Cass.

B152. 1999. Critique: privatized and disarmed, *Zeitschrift für Kritische Theorie*, 9, 121–131.

B153. 1999. The burning of popular fear, *New Internationalist*, 310, 20–24.

B154. 1999. The world inhospitable to Levinas, *Philosophy Today*, 2, 151–168.

B155. 1999. Time and space reunited, *Framtider International*, 9, 9–13.

B156. 1999. Urban space wars: on destructive order and creative chaos, *Citizenship Studies*, 2, 173–185.

B157. 1999. Modern adventures of procrastination, *Parallax*, 1, 3–6.

B158. 1999. Modernity as history of time, *Concept of Transformation*, 2, 229–248.

B159. 2000. Ethics of individuals, *Canadian Journal of Sociology*, 1, 83–96.

B160. 2000. On writing: on writing sociology, *Theory, Culture & Society*, 1, 79–89.

B161. 2000. From our critics: the deficiencies of community, *The Responsive Community: Rights and Responsibilities*, 3, 76–80.

B162. 2000. The postmodern school of life, In *Alternatywy myślenia o/dla edukacji* [Alternatives to think about/for education], Ed. Z. Kwieciński, pp. 151–169, Warszawa, Instytut Badań Edukacyjnych.

B163. 2000. Social issues of law and order, *British Journal of Criminology*, 2, 205–221.

B164. 2000. Am I my brother's keeper? *European Journal of Social Work*, 1, 5–11.

B165. 2000. What it means to be excluded. In *Social Inclusion: Possibilities and Tensions*, Eds P. Askonas and A. Steward, pp. 73–86, New York, NY, St. Martin's Press.

B166. 2000. Urban battlefields of time/space wars, *Politologiske Studier*, p. 7.

B167. 2000. *Does Reading Have a Future? 100-Day Dialogue*, The Book & The Computer , 11

September. Available at http://www.honco.net/100day/02/2000-0911-bauman.htm.

B168. 2000. As seen on TV, *Ethical Perspectives*, 7, 107.

B169. 2000. Totalitarianism as a historical phenomenon, *Times Literary Supplement*, 4567, 1095.

B170. 2000. Scene and obscene: another hotly contested opposition, *Third Text*, 51, 5‒15.

B171. 2000. Education for, under and despite postmodernity. In *Language ‒Mobility, Identity: Contemporary Issues for Adult Education in Europe*, Eds A. Bron and M. Schemmann, pp. 27‒46, Münster, Lit Verlag.

B172. 2000. *Liquid Modernity*, Cambridge, Polity Press.

B173. 2001. *The Individualized Society*, Cambridge, Polity Press.

B174. 2001. *Community: Seeking Safety in an Insecure World*, Cambridge, Polity.

B175. 2001. *Conversations with Zygmunt Bauman, with Keith Tester*, Cambridge, Polity.

B176. 2001. *Thinking Sociologically*, 2nd ed., with Tim May, Oxford, Blackwell.

B177. 2001. Living in the era of liquid modernity, *Cambridge Anthropology*, 22(2), 1‒19.

B178. 2001. On mass, individuals and peg communities. In *The Consumption of Mass*, Eds N. Lee and R. Muro, pp. 102‒113, Oxford, Blackwell.

B179. 2001. Excess: an obituary, *Parallax*, 1, 85‒91.

B180. 2001. Foreword, In *Holocaust and Memory. The Experience of the Holocaust and Its Consequences: An Investigation Based on Personal Narratives*, Eds. B. Engelking and G. S. Paulsson, pp. vii‒ix, London, Leicester University Press.

B181. 2001. Consuming life, *Journal of Consumer Culture*, 1, 9‒29.

B182. 2001. Wars of the globalisation era, *European Journal of Social Theory*, 1, 11‒28.

B183. 2001. The great war of recognition, *Theory, Culture & Society*, 2‒3, 137‒150.

B184. 2001. Uses and disuses of urban space. In *Organizing Metropolitan Space and Discourse*, Eds B. Czarniawska and R. Solli, pp. 15‒32, Malmö, Liber.

B185. 2001. Whatever happened to compassion? In *The Moral Universe*, Eds T. Bentley and D. Stedman Jones, pp. 51‒57, London, Demos.

B186. 2001. The ethical challenge of globalisation, *New Perspectives Quarterly*, 4, 4‒9.

B187. 2001. (Un)Happiness of uncertain pleasures, *Sociologisk Arbejdspapir*, 10(12), 50.

B188. 2001. Space in the globalising world, *Theoria*, 97, 1‒22; Republished in 2002, *Starting the Twenty-First Century: Sociological Reflections and Challenges*, Eds E. Krausz and G. Tulea, pp. 3‒24, New Brunswick, NJ.

B189. 2001. Quality and inequality, *The Guardian*, 29 December.

B190. 2002. The 20th century: the end or the beginning? *Thesis Eleven*, 70, 15‒25.

B191. 2002. In the lowly Nowherevilles of liquid modernity: comments on and around Agier, *Ethnography*, 3, 343‒349.

B192. 2002. Pierre Bourdieu ‒ or the dialectics of vita contemplative and vita activa, *Revue Internationale de Philosophie*, 2, 179‒193.

B193. 2002. *Society Under Siege*, Cambridge, Polity.

B194. 2002. City of fears, city of hopes. In *Future Cities: The Copenhagen Lectures*, Ed. H. Thomsen, pp. 59‒90, Copenhagen, Fonden Realdania.

B195. 2002. Living and dying in the planetary frontier-land, *Tikkun*, 2, 33‒42.

B196. 2002. The crisis of the human waste disposal industry, *Tikkun*, 5, 41–47. Reprinted in 2006, *The Globalization of Racism*, Eds D. Macedo and P. Gounnari, pp. 36–40, Boulder, CO, Paradigm Publishers.

B197. 2002. Cultural variety or variety of cultures? *Cultural Studies*, 20, 317–329. Also published in 2002, *Making Sense of Collectivity: Ethnicity, Nationalism and Globalization*, Eds S. Malesevic and M. Haugaard, pp. 167–180, London, Pluto Press.

B198. 2002. Global solidarity, *Tikkun*, 1, 12–14.

B199. 2002. Violence in the Age of Uncertainty, In *Crime and Insecurity: Governance and Safety in Europe*, Ed. A. Crawford, pp. 52–74, Cullompton, Willan Publishing.

B200. 2002. The fate of humanity in the post-Trinitarian world, *Journal of Human Rights*, 3, 283–303.

B201. 2002. Reconnaissance wars of the planetary frontier-land, *Theory, Culture & Society*, 4, 81–90.

B202. 2002. Local order, global chaos. In *Constructing Risk, Threat, Catastrophe: Anthropological Perspectives*, Eds C. Giordano and A. Boscoboinok, pp. 19–28, Fribourg, University Press Fribourg.

B203. 2003. Educational challenges of the liquid-modern era, *Diogenes*, 1, 15–26.

B204. 2003. Utopia with no topos, *History of the Human Sciences*, 1, 11–25.

B205. 2003. The great separation mark two or politics in the globalising and individualising society, *Soziale Welt, Sonderband*, 14, 17–43.

B206. 2003. The project of humanity. In *Becoming Human: New Perspectives on the Inhuman Condition*, Ed. P. Sheehan, pp. 127–148, Westport, CT, Praeger.

B207. 2003. Categorical murder, or the legacy of the twentieth century and how to remember it. In *History and Memory: Bulgaria – Facing the Holocaust*, Ed. E. Barouh, pp. 13–32, Sofia, Open Society Foundation.

B208. 2003. *Archipelago of Exceptions*, pp. 23–59, Barcelona, Centre de Cultura Contemporánia de Barcelona.

B209. 2003. Globalisation as ethical challenge, *Polish Sociological Review*, 3, 247–258.

B210. 2003. Claude Lévi Strauss. In *Key Contemporary Social Theorists*, Eds A. Elliott and L. Ray, pp. 197–203, Oxford, Blackwell.

B211. 2003. From bystander to actor, *Journal of Human Rights*, 2, 137–151.

B212. 2003. *Liquid Love: On the Frailty of Human Bonds*, Cambridge, Polity.

B213. 2003. *City of Fears, City of Hopes*, London, Goldsmith's College.

B214. 2004. *Wasted Lives: Modernity and its Outcasts*, Cambridge, Polity.

B215. 2004. *Europe: An Unfinished Adventure*, Cambridge, Polity.

B216. 2004. *Identity: Conversations with Benedetto Vecchi*, Cambridge, Polity.

B217. 2004. Stalin, *Cultural Studies Critical Methodologies*, 1, 3–11.

B218. 2004. Culture and management, *Parallax*, 2, 63–72.

B219. 2004. *New Frontiers and Universal Values*, Barcelona, Centre of Contemporary Culture of Barcelona.

B220. 2004. To hope is human, *Tikkun*, 6, 64–67.

B221. 2004. Theodor Wiesengrund Adorno: an intellectual in dark times. In *Theodor W.*

Adorno: Philosoph des beschädigten Lebens, Ed. M. Zuckermann, pp. 25-45, Göttingen, Wallstein Verlag.

B222. 2004. Contribution to 'Epilogue in Eight Essays'. In *A History of Sociology in Britain: Science, Literature and Society*, Ed. A. Halsey, pp. 206-208, Oxford, Oxford University Press.

B223. 2004. Political body and body politic in the liquid modern society of consumers, *il Dubbio/the Doubt*, 2, 5-19.

B224. 2005. *Liquid Life*, Cambridge, Polity.

B225. 2005. Seeking shelter in Pandora's box: or: fear, security and the city, *City*, 2, 161-168.

B226. 2005. Education in liquid modernity, *The Review of Education, Pedagogy, and Cultural Studies*, 27, 303-317.

B227. 2005. Cutting the chains of global violence, *The Review of Education, Pedagogy, and Cultural Studies*, 27, 391-394.

B228. 2005. The liquid-modern challenges to education. In *Values in Higher Education*, Eds S. Robinson and C. Katulushi, pp. 36-50, St. Bridge's Major, Wales, Aureus/The University of Leeds.

B229. 2005. Durkheim's society revisited, In *The Cambridge Companion to Durkheim*, Eds J. C. Alexander and P. Smith, pp. 360-382, Cambridge, Cambridge University Press.

B230. 2005. Who is seeking asylum: and from what? *Mediactive*, 4, 90-107.

B231. 2005. Freedom from, in and through the state: T.H. Marshall's trinity of rights revisited, *Theoria*, 15, 3-27.

B232. 2005. Chasing elusive society, *International Journal of Politics, Culture, and Society*, 3-4, 123-141.

B234. 2005. Identity for identity's sake is a bit dodgy ···, *Soundings*, 1, 12-20.

B235. 2005. Preface. In *Loyalty, Dissent, Betrayal: Modern Lithuania and East-Central European Moral Imagination*, Ed. L. Donskis, pp. 9-12, Amsterdam, Rudopi.

B236. 2005. Foreword. In *The Culture of Exception: Sociology Facing the Camp*, Eds B. Diken and C. B. Lausten, pp. 7-8, Oxon, Routledge.

B237. 2006. *Liquid Fear*, Cambridge, Polity.

B238. 2006. Children make you happier ··· and poorer, *International Journal of Children's Spirituality*, 1, 5-10.

B239. 2007. *Liquid Times: Living in an Age of Uncertainty*, Cambridge, Polity.

B240. 2007. *Consuming Life*, Cambridge, Polity.

B241. 2007. Britain after Blair, Thatcherism consolidated. In *After Blair: Politics After the New Labour Decade*, Ed. G. Hassan, pp. 60-74, London, Lawrence and Wishart. B242. 2007. Liquid arts, *Theory, Culture & Society*, 1, 117-126. B243. 2007. Has the future a Left? *Soundings*, 35, 8-15.

B244. 2007. Collateral causalities of consumerism, *Journal of Consumer Culture*, 1, 25-56.

B245. 2007. Society enables and disables, *Scandinavian Journal of Disability Research*, 1, 58-60.

B246. 2007. Between us, the generations. In *On Generations. On Coexistence Between Generations*, Ed. J. Larrosa, pp. 365-376, Barcelona, Fundació Viure i Conviure.

B247. 2007. Uncertainty and other liquid modern fears. In *Liquid Society and Its Law*, Ed. J. Přibáň, pp. 17–40, Oxon, Routledge.

B248. 2007. The liquid modern adventures of the 'Sovereign Expression of Life'. In *Concern for the Other: Perspectives on the Ethics of K. E. Løgstrup*, Eds S. Anderson and K. Niekerk, pp. 113–138, Notre Dame, University of Notre Dame.

B249. 2008. *Does Ethics Have a Chance in a World of Consumers?* Cambridge, MA, Harvard University Press.

B250. 2008. *The Art of Life*, Cambridge, Polity.

B251. 2008. Jews and other Europeans, old and new, *Institute Jewish Policy Research*, 1, 121–133.

B252. 2008. Exit Homo Politicus, Enter Homo Consumens. In *Citizenship and Consumption*, Eds F. Trentmann and K. Soper, pp. 139–153, Basingstoke, Palgrave.

B253. 2008. Bauman on Bauman – Pro Domo Sua. In *The Sociology of Zygmunt Bauman. Challenges and Critique*, Eds M. H. Jacobsen and P. Poder, pp. 231–240, Aldershot, Ashgate.

B254. 2008. Happiness in a society of individuals, *Soundings*, 38, 19–28.

B255. 2008. Seeking in modern Athens an answer to the ancient Jerusalem question, *Theory, Culture & Society*, 1, 71–91.

B256. 2008. Listening to the past, talking to the past. In *17×23.5×1.6*, Eds M. B. Bałka, pp. 77–80, London, Jap Joplin/White Cube.

B257. 2008. Culture in a globalised city, *Rizoma*, p. 4.

B258. 2009. Freudian civilization revisited: or whatever happened to the reality principle? *Journal of Psychological Anthropology*, 21, 2–9.

B259. 2009. Reply, *Journal of Psychological Anthropology*, 21, 31–35.

B260. 2009. The absence of society. In *Contemporary Social Evils*, Ed. D. Utting, pp. 147–157, Bristol, Policy Press.

B261. 2009. Education in the liquid-modern setting, *Power and Education*, 2, 157–166.

B262. 2009. *The Spectre of Barbarism: Then and Now*, pp. 40–57, Paris, CNRS Éditions.

B263. 2009. Preface. In *Catholicism as a Cultural Phenomenon in the Time of Globalization. A Polish Perspective*, Ed. S. Obirek, pp. 5–8, Łódź, Łódź University Press.

B264. 2009. Strangers are dangers … are they? In *Mirosław Bałka: How It Is*, Ed. H. Sainsbury, pp. 14–25, London, Tate Publishing.

B265. 2010. *44 Letters from the Liquid Modern World*, Cambridge, Polity.

B266. 2010. (with C. Rovirisa-Madrazo), *Living on Borrowed Time: Conversations with Citlali Rovirosa-Madrazo*, Cambridge, Polity.

B267. 2010. Perpetuum mobile, *Critical Studies in Fashion and Beauty*, 1, 55–63.

B268. 2010. Media, bystanders, actors. In *Responsibility in Context*, Ed. G. Ognjenovic, pp. 95–102, London, Springer.

B269. 2010. Conclusion: the triple challenge, Bauman's challenge: sociological issues for the twenty first century. In *Bauman's Challenge: Sociological Issues for the Twenty First Century*, Eds M. Davis and K. Tester, pp. 200–205, Basingstoke, Palgrave Macmillan.

B270. 2010. Culture: liquid-modern adventures of an idea. In *Handbook of Cultural Sociology*,

Eds J. R. Hall, L. G. Grindstaff and M.-C. Lo, pp. 326–334, London, Routledge.

B271. 2010. Seeking in modern Athens an answer to the ancient Jerusalem question, *Theory, Culture & Society*, 1, 71–91.

B272. 2010. Getting to the roots of radical politics today. In *What Is Radical Politics Today?* Ed. J. Pugh, pp. 17–26, Basingstoke, Palgrave.

B273. 2010. Communism: a postmortem? Two decades on, another anniversary, *Thesis Eleven*, 1, 128–140.

B274. 2010. Education in the world of diasporas, *Policy Futures in Education*, 3–4, 398–407.

B275. 2011. *Collateral Damage: Social Inequalities in a Global Age*, Cambridge, Polity.

B276. 2011. *Culture in a Liquid Modern World*, Cambridge, Polity.

B277. 2011. *Liquid Modern Challenges to Education, Lecture Given at the Coimbra Group Annual Conference – Padova, 26 May 2011*, Padova, Padova University Press.

B278. 2011. Migration and identities in the globalized world, *Philosophy and Social Criticism*, 4, 425–435.

B279. 2011. Selves as the objects of consumption. In *Beyond the Consumption Bubble*, Eds K. M. Ekström and K. Glans, pp. 85–98, Oxon, Routledge.

B280. 2012. (with R. Mazzeo), *On Education*, Cambridge, Polity.

B281. 2012. *This Is Not a Diary*, Cambridge, Polity.

B282. 2012. Times of interregnum, *Ethics & Global Politics*, 5(1), 49–56.

B283. 2012. The crisis of leadership in an era of 'Interregnum': reflections on politics in the light of Václav Havel's departure, *Sociologický Časopis/Czech Sociological Review*, 3, 563–567.

B284. 2012. Fuels, sparks and fires: on taking to the streets, *Thesis Eleven*, 1, 11–16.

B285. 2013. (with D. Lyon), *Liquid Surveillance. A Conversation*, Cambridge, Polity.

B286. 2013. *Does the Richness of a Few Benefit Us All?* Cambridge, Polity.

B287. 2013. (with L. Donskis), *Moral Blindness*, Cambridge, Polity.

B288. 2013. (with K. Tester and M. H. Jacobsen), *What Use Is Sociology?* Cambridge, Polity.

B289. 2013. Uneasy cohabitation of the established and the outsiders, In *We Roma: A Critical Reader in Contemporary Art*, Eds M. Hlavajova and D. A. Baker, pp. 96–113, Utrecht, BAK.

B290. 2013. What is central in Central Europe, *Revista Lusofona de Estudos Culturais*, 1, 67–82.

B291. 2013. 'The Role of Modernity: What was it – and is it – about?' (Scholars' Forum: 'The Holocaust: a Colonial Genocide?'), *Dapim: Studies on the Holocaust*, 1, 69–72.

B292. 2013. Dividing time, or love's labour's lost ···, *Thesis Eleven*, 1, 3–6.

B293. 2014. (with C. Bordoni), *State of Crisis*, Cambridge, Polity.

B294. 2014. The European experiment, *The Hedgehog Review*, 1, 18–25.

B295. 2015. (with R. Raud), *Practices of Selfhood*, Cambridge, Polity.

B296. 2015. (with I. Bauman, J. Kociatkiewicz and M. Kostera), *Management in a Liquid Modern World*, Cambridge, Polity.

B297. 2015. (with S. Obirek), *Of God and Man*, Cambridge, Polity.

B298. 2015. (with S. Obirek), *On the World and Ourselves*, Cambridge, Polity.

B299. 2016. (with L. Donskis), *Liquid Evil*, Cambridge, Polity.

B300. 2016. (with R. Mazzeo), *In Praise of Literature*, Cambridge, Polity.

B301. 2016. *Strangers at Our Door*, Cambridge, Polity. B302. 2016. (with E. Mauro), *Babel*, Cambridge, Polity.

B304. 2016. From 'Official' to 'Do it Yourself' fear, *Revue Internationale de Philosophie*, 3, 413 –420.

B305. 2016. The cosmopolitan planet: in search of a cosmopolitan awareness, In *Selected Papers from the 14th Rhodes Forum*, Eds J. Chen et al., pp. 23–36 , Berlin, Dialogue of Civilizations Research Institute.

B306. 2016. Liquid modernity' fifteen years after. In *The New Bauman Reader. Thinking Sociologically in Liquid Modern Times*, Ed. Blackshaw, pp. 391–402, Manchester, Manchester University Press.

B307. 2017. Symptoms in search of an object and a name. In *The Great Regression*, Ed. H. Geiselberger, pp. 13–25, Cambridge, Polity.

B308. 2017. *A Chronicle of Crisis, 2011–16*, London, Social Europe Edition.

B309. 2017. *Retrotopia*, Cambridge, Polity.

B310. 2017. *Szkice z teorii kultury, Warszawa: Wydawnictwo Naukowe* [Scholar. published in English in 2018 as *Sketches in the Theory of Culture*], Cambridge, Polity.

B311. 2018. (with T. Leoncini), *Born Liquid*, Cambridge, Polity.

부록2
출처와 더 읽을거리

제1장 바우만: 생애, 경력, 정치

나는 제1장을 쓰면서 야니나 바우만의 다음의 책들을 참고했다. Bauman, J. 1986. *Winter in the Morning: A Young Girl's Life in the Warsaw Ghetto and Beyond*, London, Virago, and the second volume of the autobiography (1988) *A Dream of Belonging: My Years in Post-war Poland*, London, Virago. 야니나 바우만의 자전적인 서술은 게토에서의 삶과 탈출, 은신 생활에 대한 흥미롭고 유익한 정보뿐만 아니라 지그문트의 삶에 대한 몇 가지 중요한 성찰도 담고 있다. 바우만은 B60의 서문에 자신이 홀로코스트에 주목하게 되는 데서 아내에게 지고 있는 빚에 대해 개관하고 있다. 베스트(Best 2013, pp. 44~53)는 바우만이 국가보안기관 KBW에 참여한 것과 폴란드에서 있었던 정화 과정에 대해 다루고 있다. 알렉산드라 카니아(Aleksandra Kania)는 자신이 전후 폴란드에서 지그문트 바우만을 처음 만난 것에서부터 야니나 바우만이 사망한 후 그 둘이 다시 만나기까지의 자신과 지그문트 바우만의 관계에 대해 간략하게 설명했다(Kania, A. 2018. Living with Zygmunt Bauman, before and after, *Thesis Eleven*, 149(1), 86~90). 저널리스트 다리우스 로시악(Dariusz Rosiak)은 바우만의 삶에 대한 균형 잡힌 전기적 설명을 했지만, 안타깝게도 현재 이 텍스트는 영어로 이용할 수 없다(Rosiak, D. 2019. *Bauman*, Warsaw, Mando). 바그너(Wagner) 역시 바우만의 일대기를 박식하게 개관하고 있다(Wagner, I. 2020. *Bauman: A Biography*, Cambridge, Polity).

제2장 맥락 속의 바우만

Tester, K. and Hviid Jacobsen, M. 2006. *Bauman Before Postmodernity: Invitation, Conversations and Annotated Bibliography 1953–1989*, pp. 7–34, Aalborg, Aalborg University Press.

Smith, D. 1999. *Zygmunt Bauman: Prophet of Postmodernity*, Cambridge, Polity. 이 책은 27~32쪽에서 바우만의 경력에 대해 개관하고, 38~40쪽에서는 그의 일대기를 간략하게 개관한다.

Best, S. 2013. *Zygmunt Bauman: Why Good People Do Bad Things?* Ashgate, Farnham. 이 책은 제1장과 제2장에서 바우만의 삶과 저작을 역사적 맥락에서 성찰한다. 바우만과 몇몇 바우만 연구자들을 비판하는 이 책은 그 연구자들이 채택한 전기적 접근방식에 대해 매우 비판적인 입장을 취했다. 맷 도슨(Matt Dawson)은 이 책이 '인신공격'을 하고 있다고 묘사했다. 이 책은 다른 전기와 폴란드의 역사에 의지하여 바우만의 동기와 의도를 되살려내고자 한다.

바우만의 자기 표절에 관한 논쟁을 다루고 있는 것으로는 다음을 보라. Jump, P. 2014. *Zygmunt*

Bauman rebuffs plagiarism accusation. 이 글은 다음에서 이용할 수 있다. https://www.times highereducation.com/news/zygmunt-bauman-rebuffs-plagiarism-accusation/2012405.

제2장은 주로 B7, B21, B310, B216에 의거하여 논의되었다.

제3장 영국 도착: 성공한 아웃사이더?

제3장은 B11, B13, B16, B17, B24, B25, B26, B29에 주로 의거하고 있다. 그 외의 출처들은 다음과 같다.

바우만의 B13은 영국 좌파들이 반체제 인사로 분류된 사람들에 대해 어떻게 대했는지를 이해하는 데 매우 좋은 통찰력을 제공한다. 이와 관련하여 나는 다음의 글을 추천하고 싶다. Thompson, E. P. 1972. Boring from without, *Guardian*, 28 December, p. 12; Thompson, E. P. 1978. *The Poverty of Theory and Other Essays*, London, Merlin Press.

캐스 테스터는 다음의 글에서 E. P. 톰슨에 대해 비판적으로 평가한다. Tester, K. 2006. Intellectual immigration and the English idiom (or, a tale of bustards and eagles), *Polish Sociological Review*, 3(155), 275–292.

제4장 근대성 비판자로서의 바우만

제4장은 B60, B76, B275, B285, B302에 바탕하고 있다.

바우만의 저작에는 개별 인간 행위 주체의 역할과 지위에 관한 논쟁이 자리하고 있는데, 이에 관한 좋은 출발점을 이루는 것이 바로 베스트의 다음의 논의이다. Best, S. 2014. Agency and structure in Zygmunt Bauman's modernity and the holocaust, *Irish Journal of Sociology*, 22(1), 67–87. 이 논문은 또한 『근대성과 홀로코스트』 — 내가 보기에 바우만의 유산은 이 책에 바탕하여 지속적으로 구축될 것이다 — 에서 바우만이 제기한 중심 테제를 개관하고 평가한다.

제5장 탈근대적 전환

탈근대성에 대한 바우만의 견해를 바우만 자신의 말로 짧게 잘 개관하고 있는 논문이 바로 ≪마르크시즘 투데이(Marxism Today)≫에 실려 있는 B63이다. 이 장은 또한 B38, B87, B113, B119, B133에 의지하여 전개되었다.

제6장 액체 전환

바우만은 B239의 서론에서 고체 근대세계에서 액체 근대세계로의 전환에 대해 간결하고 명료하게 개관한다. 그 외에도 이 장은 B172, B173, B175, B215, B216, B275, B282, B286, B288, B299, B300, B302, B309에 의지하여 전개되었다. 고체 근대세계에서 액체 근대세계로의 전환에 대해 비전문용어를 이용하여 짧으면서도 정통하게 설명하고 있는 또 다른 글로는 다음을 보라. Smith, D. 2017. Zygmunt Bauman: morality, monsters, metaphors and Marx. Interview with Dong Luo, 14 January, *The Beijing News Book Review*. 이 글은 다음에서도 이용할 수 있다. https://www.academia.edu/30932959/Zygmunt_Bauman_Morality_Monsters_Metaphors_and _Marx_January_2017.

제7장 포함과 배제

제7장은 B60, B76, B89, B106, B249, B295, B297, B299, B300, B302에 의거하고 있다.

베스트의 2020년 책(*Zygmunt Bauman: Education in Liquid Modernity*, London, Routledge) 의 제3장 「포함적 교육에 대한 우리의 이해에 대한 바우만의 기여(The contribution of Bauman to our understanding of inclusive education)」는 바우만이 사회적 포함과 배제에 대해 어떻게 이 해하고 있고 바우만이 윤리에 대한 뢰그스트루프와 레비나스의 기여를 어떻게 활용하는지를 개 괄하고 평가하고 있다.

Best, S. 2016. Zygmunt Bauman: what it means to be included, *Power and Education*, 8(2), 124-139. 바우만의 사회적 배제 개념은 아래의 제9장의 더 읽을거리에 열거되어 있는 바우만 저 작을 일반적으로 소개하는 책들에서 잘 다루어지고 있다. 베스트는 이 논문에서 사회적 포함에 대한 바우만의 인식을 개괄하고 평가한다. 바우만의 사회적 포함 개념은 바우만의 저작에 관한 문헌에서 대체로 무시되고 있다.

이 장은 또한 다음에도 의지한다. Levinas, E. 1990. *Totality and Infinity: An Essay on Exteriority*, Pittsburgh, Duquesne University Press; Løgstrup, K. E. 1971. *The Ethical Demand*, Philadelphia, Fortress Press. 하지만 독자는 다른 여러 전거 역시 유용하고 더 접근하기 쉽다고 생각할 수도 있 다. 숀(Sean)은 자신이 편집한 책 『레비나스 독본』(Sean, H. 2001. *The Levinas Reader*, New York, NY, John Wiley & Sons) 1~8쪽에서 레비나스의 핵심 사상과 주장을 간결하게 소개한다.

레비나스는 자신의 책 『우리끼리의 말』(Levinas, E. 2006. *Entre Nous*, New York, NY, Continuum)에서 자신의 말로 자신의 저작에 대해 매우 훌륭하게 개관한다. 그 책의 모든 장이 흥 미롭지만 제1장('Is ontology fundamental?' pp. 1-10)과 제2장('The I and the totality' pp. 11-34)이 바우만의 작업과 가장 관련이 있다.

뢰그스트루프에 대한 훌륭한 입문으로는 다음을 보라. Andersen, S. and van Kooten Niekerk, K. Eds 2007. *Concern for the Other: Perspectives on the Ethics of K. E. Løgstrup*, Notre Dame, University of Notre Dame Press. 이 책의 편집자들이 쓴 서론과 한스 핀크(Hans Fink)가 쓴 제1 장(pp. 9~28)은 뢰그스트루프의 저작을 매우 훌륭하게 소개하고 있다. 바우만은 자신이 쓴 제9장 ['The liquid modern adventures of the "Sovereign Expressions of Life"' (pp. 113-138)]에서 뢰 그스트루프의 철학이 윤리에 관한 자신의 저작에 미친 영향에 대해 논의한다.

제8장 타지에 대한 배려

이 장의 작업은 주로 B301과 B212에 의지하여 이루어졌다.

바우만의 중심 논지에 대해 평가하고 있는 것으로는 다음을 보라. Chapter 4 'Liquid love in sex and sexuality education in the context of "liquid love"' of Best, S. 2020. *Zygmunt Bauman: Education in Liquid Modernity*, London, Routledge; Best, S. 2018. *Liquid Love*: Zygmunt Bauman's thesis on sex revisited, *Sexualities*, 22(7-8), 1094-1109. 게오르크 짐멜의 영향에 대해 서는 짐멜의 다음의 글에서 확인할 수 있다. Simmel, G. 1994/1909. Bridge and door, *Theory Culture, Society*, 11, 5-10.

제9장 바우만의 유산

지그문트 바우만의 저작을 개관하고 해석한 책은 많다. 그러나 베스트(Best, 2013, 2020)와 라탄시(Rattansi, 2017)의 책을 제외하면, 아래에 열거된 저작들은 대체로 바우만의 저작을 긍정적으로 평가하고 있다.

바우만의 저작에 대해 짧지만 정통하고 읽기 쉽게 설명하고 있는 것으로는 키스 테스터가 바우만과 사회이론에 관해 쓴 다음의 책 제5장을 보라. Elliott, A. 2013. *Routledge Handbook of Social and Cultural Theory*, London, Routledge. 그 밖의 긴 입문서로는 다음의 것들이 있다.

Kilminster, R. and Varcoe, I. Eds 1995. *Culture, Modernity and Revolution: Essays in Honour of Zygmunt Bauman*, London, Routledge.

Beilharz, P. 2000. *Zygmunt Bauman: Dialectic of Modernity*, London, Sage.

Smith, D. 2000. *Zygmunt Bauman: Prophet of Postmodernity (Key Contemporary Thinkers)*, Cambridge, Polity.

Beilharz, P. Ed. 2001. *The Bauman Reader*, Blackwell, Oxford.

Beilharz, P. Ed. 2002. *Zygmunt Bauman, SAGE Masters in Modern Social Thought Series*, London, Sage. 이 책은 네 권으로 이루어져 있으며, 바우만의 저작에 대해 이전에 출간된 평가들을 담고 있다.

Tester, K. 2004. *The Social Thought of Zygmunt Bauman*, New York, NY, Palgrave Macmillan.

Blackshaw, A. 2005. *Zygmunt Bauman (Key Sociologists)*, London, Routledge.

Tester, K. and Hviid Jacobsen, M. 2006. *Bauman Before Postmodernity: Invitation, Conversations and Annotated Bibliography 1953-1989*, Aalborg, Aalborg University Press. 이 책은 바우만이 폴란드어로 출간한 저작과 영어로 출간한 초기 저작을 훌륭하게 소개하고 있다. 이 책에는 폴란드 논문의 번역본들과 이 저작들이 바우만의 후기 발전에 대해 갖는 의미를 놓고 바우만과 나눈 인터뷰가 포함되어 있다.

Tester, K., Hviid Jacobsen, M. and Marshman, S. Eds 2007. *Bauman Beyond Postmodernity: Conversations, Critiques and Annotated Bibliography 1989-2005*. Aalborg, Aalborg University Press. 어떤 이유에서인지 이 책은 구하기가 특히 어렵다. 하지만 이 선집은 바우만의 액체 근대적 전환에 대해 아주 훌륭하게 개관하고 있다. 이 책에는 바우만이 이전에 발표한 글들과 그 글들이 지닌 의미와 중요성을 놓고 바우만과 나눈 인터뷰를 싣고 있다.

Elliott, A. Ed. 2007. *The Contemporary Bauman*, London, Routledge.

Hviid Jacobsen, M. and Poder, P. Eds 2008. *The Sociology of Zygmunt Bauman: Challenges and Critique*, London, Ashgate.

Davis, M. 2018. *Freedom and Consumerism: A Critique of Zygmunt Bauman's Sociology*, Aldershot, Ashgate.

Davis, M. and Tester, K. Eds 2010. *Bauman's Challenge: Sociological Issues for the 21st Century*, Basingstoke, Palgrave Macmillan.

Best, S. 2013. *Zygmunt Bauman: Why Good People Do Bad Things*, Farnham, Ashgate.

Davis, M. Ed. 2013. *Liquid Sociology: Metaphor in Zygmunt Bauman's Analysis of Modernity*, Farnham, Ashgate.

Hviid Jacobsen, M. Ed. 2016. *Beyond Bauman: Critical Engagements and Creative Excursions?* London, Routledge.

Blackshaw, A. Ed. 2016. *The New Bauman Reader: Thinking Sociologically in Liquid Modern*

Times, Manchester, Manchester University Press.

Rattansi, A. 2017. *Bauman and Contemporary Sociology: A Critical Analysis*, Manchester, Manchester University Press.

Best, S. 2020. *Zygmunt Bauman on Education in Liquid Modernity*, London, Routledge. 이 장은 B60, B87, B119, B214, B218, B250에 의지하고 있다. 그 밖에도 다음의 것들로부터 논거를 따왔다.

Best, S. 2013. *Zygmunt Bauman: Why Good People Do Bad Things*, Farnham, Ashgate.

Best, S. 2014. Agency and structure in Zygmunt Bauman's modernity and the holocaust, *Irish Journal of Sociology*, 22(1), 67–87.

Davis, M. 2008. Bauman on globalisation: the human consequences of a liquid world. In *The Sociology of Zygmunt Bauman: Challenges and Critique*, Eds M. H. Jacobsen and P. Poder, London, Ashgate.

Dawson, M. 2013. *Late Modernity, Individualization and Socialism*, Basingstoke, Palgrave.

Favell, A. 2005. Society under siege by Zygmunt Bauman, *American Journal of Sociology*, 111(1), 342–344.

Frister, R. 2011. Polish–Jewish Sociologist Compares West Bank Separation Fence to Warsaw Ghetto Walls (1st September). 이 글은 다음에서도 이용할 수 있다. https://www.haaretz.com/1.5161861

Goldthorpe, J. H. 2007. *On Sociology,* Stanford, CA, Stanford University Press.

Goldthorpe, J. H. 2015. *Sociology as a Population Science*, Cambridge, Cambridge University Press.

Osrecki, F. 2015. Constructing epochs: the argumentative structures of sociological epochalisms, *Cultural Sociology*, 9(2), 131–146.

Rattansi, A. 2017a. Race, imperialism and gender in Zygmunt Bauman's sociology: partial absences, serious consequences. In *Beyond Bauman: Critical Engagements and Creative Excursions*, Ed. M. H. Jacobsen, pp. 65–86, London, Routledge.

Rattansi, A. 2017b. *Bauman and Contemporary Sociology: A Critical Analysis,* Manchester, Manchester University Press.

de Saussure, F. 1959. *Course in General Linguistics*, New York, Philosophical Library.

Savage, M. 2009. Against epochalism: an analysis of conceptions of change in British sociology, *Cultural Sociology*, 3(2), 217–238.

Tester, K. and Hviid Jacobsen, M. 2013. Talking sociology: an interview with Zygmunt Bauman on sociology, celebrity and critique, *Thesis Eleven*, 114(1), 103–113.

찾아보기

책을 옮기고 나서

사회학, 아니 더 넓게 말해 사회과학에 조금이라도 관심이 있는 사람치고 지그문트 바우만이라는 이름을 들어보지 못한 사람은 없을 것이다. 이는 물론 바우만이 우리 시대의 가장 뛰어난 사회학자 가운데 한 사람으로 평가받는 인물이기 때문이겠지만, 다른 한편으로는 그를 지식인 셀럽이라고 불리게 했을 정도로 많이 출간된 그의 저작 때문일 수도 있다(이 책의 저자가 개인적으로 수집하여 부록에 수록해 놓은 지그문트 바우만의 출판물 목록을 한번 살펴보라). 그러다 보니 우리 사회에 바우만만큼 많은 책이 번역되어 소개된 경우도 없어 보인다. 이 책을 번역하면서 옮긴이가 번역에 참고할 요량으로 책꽂이 여기저기에 꽂혀 있는 책을 한데 모아보니 수북이 쌓였다. 그럼에도 불구하고 미처 구입하지 못한 채로 이미 절판된 책도 몇 권 있었다. 왜 빨리 사놓지 않았나 하는 후회가 몰려왔다. 이 후기를 쓰는 와중에도 인터넷 서점의 사회학 신간 소개 페이지에는 바우만의 또 다른 책이 또 번역되어 나왔음을 알리고 있다.

하지만 지식인 셀럽이라는 말은 아마도 바우만을 언짢게 했을 것임이 틀림없다. 바우만을 셀럽이라고 불리게 한 계기 중 하나인 수많은 이메일 인터뷰 책 가운데 한 권인『사회학의 쓸모(What Use Is Sociology?)』라는 책에서 실제로 바우만은 셀럽에 대해 유명한 사람으로 알려져 있지만 그 셀럽을 알고 있는 사람들의 생각과 행동에 아무런 영향을 미치지 않는 사람으로 규정하고 있기 때문이다. 그렇다고 해서 옮긴이가 감히 바우만을 유명하기만 할 뿐 영향력이 없는 학자라고 평하려는 것은 아니다. 이 책의 저자의 말대로 바우만 책의 전담 출판사인 폴리티(Polity)가 바우만이라는 브랜드 만들기를 수행함으로써 그를 셀럽화한 것이 사실이라고 하더라도, 바우만의 학문적 영향력이 없었더라면 각 학문 영역에서 저명한 학자들이 바우만과 인터뷰하고 나섰을 리없기 때문이다.

그럼에도 불구하고 바우만이 그의 명성만큼은 영향력을 가지지 못한다는 말이 조금이라도 사실일 수 있다면, 그 이유 중 하나는 아마도 그의 저술이 방대할 뿐만 아니라 다방면에 걸쳐 있어 바우만의 사회학적 사상의 면모 전체를 꿰뚫어 볼 수 있는 사람이 적기 때문일 것이다. 옮긴이 역시 연구자이면서도 무슨 컬렉터이기라도 한 양 바우만의 책을 사놓고 시간 관계상 하나하나 읽지 못하고 쌓아두고 있으니 누굴 탓할 수 있으려만 말이다. 이럴 때 드는 생각이 바로 누가 바우만의 사상을 일목요연하게 정리해 주면 좋을 텐데 하는 것이다. 하지만 그런 작업은 일반적인 이론 연구가가 아니라 바우만 연구 전문가를 자임하고 나서는 사람에게서나 가능하다.

이 책은 영국 에메랄드 출판사(Emerald Publishing Limited)가 사회이론가를 소개하는 안내서 시리즈의 한 권으로 출판한 *The Emerald Guide to Zygmunt Bauman*을 우리말로 옮긴 것이다. 바우만을 직접 다룬 책이 여럿 있음에도 불구하고 이 책이 옮긴이의 눈에 확 들어온 까닭은 목차만 보더라도 다른 소개서들처럼 바우만 사상의 특정 측면만 다룬 것이 아니라 바우만의 사회학적 사상의 전체 발달과정을 추적하면서 그의 이론체계의 초점 구성과 변화를 체계적으로 논의한다는 것을 알 수 있었기 때문이다. 실제로 이 책에서 저자 숀 베스트는 바우만의 개인사를 맥락화하는 것에서 시작하여, 바우만이 초기 폴란드 시절의 전통적인 마르크스주의적 입장에서 수정주의적 마르크스주의로 전환하는 과정, 그리고 그가 근대성 비판자에서 탈근대성의 사회학을 거쳐 액체 근대 사회론자로 나아가는 과정과 그가 규명한 액체 근대 사회의 영역별 특징을 최대한 이해하기 쉽게 기술하기 위해 노력한다. 하지만 베스트가 바우만의 사회이론을 단순하게 요약하기만 하는 것은 아니다. 그는 바우만 연구 전문가답게 바우만의 연구에는, 이러한 이론적 변화에도 불구하고, 인식론적 단절이 아니라 연속성이 존재한다고 주장한다. 다시 말해 바우만의 지적 작업의 저변에는 인간주의적 사회주의 관념과 권력구조 개념이 자리하고 있다는 것이다.

이 책이 지닌 이러한 장점은 옮긴이로 하여금 한울사회이론 시리즈의 한 권으로 이 책을 망설임 없이 선택하게 했다. 하지만 번역하는 과정에서 옮긴이를 짜증스럽게 만드는 일들도 있었다. 하나는 중복되는 서술이다. 베스트는 바우만의 서로 다른 책에서 같은 문장이 등장하기 때문에 바우만이 '잘라내어 붙여 넣기' 한다는 비판을 받는다고 지적하면서도 자신도 이 책의 각 장에서 이러한 반복을 거듭한다. 베스트가 이 점을 책에 밝히고 있기 때문에 의도적이라는 느낌이 들기는 하지만(이론가 연구자들은 자신이 연구하는 이론가를 따라하는 경향이 종종 있다), 거부감이 드는 것은 어쩔 수 없었다. 심지어는 같은 장에서, 그것도 근접 거리에서 반복 진술하는 경우도 있었는데, 이 경우에는 논의의 전개상 꼭 필요하지 않다고 판단되어 옮긴이가 번역에서 임의로 삭제했다. 다른 하나는 원출판사의 교정상의 문제일 수도 있지만, 문장이 완결되지 않거나 분명한 누락으로 보이는 경우, 그리고 논지가 잘 이어지지 않는 경우도 가끔 보인다는 것이다. 이 경우 옮긴이는 가능한 한에서 바우만의 원저작에서 내용을 찾아서 완결하거나 이 책의 전후 맥락에 맞추어 보충했다. 이러한 옮긴이 추가 사항은 일부는 책에 표기했으나 대부분은 표시 없이 의역처럼 번역해서 묻히게 해놓았다. 옮긴이의 이러한 작업에 혹시라도 오류가 있어 독자에게 누를 끼치지 않을까 하는 우려를 지울 수 없다.

사회이론 시리즈의 또 한 권의 책을 추가하며 이제 출판사에 고맙다는 생각보다는 미안하다는 마음이 든다. 전문 번역가가 아닌 연구자가 큰 품을 팔아야 하면서도 학문적으로 인정받지 못하는, 그러면서도 항상 오역의 부담에 시달려야 하는 번역이라는 작업을 하는 까닭은 더 많은 사람과 지식을 공유하고 싶은 마음 때문인데, 책이 널리 퍼져 나가기는커녕 출판사의 창고에 머물러 있다니 말이다. 이러다 학문의 하부구조 하나가 무너지는 것은 아닐까 싶어 걱정이다. 그렇지만 이 책을 편집하며 더운 여름을 함께 버텨낸 신순남 팀장에게는 고마움의 마음을 표해 놓아야 할 것 같다. 아무튼 이 책이 바우만에 다가가려는 사람들에게 좋은 길동무가 되었으면 좋겠다.

2024년 여름
예쁜 뭉게구름 아래로
타는 듯한 햇볕이 내리쬐는 날
박 형 신

지은이 숀 베스트(Shaun Best)

영국 윈체스터 대학교 교육 및 교양학부 교수이다. 교육학의 맥락에서 사회적 포함과 배제, 섹슈얼리티, 자아와 정체성과 관련한 사회학적 쟁점에 관심을 가지고 연구를 진행하고 있다. 이 책 외에도 바우만을 다룬 저작으로 *Zygmunt Bauman: Why Good People do Bad Things*와 *Zygmunt Bauman: Education in Liquid Modernity*가 있으며, 그 밖의 저술로 *A Beginner's Guide to Social Theory, Talcott Parsons: Despair and Modernity, Leisure Studies: Themes and Perspectives, Understanding Social Divisions* 등이 있다.

옮긴이 박형신

고려대학교 대학원에서 사회학 석사 및 박사학위를 취득했다. 그간 고려대학교에서 초빙교수, 연세대학교에서 연구교수 등으로 일했다. 지금은 숙명여자대학교 인문학연구소에서 음식취향의 형성에 관한 연구를 진행하고 있다. 지은 책으로는 『정치위기의 사회학』, 『감정은 사회를 어떻게 움직이는가』(공저), 『에바 일루즈』, 『로맨스 이니그마』(공저) 등이 있고, 옮긴 책으로는 『고전사회학의 이해』, 『은유로 사회 읽기』, 『어빙 고프먼의 사회이론』, 『악셀 호네트의 인정이론』 등이 있다.

한울사회이론 004

지그문트 바우만의 사회이론

지은이 **숀 베스트** Ι 옮긴이 **박형신**
펴낸이 **김종수** Ι 펴낸곳 **한울엠플러스(주)** Ι 편집 **신순남**

초판 1쇄 인쇄 **2024년 8월 30일** Ι 초판 1쇄 발행 **2024년 9월 10일**

주소 **10881 경기도 파주시 광인사길 153 한울시소빌딩 3층** Ι 전화 **031-955-0655** Ι 팩스 **031-955-0656**
홈페이지 **www.hanulmplus.kr** Ι 등록번호 **제406-2015-000143호**

Printed in Korea.
ISBN 978-89-460-8328-8 93300
※ 책값은 겉표지에 표시되어 있습니다.